JN232587

# ドイツ資本主義と鉄道

山田徹雄

日本経済評論社

## はしがき

　本書はドイツ資本主義の構造を解明することを主眼としつつも、鉄道関係の資料に依拠する部分が多いため、商品流通、資本流通に主たる分析対象が偏っていることを認めざるをえない。また、ドイツ帝国全体を視野に入れつつも、ライン・ヴェストファーレンとフランケンが主たる分析地域になっていることからも、一般論を提示するには制約があることを率直に認めざるをえない。にもかかわらず、ドイツ経済史家がいくどとなく論じてきた「オスト・エルベとヴェスト・エルベの対抗と統一」のシェーマ、暗黙のうちに重要視されてきた「ビスマルク的国有」概念には、未だ検討の余地があると著者は考えてきた。先学の功績に浅学の著者がささやかながら、貢献できれば望外の幸せである。

　本書は、今までに発表した次の論文を基にしつつも、換骨奪胎を繰り返した結果、このような形となった。

(1) 「プロイセンにおける鉄道と国家——ベルク・マルク鉄道の場合——」『経営史学』16-1

(2) 「鉄道企業と資金調達——19世紀西部ドイツの事例——」『鉄道史学』17

(3) 「帝国再建期におけるライン・ヴェストファーレンの鉄道と商品流通の展開」『歴史学研究』472

(4) 「帝制ドイツにおける商品流通の展開——『ニュールンベルク統計局公報』の分析を中心として——」『跡見学園女子大学紀要』15

(5) 「第2帝制期ドイツの領邦鉄道網と政策」同誌　29

(6) 「ビスマルクの経済政策と鉄道——『ビスマルク的国有』をめぐって——」同誌　21

(7) 「ルール地方における景気動向と商品流通（1865〜79年）」同誌　17

(8) 「ドイツにおける鉄道国有化——プロイセンの事例と財政——」跡見学

園女子大学『研究報告』3
(9) 「ドイツ産業革命期におけるプロイセン鉄道政策の展開」『社会経済史学』39-4
(10) 「19世紀ライン・ヴェストファーレンの鉄道網とその経済的意義に関する一考察」早稲田大学『商学研究科紀要』6

　私の経済史研究の旅は、学部時代に早稲田大学教授、故市川孝正先生のゼミに参加したことに始まる。当時学生部長の職にありながらも、先生は文字通り手取り足取りで研究の手ほどきをしてくださった。大学院進学後は、故高橋幸八郎先生のゼミに参加を許された。アー・ベー・セーも分からぬ私に、いきなりフランス語の文献をわたされ、ゼミナール初日に学問の厳しさを教えられたのも、今となっては懐かしい思い出である。高橋ゼミの先輩である原輝史先生には、大学院以降事あるごとに適切な指導・助言をいただいてきた。修士論文の作成にあたっては、北條功先生に文献上のアドヴァイスを数多くいただいた。論文完成後、留学準備のために通ったゲーテ・インスティトゥートでは永岑三千輝氏と出会い、同時期にDAADの奨学金を得てドイツ留学の機会を得たことは心強いかぎりであった。

　留学中、エアランゲン＝ニュールンベルク大学にて、故ケレンベンツ教授のゼミに参加を許され、学問のみならず広く深い教養に圧倒され、シュナイダー助手（当時）には、私の研究上の細かい点までアドヴァイスをいただいた。当時、資料集めに日参した「ニュールンベルク交通博物館」の司書シュテーベル夫人には数々の便宜を計っていただいた。

　帰国後、「ドイツ資本主義研究会」に参加させていただき、メンバーの方々から有益なアドヴァイスをいただいた。高橋秀行先生には院生の頃から貴重な文献をお借りし柳澤治先生には論文を発表する際、一字一句にいたるまで的確な助言をいただいた。直接指導を受ける機会はなかったが、渡辺尚先生の地帯構造モデルに最も啓発を受けたのは、ほかならぬ著者であったろうと考えている。

　本書は、以上先学からいただいた学恩の上に成り立っている。心から謝意を

表したい。
　日本経済評論社代表取締役栗原哲也氏には、本書の出版をご快諾いただき、同社谷口京延氏にはお手数を煩わせたことに感謝の気持ちを表したい。

　本書は跡見学園出版助成金の交付を受けた。記して謝意を表したい。

# 目　　次

はしがき i

序　章　研究史と課題の設定 …………………………………………… 1

　　1　ドイツ資本主義の構造をめぐって　1
　　2　ドイツ鉄道史研究の系譜　3
　　　2．1　ドイツにおける鉄道史研究　4
　　　2．2　ドイツ鉄道史に関する我が国の研究動向と研究視角　11
　　3　本書の課題　18

第1章　ベルク・マルク鉄道とプロイセン国家
　　　　――政治過程―― …………………………………………… 27

　　1　問題の所在　27
　　2　政府の保護・規制と会社組織　28
　　　2．1　私有鉄道時代　28
　　　2．2　国営私有鉄道への移行　31
　　　2．3　国営私有鉄道時代　35
　　　2．4　国有鉄道への道　39
　　3　政府干渉の影響　43
　　4　小　　括　47

第2章　西部ドイツ鉄道企業にみる資金調達
　　　　――資本市場―― …………………………………………… 55

　　1　問題の所在　55
　　2　鉄道企業設立時の資本調達　56

3　企業成長と資金調達　60
　　4　小　　括　68
　　5　展　　望　69

第3章　西部ドイツの鉄道と商品流通
　　　　──商品流通市場(1)──　……………………………………73

　　1　問題の所在　73
　　2　ライン・ヴェストファーレンにおける鉄道建設　74
　　3　ベルク・マルク鉄道と貨物輸送　79
　　4　地域間の市場連関　88
　　　4．1　近隣地域との市場連関　88
　　　4．2　北海岸地方との市場連関　90
　　　4．3　中部ドイツおよびオーストリー・ハンガリーとの市場連関　90
　　　4．4　東部ドイツとの市場連関　92
　　　4．5　バルト海地方との市場連関　92
　　　4．6　ヘッセン南部との市場連関　93
　　5　小　　括　94

第4章　フランケン地方の鉄道輸送と商品流通
　　　　──商品流通市場(2)──　……………………………………103

　　1　問題の所在　103
　　2　フランケン地方の産業発展　103
　　3　鉄道網の拡充　107
　　4　フランケン地方の商品流通構造　110
　　5　他の地域との市場連関　115
　　　5．1　東部ドイツ地域　116
　　　5．2　首都経済圏　116
　　　5．3　北部ドイツ地域　117
　　　5．4　西部ドイツ地域　119

         5．5　中部ドイツ地域　120
         5．6　西南ドイツ地域　120
         5．7　ザール、ロートリンゲン、エルザス　122

第5章　ドイツの領邦鉄道網と政策
　　　　──ドイツ鉄道史の解体と再構築── ……………………… 135

   1　問題の所在　135
   2　領邦の鉄道主権と鉄道網　135
   3　領邦における鉄道政策　145
   4　ドイツ帝国と鉄道　150
   5　ビスマルクの帝国鉄道計画と領邦　155
   6　小　　括　160

第6章　ビスマルクの鉄道政策
　　　　──連邦制国家「ドイツ帝国」── ……………………………… 165

   1　問題の所在　165
   2　鉄道の本格的国有化　167
         2．1　第1次計画的国有化（1879年）　167
         2．2　財政的・経済的保証　170
         2．3　第2次計画的国有化（1882年）　172
         2．4　国有化の進展　176
         2．5　ローカル線と軽便鉄道　178
   3　ライヒとシュタートの鉄道財政　180
   4　「ビスマルク的国有」をめぐって　181
         4．1　エンゲルスの規定　182
         4．2　ビスマルク的国有と日本の鉄道国有化　185
         4．3　プロイセンの鉄道国有化をめぐって　188
         4．4　ビスマルクによる国有化とは　189
   5　小　　括　191

第 7 章　総括と展望…………………………………………195
　　　　　1　商品流通構造　195
　　　　　2　政治過程　197
　　　　　3　資本市場　198

補　論　ルール地方における景気動向と
　　　　商品流通（1865～79年）……………………………201

参考文献　213
　　1　欧文 1 次文献・資料　213
　　2　同時代文献　213
　　3　欧文研究文献　214
　　4　邦語文献　218
　　5　オン・ライン情報　221
人名索引　223
事項索引（地名を含む）　224

## 凡　　例

1. Akten im Verkehrsmuseum in Nuernberg
   本書では AVN と略記し、その後に分類記号をつけた。
   （例）AVN IR（1）
2. 事例としてしばしば採り上げるベルク・マルク鉄道、ケルン・ミンデン鉄道、ライン鉄道については、それぞれ BME, KLM, RE と略記するが、いずれも章の初出においてはフル・ネームで記す。またベルク・マルク鉄道が買収した鉄道の略記は文中にて記した。
3. Waldeck, R., Die Entwicklung der Bergisch-Maerkischen Eisenbahn, in: AfE 1910の引用に用いたページ数は Sonderabdruck（ニュールンベルク交通博物館所蔵）による。
4. Jahres-Bericht ueber die Verwaltung der Bergisch-Maerkischen Eisenbahn
   初出を除き、(BME) Jb と略記する。
5. Das Bergisch-Maerkische Eisenbahn-Unternehmen in seiner Entwicklung waehrend der ersten 25 Jahre des Betriebes, Elberfeld, 1874
   初出を除き、BME EtW と略記する。
6. 株主総会の議事録は BME EtW に収められているもののほか、ニュールンベルク交通博物館の未整理文書を利用した。典拠については、そのつど注において明示した。
7. Hundert Jahre Eisenbahndirektion Wuppertal, 1830-1950, 1950
   初出を除き HJ EW と略記。
8. Archiv fuer Eisenbahnwesen
   文中の資料に関する説明を除き、AfE と略記。
9. Vierteljahrschrift fuer Sozial- und Wirtschaftsgeschichte
   VSWG と略記。
10. Handschrift（手書き資料）で判読できない箇所は？を用いる。
11. 文中、人名の敬称はすべて省略した。我が国では日本人の研究者にのみ「氏」を付けて表記する例が見られるが、本書では外国人、日本人を問わずすべて敬称なしに統一した。
12. ケルン・ミンデン鉄道という表記は企業としての鉄道名を表わし、ドルトムント＝ゾースト区間という表記は、二地点を結ぶ路線を表わす。

# 序 章

## 研究史と課題の設定

　本書は、19世紀ドイツの資本主義の構造を解明するために、鉄道部門を手掛かりに分析をすすめる。本論に入る前にドイツ資本主義構造論、とりわけ地帯構造論の系譜を整理し、またドイツ鉄道史研究の動向を整理することにより、本書の扱う課題を具体化する。

## 1　ドイツ資本主義の構造をめぐって

　我が国のドイツ資本主義の構造を解明しようとする試みは、すでに古典となった松田智雄による文化構造をも包摂する研究[1]をもって本格的に始まり、それにつづく実証研究[2]による深化をへて、地帯構造論的視角が構想された[3]。エルベ川を境界とする異質な経済・社会構造の相剋と統一という視点のもとに、オストエルベの農業生産物とヴェストエルベの工業製品の対応のうちに市場構造の構想が与えられ、また、資本類型論による把握をも生み出してきた[4]。産業構造の巨視的理解という点では、貿易構造の分析が行われるとともに[5]、地域研究の著しい進展によって地域の農業・土地制度上の構造が明らかにされ、またライン・ヴェストファーレン、西南ドイツ、ザクセン、シュレージエン、ベルリン等の工業生産の中心地の地位が確定してきた[6]。このようなドイツ資本主義の構造理解に対して、ドイツ帝国のなかに四つの自立的経済圏（「原経済圏」）を構想しドイツ資本主義の分裂性を生み出した基本的要因の一つとして綿工業をあげ、その工業原料である綿商品を「原商品」と呼んだのは渡辺尚であった[7]。渡辺の「原経済圏」構想に対し、国民経済の枠組みと国家権力の

果たした役割に重点を置く議論を展開したのが柳澤治である[8]。

このような我が国の研究動向と軌を一にしてヨーロッパにおいて国民経済の枠組みを離れた「地域の工業化」を強調する研究が、70年代に登場した[9]。ドイツ経済史の観点からは、ビスマルク帝国の建設期に、ドイツ経済は「統合」(Integration)に向かったのか[10]、「地域分化」(regionale Differenzierung)を強化したのか[11]という対立した見解がすでに60年代からドイツの研究者の間で議論され、1978年5月には、「統合」対「地域分化」(Integration versus regionale Differenzierung im 19. Jahrhundert)というテーマのもとで計量経済史研究ループによって討議されそこで出された結論は「地域分化」を支持する考え方であった[12]。この二つの立場は、ドイツの国内市場のあり方にも関わった意見の相違であり、次項との関連でいえば、商品流通を媒介する手段としての鉄道の出現が、「統合」に作用したかを問う問題へと敷衍することができる[13]。一般に「地域分化」論者は、生産の中心地としての「主導諸地域」(Fuehrungsregionen)を想定し、それらの諸地域間の対抗、変遷を扱うが[14]、重要なことは、ドイツ帝国がその内部経済において地域間の補完関係を内包したものではなく、むしろ地域間の競合関係を内在させていたという点であろう[15]。

90年代に至ると、我が国においても、社会経済史学会第66回大会の共通論題として地域工業化が俎上に登る[16]。同大会報告者の一人、高橋秀行はベルリン経済圏の工業化を論じる際、「1871年の das deutsche Reich 成立以前に『ドイツ』工業化を語ることは一つのフィクションである」「プロイセンという一地域を取り上げてもその内部の産業編成は顕著な地域的多様性を示す」「工業化は常に国民経済的大空間を必要とするものではない」[17]と明言した。ここに「原経済圏」構想との共通認識と齟齬の両者が見られる。地域概念をベルリン経済圏にまで狭めた場合、地域の自立性を検証できるにしても、内部の産業構造には地域ごとの多様性が強調されることになる。一方「原経済圏」まで地域を拡大することにより、各経済圏間に相似性が見られることになり、地域の線引きの仕方に研究者の地域観が問われることになろう。

地域を基盤とする工業化を扱うことは、必然的に国境を越えた地域の線引きを可能とする。国境地域の工業地帯を積極的に採り上げてきたのは、石坂昭雄の一連の研究である[18]。「西ヨーロッパの『工業化』を論ずるにあたって、とくに意識すべき点として、それがすぐれて『地域』を基盤として……形成されてきたこと、そしてこうした地域の自律性が、その後の展開のなかでも、長期にわたって絶えず持続してきたことが挙げられる。こうした『地域』は、同一の『国民国家』の内部はもちろん、その領域を越えて、様々な形で相互に結び付き絡み合いながら、工業化を達成し……」[19]てきた点に、石坂の問題意識を見ることができる。また国境を跨ぐ高ライン地域に関して検証した黒沢隆文の研究は、「原経済圏」構想の射程を示すものである[20]。

　現代ドイツの資本主義構造の把握には、経済地理学の分野で企業の立地行動との関係[21]や、中心地の分散を機軸にアプローチ[22]する例が見られる一方、ドイツ資本主義をアメリカ型のそれと比較する見方[23]や、国際関係のなかでのドイツ資本主義の指向性を問う試み[24]がなされている。こうした中で、「原経済圏」構想はヨーロッパの統合やドイツの再統一といった現代の問題にも射程を持っていることは、注目に値する[25]。

## 2　ドイツ鉄道史研究の系譜

　「ドイツ鉄道史」の研究には、鉄道主権という複雑な事情に基づく固有のむずかしさが存在する。ビスマルクによるドイツの「統一」は、いわば「帝国」（Reich）の名を冠する「連邦制」国家を生み、鉄道行政は錯綜を極める結果を生じた。ライヒの次元からみた「国有鉄道」に相当する帝国鉄道（Reichsbahn）は、ワイマール期に至るまできわめて限られた存在でしかなかった。これに対してシュタート（支邦）レベルの鉄道は、プロイセンを例にとると、次のようになっていた。プロイセン管理下の「私有鉄道」、他邦管理下の「私有鉄道」、プロイセン管理下の「国営私有鉄道」、プロイセンの「国有鉄道」、他邦の「国有鉄道」がプロイセン領内に混在している上に、プロイセン管理下

の「私有鉄道」に対して、ドイツ外の政府が資本参加する事例も、ドイツ鉄道の黎明期にはみられたのであった(26)。

ドイツには、このほかにプロイセンと相似的な鉄道体系を有していたザクセン、国有鉄道政策が早くから採用されていたブラウンシュヴァイク、バーデン、ハノーファー、オルデンブルク等の中小邦、私有鉄道が誕生しつつもその発展を見ないうちに国有鉄道政策がとられるに至ったヴュルテンベルク、バイエルン等の南ドイツ諸邦の鉄道主権が錯綜していたことを指摘しておきたい(27)。

## 2.1　ドイツにおける鉄道史研究

ドイツにおける「鉄道研究」は同時代人の鉄道論文の形で始まるが、さしずめフリードリッヒ・リストがその代表といえよう。とはいえリスト以外にも、鉄道の生みの親ともいうべき人物が、ドイツ各地の鉄道建設史に登場する。ライン・ヴェストファーレンでいえば、ハンゼマン、カムプハウゼン、ハーコルト、またバイエルンではフォン・バーダー、シャーラーなど枚挙に暇がない。彼らは鉄道論文の執筆にとどまらず、政治家・官僚・企業家として鉄道の実現に尽力したのである(28)。にもかかわらず、リストがドイツの鉄道の「父」と称せられているのは、彼の鉄道論にはドイツ全体を展望する体系性があり、国民経済の形成という視点がみられるためである(29)。

ドイツにおいて鉄道研究が「歴史」として意識されるに至ったのは19世紀末のことであり、1879年から本格的に始まるプロイセンによる鉄道の国有化に触発されたことはいうまでもない。こういった事情を背景にプロイセン公共事業省によって刊行された Archiv fuer Eisenbahnwesen 誌上に、多くの鉄道史の論文が登場した(30)。一般に、この時期に至るまでの鉄道研究・鉄道史研究の問題意識の根底には、「国鉄か私鉄か」という図式が見られたが、プロイセンによる「国有化」の実現によって、これが後退してゆく。こうしたなかで、鉄道史研究の古典と交通経済学の古典とがあらわれ、体系化が計られるに至った(31)。また、ワイマール期には鉄道の「帝国有化」が実現し、ここにようやく「ドイツレベル（ライヒ次元）における国有化」にこぎ着けたのである。

1835年には、ライヒスバーンによって戦前の鉄道史研究の金字塔である『ドイツ鉄道百年史』が刊行された[32]。

　第２次大戦中における研究の中断の後、戦後ドイツにおいて行われた研究は、70年代に至るまで、文献リスト〔Ⅰ〕に年代順に整理されている。これをテーマ別に整理したのが［表序－１］である。以下、この二つを手掛かりに議論をすすめよう。戦後における鉄道史研究はNordmann (1947) によって再開されたが、戦前の研究の焼き直しであり、古くからの傾向である政策史研究の枠内に留まり、脚注もなく、また参考文献すらも明示されていなかった。1954年に至るまでの時期で注目すべきものは、Caspari (1951) とMottek (1950) である。前者は学部卒業論文であるにもかかわらず、鉄道の経済的意義を解明しようと試みた水準の高い論文である。一方後者は旧東ドイツにおける学位論文で、国家独占資本主義との関連で、プロイセンの鉄道国有化をとりあげた異色の研究であった。

　1955年以降は、地域研究が圧倒的比重を占めるに至る。すなわち、州・市など地方アルヒーフを利用し、旧西ドイツ内の一地域にスポットをあてた実証的研究によって、鉄道史研究が深化したのである。ドイツに古くからある地域史研究の伝統を背景としていることはいうまでもないが、旧東ドイツに存在する資料を扱うことが不可能であったことにも、その一因があろう[33]。とはいえ、一次資料の活用によって西部ドイツ諸邦・諸地域の鉄道研究が飛躍的に進展した時期であった。

　1960年代は、地域研究が依然として多数を占めているものの、研究者の問題関心が多角化したところにその特徴があった。1962年に旧東ドイツのEichholtzが三月前期におけるユンカーとブルジョワジーの鉄道建設に対する姿勢を明らかにし、この研究は、我が国における北條功（文献リスト〔Ⅲ〕の５および６）や石垣信浩（文献リスト〔Ⅲ〕の７）の研究に少なからぬ影響を及ぼしている。一方、旧西ドイツのVoigt (1965) は国民経済学の中に交通体系を位置づけた。この二つの研究は、マルクス経済学と近代経済学（とくに新古典派）という二つの理論体系を基盤に、東西ドイツにおける二つの異なった鉄道史研

究の方向づけを行うことになった。

　また60年代には、同時代人の鉄道建設活動に対する関心の高まりも見られた。1961年に Harkort の鉄道プラン（Harkort, Die Eisenbahn von Minden nach Coeln, 1838）が復刻され、van Eyll (1966) によって Camphausen と Hansemann の鉄道建設活動に焦点があてられた。この時期の鉄道創設者に対する問題関心は、van Eyll の論文の掲載誌が Tradition であることから分かるように、企業者史の視点にあった。

　1970年代の研究においては、経済的視点が強調される。豊富な資料に裏付けられた Wagenblass (1973) は、鉄道建設と鉄工業・機械工業の関連を扱った。また、鉄道建設労働者（Eisenbahnbauarbeiter, Eisenbahnarbeiter）は、例えば Obermann (1970) にみられるように、旧東ドイツではマルクスに依拠する研究が行われてきたが、Wortmann (1972) は、ケルン・ミンデン鉄道の鉄道工夫を対象に、初めて西ドイツ的な問題関心から、このテーマにアプローチした。Fremdling (1975) は、計量分析によって鉄道を産業革命の主導部門として位置づけ、ここに初めて生産関数などの経済モデルが実証レベルに適用されるようになった。一方、新資料の発掘も進み、Steiz (1974) の研究には、メルセブルクにある Deutsches Zentral Archiv が利用され、行政サイドからの分析に厚みが加えられることになった。旧東ドイツにおいては Bayer (1974) が豊富な資料の裏付けのもとに、ライプツィヒ商業資本の鉄道建設に対する活動を明らかにしている。

　〔文献リストⅡ〕は、1980年代以降に刊行された鉄道関係の出版物である。80年代の特徴は、その大半が資料的価値があるか、古典の復刻であるか、あるいはその両者である。Helmholtz u. Staby (1980) はドイツの蒸気機関車の技術データ、設計図を収録した復刻資料である。産業考古学的な価値のある業績として、Berger (1980) と Bohle-Heintzenberg (1980) を挙げたい。Supper (1981)、Meyer (1984) は、いずれも19世紀末の古典的研究を復刻したもの。Klee (1982) は、プロイセンの鉄道史を概観したものであるが、新たな発見は見られない。Handbuch (1984) は、鉄道の開通区間・延長・年月日、認可主

体・年月日・対象、国有化年月日を詳細に収めた「帝国鉄道庁」の編によるものの復刻である。Stichwort (1985) はブロックハウス百科事典にみられる Eisenbahn, Lokomotov 等の項目を、1838年以降の版について復刻、解説が加えられている。また Gerlach (1986) は、ドイツ、オーストリー、スイスの鉄道地図で資料的価値が高い。ライヒスバーン長官ガンツェンミューラー指導下のライヒスバーンがナチスに協力する姿勢を批判的に描いたのが、Lichtenstein (1985) である。

90年代の研究は、ドイツ再統一、市場経済化、ヨーロッパ統合等を背景とする現代的課題に取り組んだ研究が中心となり、「鉄道史」研究よりも同時代研究に見るべきものがある。Preuss (1993) は、旧東ドイツ計画経済下でのライヒスバーンの総括を行った。ミュンスター大学交通論研究所からは現代の交通問題に関する膨大な研究成果が刊行されているが、その一つとして鉄道民営化を扱った Allemeyer et al. (1993) がある。また Schultz (1995) は、EU 指令との関係でドイツの鉄道制度を採り上げるなど、最近では歴史研究から現代研究への回帰がみられる。

---

文献リスト〔Ⅰ〕戦後ドイツにおける鉄道史研究（1）

1. Nordmann, H., Die Fruehgeschichte der Eisenbahnen, in: Abhandlung der deutschen Akademie der Wissenschaten zu Berlin, Mathematisch-naturwissenschaften, 1947
2. Napp-Zinn, Fr. List als Verkehrspolitiker, 1948
3. Mottek, H., Die Ursachen der preussischen Eisenbahnverstaatlichung des Jahres 1879, Berlin-Ost (MS), 1950
4. Caspari, E, M., Die Bedeutung der Koeln-Mindener Linie im Ruhrgebiet, Dipl. Arbeit, Koeln, 1951
5. Rehbein, Zum Charakter der preussischen Eisenbahnpolitik von ihren Anfaengen bis zum Jahre 1879, Dresden, 1954
6. Durr und Schoeller, Die Entwicklung des Eisenbahnnetzes, in: Nordwestland, Westfaelische Rorschung, 8, 1955
7. Gaspers, H., Die erste westdeutsche Eisenbahn zwischen Duesseldorf-Elberfeld,

in: Unsere Bergische Heimat, Nr. 4 und 5, 1955
8. Fuchs, K., Eisenbahnprojekte und Eisenbahnbau am Mittelrhein 1838 bis 1903, Mainz, 1955
9. Feyer, U., Die Entwicklung des suedwestdeutschen Eisenbahnnetzes, in: saemtl. Jabb. f. Stat. und Landeskunde v. Baden-Wuerttemberg, 2, 1956
10. Doehn, H., Eisenbahnpolitik und Eisenbahnbau in Rheinhessen 1835-1914, Mainz, 1957
11. Helmke, H-I., Der Verkehr im Raum zwischen Weser und Elbe im 19. Jh. unter besonderer Beruecksichtigung der Eisenbahnen, Koeln, 1957
12. Wyszomirski, C., Die Entwicklung des Deustcen Eisenbahn-Guetertarifs, in: AfE, Jg, 67, 1957
13. Born, E., Lokomotiven und Wagen der Deutschen Eisenbahnen, kleinen Eisebahnbuecherei, Mainz und Heidelberg, 1958
14. Bahr, Die Entwicklung des westpreussischen Eisenbahnnetzes bis zum Anfang des 1. Weltkrieges, in: Westpreussen Jb., 9, 1959
15. Methling, H., Die Entwicklung des Eisenbahnnetzes in der ehemaligen Prov. Brandenburg, Jb. f. brandenburgische Landesgeschichte, 10, 1959
16. Ottmann, K., B. H. Strousberg, Eisenbahnkoenig der Privatbahnzeit, in: AfE, 70, 1960
17. Voss, W., Die langfristige Entwicklung des Eisenbahngueterverkehrs in Deutschland von 1880 bis 1957 in ihrer Abhaengigkeit von Wachstum und Strukturwandlungen der Wirtschaft, Hamburg, 1960
18. Fuchs, K., Die Erschliessung des Westwaldes durch die Eisenbahn, in: Nass. Annalen, 72, 1961
19. Reitboeck, G., Der Eisenbahnkoenig Strousberg und seine Bedeutung fuer das europaeische Wirtschaftsleben, in: Beitraege zur Geschichte der Technik und Industrie, 43, 1961
20. Riedel, M., Vom Bidermeier zum Maschinenzeitalter, Zur Kulturgeschichte der ersten Eisenbahnen in Deutschland, in: Archiv fuer Kuturgeschichte, 43, 1961
21. Hoppstaedter, K., Die Entstehung der saarlaendischen Eisenbahnen, Saarbruecken, 1961
22. Eichholtz, D., Junker und Bourgeoisie vor 1848, Berlin-Ost, 1962
23. ders., Bewegungen unter den preussischen Eisenbahn-Bauarbeiten im Vormaerz, Beitraege zur Deutschen Wirtschafts- und Sozialgeschichte des 18. und 19. Jahrhunderts, Berlin-Ost, 1962
24. van Eyll, K., David Hansemann und die Fruehzeit der rheinischen Eisenbahn, in:

Mitteilung der Industrie- und Handelskammer zu Koeln, 19 Jg., 1964
25. Wolfgramm, Enerhard, Puchta und Beyer, Die sozialoekonomischen Kaempfe der Eisenbahnbauarbeiter in Sachsen 1844-1848, Aus der Fruehgeschichte der deutschen Arbeiterbewegung, Berlin, 1964
26. Mosel, G., Das Siegerland und Eisenbahnen, 1965
27. Voigt, Verkehr, Berlin, 1965
28. Ottmann, K., Eisenbahnfinanzen und Staatshaushalt, in: AfE, Jg., 75, 1965
29. van Eyll, K., Camphausen und Hansemann, Zwei Rheinischen Eisenbahnunternehmer, in: Tradition, 11, 1966
30. Fuchs, K., Zur Verkehrspolitik des Herzogtums Nassau 1815-66, Nassauer Annalen, 77, 1966
31. Gisevius, H-F., Zur Vorgeschichte des Preussisch-Saechsischen Eisenbahnkriegs, Berlin, 1966
32. Bloemers, K., Der Eisenbahntarifkampf, in: Born (hrsg.), Moderne deutsche Wirtschftsgeschichte, Koeln und Berlin, 1966
33. Witt, G., Die Entstehung des nordost-bayerischen Eisenbahnnetzes, Erlangen-Nuernberg, 1968
34. Mueck, W. K., Deutschlands erste Eisenbahn mit Dampfkraft, Fuerth, 1968
35. Obermann, K., Zur Lage der Eisenbahnarbeiter im Prozess der Formierung der Arbeiterklasse in Deutschland, in: JbW, II, 1970
36. Wortmann, W., Eisenbahnbauarbeiter im Vormaerz 1844-47, Koeln, 1972
37. Seebacher, H., Die Eisenbahnpolitik Luebecks im Norddeutschen Bund und im Deutschen Reich 1865 bis 1937, Kiel, 1972
38. Sarrazin, T., Eisenbahnen und wirtschaftliche Entwicklung, JfS, 24, 1973
39. Wagenblass, H., Der Eisenbahnbau und das Wachstum der deutschen Eisen- und Maschinenindustrie 1835-60, Stuttgart, 1973
40. Henning, F-W., Eisenbahnbau und Entwicklung der Eisenindustrie in Deutschland, in: Archif und Wirtschaft, Jg. 6, 1973
41. Beyer, P., Das Leipziger Handelskapital im Ringen um eine Eisenbahnlinie nach Magdeburg 1829-40, Leipzig, 1974
42. Steiz, W., Die Entstehung der Koeln-Mindener Eisenbahngesellschaft, Koeln, 1974
43. Blaich, F., Der Einfluss der Eisenbahnpolitik auf die Struktur der Arbeitsmarkte im Zeitalter der Industrialisierung, in: Kellenbenz (hrsg.), Wirtschaftspolitik und Arbeitmarkt, 1974
44. Treue, W., Henschel und Sohn, Ein deutsches Lokomotivbauunternehmen 1860-1912, in: Tradition, 1974

45. Fuchs, K., Die Erschliessung des Siegerlandes durch die Eisenbahn 1840-1917, Wiesbaden, 1974
46. Fremdling, R., Eisenbahnen und deutsches Wirtschaftswachstum 1840-79, Dortmund, 1975
47. Schmidt, V., Die deutsche Eisenbahnpolitik in Schantung 1898-1914, Wiesbaden, 1976

【文献選択基準】原則として学位論文を含め、刊行されたものを中心に選択したが、Machinen Druck（MSと略記）も含まれている。また、例外的に重要なDiplom Arbeitも含めた。DDRの研究は代表的なもののみ選択した。いずれの場合も、他の研究者により少なくとも一度は引用されたものであるので、いずれも市民権を得た業績である。

## 文献リスト〔Ⅱ〕戦後ドイツにおける鉄道史研究（2）

1. Helmholtz u. Staby, Die Entstehung der Lokomotive, Nachdruck (1930), 1980
2. Berger, M., Historische Bahnhofsbauten Sachsens, Preussens, Mecklenburgs und Thueringens, Berlin, 1980
3. Bohle-Heintzenberg, S., Architektur der Berliner Hoch- und Untergrundbahnen, Berlin, 1980
4. Nagel, F. N., Die Entwicklung des Eisenbahnwesens in Schleswig-Holstein und Hamburg, Wiesbaden, 1981
5. Supper, O., Die Entwicklung des Eisenbahnwesens im Koenigreich Wuerttemberg, Nachdruck (1895), 1981
6. Klee, W., Preussische Eisenbahngeschichte, Stuttgart, 1982
7. Meyer, A. v., Geschichte und Geographie der deutschen Eisenbahnen, Nachdruck (1890-1), 1984
8. Handbuch der deutschen Eisenbahnstrecken, Nachdruck (1953), 1984
9. Stichwort: Eisenbahn, Wiesbaden, 1985
10. Lichtenstein, H., Mit der Reichsbahn in den Tod, Koeln, 1985
11. Gerlach, H-H., Atlas zur Eisenbahngeschichte, Zuerich und Wiesbaden, 1986
12. Preuss, E., Der Reichsbahn Report 1945-1993, Berlin, 1993
13. Allemeyer et al., Privatisierung des Schienenverkehrs, Goettingen, 1993
14. Schlutz, G., Das Eisenbahnwesen des Bundes und die Stellung der deutschen Bahnen auf dem Europaeischen Binnenmarkt, Berlin, 1995

序章　研究史と課題の設定　11

表序-1　戦後ドイツにおける鉄道史研究の傾向

| 年度 | 政策史 | 鉄道思想 | 国有史 | 鉄道企業・路線 | 地域研究〈カッコ内政策〉 | 賃率 | 蒸気機関車 | シュトロウスベルク | 鉄道労働者 | 労働市場 | 経済発展との関連 | 他産業との関連 | ユンカーとブルジョワジー | 産業資本 | 植民地 |
|---|---|---|---|---|---|---|---|---|---|---|---|---|---|---|---|
| 1947 | 1 | | | | | | | | | | | | | | |
| 48 | 1 | 1 | | | | | | | | | | | | | |
| 49 | | | | | | | | | | | | | | | |
| 1950 | | | 1 | | | | | | | | | | | | |
| 51 | | | | 1 | | | | | | | | | | | |
| 52 | | | | | | | | | | | | | | | |
| 53 | | | | | | | | | | | | | | | |
| 54 | 1 | | | | | | | | | | | | | | |
| 55 | | | | 1 | 2 | | | | | | | | | | |
| 56 | | | | | 1 | | | | | | | | | | |
| 57 | | | | | (1)2 | 1 | | | | | | | | | |
| 58 | | | | | | | | 1 | | | | | | | |
| 59 | | | | | 2 | | | | | | | | | | |
| 1960 | | | | | | | 1 | 1 | | | | | | | |
| 61 | | | | 1 | 2 | | | 1 | | | | | | | |
| 62 | | | | | | | | | | | | | 1 | | |
| 63 | | | | | | | | | | | | | | | |
| 64 | | 1 | | | | | | | 1 | | | | | | |
| 65 | 1 | | | | 1 | | | | | | 1 | | | | |
| 66 | 1 | 1 | | | (1)1 | 1 | | | | | | | | | |
| 67 | | | | | | | | | | | | | | | |
| 68 | | | | | 1 | | | | | | | | | | |
| 69 | | | | | 1 | | | | | | | | | | |
| 1970 | | | | | | | | | 1 | | | | | | |
| 71 | | | | | | | | | | | | | | | |
| 72 | | | | | (1)1 | | | | 1 | | | | | | |
| 73 | | | | | | | | | | | 1 | 1 | 2 | | |
| 74 | | | | 1 | 1 | | 1 | | | 1 | | | | 1 | |
| 75 | | | | | | | | | | 1 | | | | | |
| 76 | | | | | | | | | | | | | | | 1 |

## 2.2　ドイツ鉄道史に関する我が国の研究動向と研究視角

この項では、ドイツ鉄道史の研究視角を主としてテーマ別に、我が国の研究

との関連で若干の展望も交えて論を進めたい。

我が国において、ドイツ鉄道史が本格的に扱われるに至ったのは、リストの鉄道政策との関連であった。富永祐治（文献リスト〔Ⅲ〕の1）は、リストの「北米通信」「国民的体系」「ドイツ鉄道組織」に加えて、歴史派経済学における交通研究（ロッシャーとクニース、シュモラー）をとりあげ、またザックスの古典をも紹介した。

この分野の研究は長い空白期間の後、大谷津晴夫（文献リスト〔Ⅲ〕の2）が、経済学説史研究の一環としてリストの鉄道政策をとりあげた。また、小笠原茂（文献リスト〔Ⅲ〕の3）は、「鉄道が国内市場形成にいかに大きな役割を果たすか」をリストを通じて明らかにしている。さらに初期のドイツの鉄道史研究が追求すべき問題として、①鉄道建設主体、②鉄道建設の組織と建設資金、③土地収用と地主との利害調整、④国家による配当保証、⑤領邦・地域・会社エゴイズムの克服、の5点を指摘しているが、いずれも今後の研究に示唆を与えるものであろう。

我が国における鉄道史研究の大半は、経済史的な視角によっているが、安藤英治（文献リスト〔Ⅲ〕の4）は、その嚆矢である。

産業革命と鉄道建設に関する研究は、数多くみられるが、その出発点になったのが北條功（文献リスト〔Ⅲ〕の5、6）であり、Eichholtz（1962）に依拠しつつ、産業革命の前提としての鉄道建設をドイツに固有な性格として論じる。石垣信浩（文献リスト〔Ⅲ〕の7）も、Eichholz に依拠した研究である。これに対して、小笠原茂（文献リスト〔Ⅲ〕の8）は、Fremdling（1975）、Wagenblass（1973）など、70年代におけるドイツの研究成果を採り入れたところにその特徴がある。高橋秀行（文献リスト〔Ⅲ〕の9）も、Wagenblass 等の成果を採用したものである。

ドイツ産業革命において鉄道をいかに位置づけるか、というテーマは古くから論じられてきた。とりわけ、鉄道を産業革命のリーディングセクターとする考え方は、前記 Fremdling（1975）以外にも見いだされる[34]。旧東ドイツの産業革命史家モテックが「産業革命の展開を貫徹させた決定的な固定資本の投下

は、綿工業でも繊維工業でも軽工業でもなく、むしろ交通産業であった」、とりわけ「40年代の鉄道建設が決定的であった」[35]と指摘した点が想起されよう。

　産業革命の前提として鉄道を論じる際、国内市場の形成要因という視角が浮かぶ[36]。確かにドイツでは、イギリスやベルギーと比較した場合、運河時代をほとんど経験していないために、国内市場の形成にあたって鉄道の果たした役割を過小評価することは慎まなければならない。とはいえ、こういった議論には鉄道網の拡充によってドイツ内の諸市場が名実ともに統一され、国内市場が創出されたという暗黙の前提があるのではなかろうか。北條功（文献リスト〔Ⅲ〕の６）の慎重な指摘──「鉄道の建設と平行して統一的国内市場の傾向がみられるが、もちろん鉄道はその傾向を促進したにすぎない」（同、201ページ）──を、さしあたって考慮に入れておこう。この点、山田徹雄（文献リスト〔Ⅲ〕の11）はライン・ヴェストファーレンが鉄道を通じて地域内流通を飛躍的に増大させ、また各地域との市場関係を多面化・相対化したことを実証し、同（文献リスト〔Ⅲ〕の12）は、ニュールンベルクと周辺農村地域の間に農工分業関係が鉄道によって促進され、鉄道が地域的経済循環を強める可能性を展望した。これに対して、鉄道による市場統合を積極的に論じたのが、鳩澤歩（文献リスト〔Ⅲ〕の13）である。

　また、石垣信浩（文献リスト〔Ⅲ〕の14）は、ルール＝ライン石炭流通圏が、1850年代以降鉄道の発展によって再編成されたことを指摘し、藤田幸一郎（文献リスト〔Ⅲ〕の15）は、市壁の外に造られた駅が閉鎖的な都市を開放し、都市への人口移動が促されたことを論証した。この二つの論文は、鉄道史の周辺領域を埋める研究として重要である。

　鉄道の旅客輸送は、労働市場の動向と密接な関係があるにもかかわらず、研究成果が見られないのは、鉄道企業が工業の中心地へ労働力を輸送することを考え始めたのが、支線・ローカル線を建設して地域的な旅客輸送の乗り出す1880年以降のことであったからである[37]。つまり産業革命期の鉄道は労働者の通勤手段ではなかったし、また当時は幹線による貨物輸送が主流であったことから、人的輸送に関する研究者の関心はきわめて薄い。

経営史的観点から、鉄道企業の資本調達を分析した山崎彰（文献リスト〔Ⅲ〕の16）は、従来暗黙の前提と考えられていたことを、覆す内容を含んでいる。すなわち、ドイツにおける株式会社制度の採用が鉄道建設の進展と密接な関係があり、したがって資本市場の形成過程における鉄道株の重要性が強調されてきた。ところがライン鉄道を事例研究した結果、初期の鉄道企業は資本調達において優先株や優先社債に依存していたことが、この論文において実証されたのである。この研究に触発された山田徹雄（文献リスト〔Ⅲ〕の17）はベルク・マルク鉄道について、資本調達に占める優先社債の決定的重要性を指摘した。ライン地方の鉄道企業ですら、普通株への依存度が低いということは、全ドイツ的規模で一般化しうる議論ではなかろうか。なお、初期鉄道会社の会計実務について論じた川端保至（文献リスト〔Ⅲ〕の18）は、1861年商法と鉄道会社の収支余剰計算との齟齬を明らかにするものである[38]。鉄道会計の研究は、アメリカ、イギリスを対象とするものと比較し、ドイツを対象とする研究が著しく遅れていることを指摘しておきたい[39]。

　ドイツを対象とする鉄道政策史の研究が、積極的に行われてきたことは言うまでもない[40]。古くは、「ビスマルク的国有」というエンゲルスの規定をめぐる論争（文献リスト〔Ⅲ〕の19および20）が、我が国の鉄道国有化の性格規定との関連で行われてきたが、このことはプロイセンという一領邦の動向を過大評価する結果となったことは否めない（文献リスト〔Ⅲ〕の21）。そのため我が国の研究史においてもっぱら、プロイセンの動向に焦点があてられてきたが（文献リスト〔Ⅲ〕の22および23）、その中から三月前期の鉄道政策と鉄道資本の形成に関するすぐれた研究成果が生まれてきた（文献リスト〔Ⅲ〕の24）。とはいえドイツの鉄道政策を論じる際、ライヒの次元の政策とシュタートの次元の政策があることを出発点に考える必要がある。（文献リスト〔Ⅲ〕の25）したがって、国有化＝邦有化はドイツ資本主義の分裂を促すモメントにも成りうるものであり、その前史は、例えばプロイセン・ザクセン間の鉄道政策をめぐる「鉄道戦争」（Eisenbahnkrieg）に求められる（Gisevius, 1981）。また、各邦の政策は、ドイツ資本主義の地帯構造[41]、ドイツの民族と国家をめぐる問

題⁽⁴²⁾とも関連性を持つことになる。

　なお、ライヒとシュタートの二元的な視点から、鉄道財政を論じたものに、文献リスト〔Ⅲ〕の26および27がある。また交通政策史の観点から、プロイセン、ザクセン、ヴュルテンベルク、オーストリー等の鉄道政策に検討を加えた池田博行（文献リスト〔Ⅲ〕の28）の業績をあげておく。

　ドイツにおける鉄道研究が、90年代に歴史研究よりも現代的課題に重点が移行したのと軌を一にして、我が国の研究も「鉄道の民営化」「EUの交通政策のなかでのドイツの鉄道改革」等が積極的に採り上げられるようになった。もとより、交通論の分野においてはBR（ドイツ連邦鉄道）についての分析がなされてきたが（文献リスト〔Ⅲ〕の29、30、31）、日本の国鉄民営化との比較という視角が鮮明にあらわれてきたのは、桜井徹（文献リスト〔Ⅲ〕の32および33）の研究においてであった。ちなみに鉄道史学会の1996年度大会においては、「鉄道民営化の国際比較」が共通論題に選ばれた。また、堀雅通（文献リスト〔Ⅲ〕の34および35）はEUの交通政策のもとでの、ドイツ鉄道株式会社の組織形態論を論じた⁽⁴³⁾。民営化、EU共通鉄道政策、競争原理の導入を背景に「比較鉄道史研究」が新たに模索されるに至った。（文献リスト〔Ⅲ〕の36）この他、ドイツ統一後のベルリンの交通計画を歴史的視点から論じたものに、青木真美（文献リスト〔Ⅲ〕の37）がある。

　この様に、鉄道史研究が歴史を離れるには必然的背景と理由があるが、また一方では歴史研究が忘れられているわけではないし、また忘れられてはならない。そういった意味で、ドイツ最初の鉄道の成立史を扱った蔵本忍（文献リスト〔Ⅲ〕の38）の詳細な研究、ワイマール期以降の主としてドイツ東部の鉄道を扱った松永和生（文献リスト〔Ⅲ〕の39-43）の労作、鉄道技術者を対象とする鳩澤歩（文献リスト〔Ⅲ〕の44）の先駆的研究を高く評価したい。また、ドイツ語圏の研究まで範囲をひろげれば、佐々木洋子（文献リスト〔Ⅲ〕の45）、黒沢隆文（文献リスト〔Ⅲ〕の46）の業績を落とすことはできない。なお、90年代以降のドイツ鉄道研究は、チャンドラーJr.のフレームワーク⁽⁴⁴⁾の影響下に鉄道業の官吏に関する研究が活発化したことが鳩澤歩によって指摘さ

れているが[45]、鳩澤自身の研究にもその傾向が色濃く反映されている（文献リスト〔Ⅲ〕の47、48）。この傾向は日本鉄道史研究とも通じるものであろう[46]。

---

**文献リスト〔Ⅲ〕我が国におけるドイツ鉄道史研究**

1．富永祐治『交通学の生成――交通学説史研究――』日本評論社、1943年
2．大谷津晴夫「フリードリッヒ・リストの鉄道政策（1）（2）」『上智経論集』25-1、2、1978年
3．小笠原茂「フリードリッヒ・リストの『ザクセンの鉄道組織』」『立教経済学研究』36-3、1983年
4．安藤英治「19世紀ドイツにおける鉄道と資本主義」成蹊大学『政治経済論叢』、1952年
5．北條功「ドイツにおける鉄道建設と『産業革命』」学習院大学政経学部『研究年報』9、1964年
6．同「ドイツ産業革命と鉄道建設」高橋幸八郎編『産業革命の研究』岩波書店、1965年
7．石垣信浩「プロイセン鉄道建設をめぐるブルジョワジーの動向」大東文化大学『経済論集』26、1977年
8．小笠原茂「ドイツにおける鉄道建設と重工業の発展」『立教経済学研究』34、1980年
9．高橋秀行「初期ボルジッヒ企業の成長と機関車生産の展開（1841～1894年）」大分大学『経済論集』27-6、1975年
10．山田徹雄「19世紀ライン・ヴェストファーレンの鉄道網とその経済的意義に関する一考察」早稲田大学『商学研究科紀要』6、1978年
11．同「帝国再建期におけるライン・ヴェストファーレンの鉄道と商品流通の展開」『歴史学研究』472、1979年
12．同「帝制ドイツにおける商品流通の展開」『跡見学園女子大学紀要』15、1982年
13．鳩澤歩「鉄道による市場統合の検証――19世紀バイエルンの穀物流通を中心に

――」大阪大学『経済学』41-1、1991年
14. 石垣信浩「19世紀前半ルール炭鉱業における石炭販売と輸送」大東文化大学『経済論集』32、1981年
15. 藤田幸一郎「19世紀後半におけるマルク工業都市への人口流入」明治学院大学『経済研究』71、1984年
16. 山崎彰「プロイセン西部における鉄道株式会社制度の成立」『西洋史研究』新輯13、1984年
17. 山田徹雄「プロイセンにおける鉄道会社の資本調達」跡見学園女子大学『研究報告』1、1985年
18. 川端保至「ドイツ初期鉄道会社の会計実務と固定資産の取得原価評価」『同志社商学』46-1、1994年
19. 中西健一『日本国有鉄道史研究』日本評論社、1963年
20. 石井彰次郎「ビスマルク的国有について」『経済理論』41、42
21. 山田徹雄「ビスマルクの経済政策と鉄道」『跡見学園女子大学紀要』21、1988年
22. 同「ドイツ産業革命期におけるプロイセン鉄道政策の展開」『社会経済史学』39-4、1974年
23. 同「プロイセンにおける鉄道と国家」『経営史学』16-1、1981年
24. 山崎彰「三月前期プロイセン鉄道政策の歴史的特質」『土地制度史学』116、1987年
25. 山田徹雄「帝制ドイツにおける経済政策の二元性」跡見学園女子大学『研究報告』2、1986年
26. 松井坦「プロイセン国有鉄道とドイツ帝国主義財政」同著『ドイツ帝国主義論』松井坦遺稿追悼集刊行会、1981年
27. 山田徹雄「プロイセンにおける鉄道国有化」跡見学園女子大学『研究報告』3、1987年
28. 池田博行『ドイツ鉄道小史』時潮社、1978年
29. 杉山雅洋「ドイツ連邦鉄道をめぐる問題点」『運輸と経済』40-3、1980年
30. 同「ドイツ連邦鉄道のソーシャルバランスシートを批判する」『運輸と経済』40-10、1980年
31. 同「ドイツ連邦鉄道と社会」『運輸と経済』41-4、1981年
32. 桜井徹「ドイツ連邦鉄道(DB)の経営改革の動向とその背景」日本大学『商学集志』59-1/2/3、1989年
33. 同『ドイツ統一と公企業の民営化――国鉄改革の日独比較――』同文舘、1996年
34. 堀雅通「鉄道『上下分離』論の史的研究」『鉄道史学』16、1998年

35. 同『現代欧州の交通政策と鉄道改革──上下分離とオープンアクセス──』税務経理協会、2000年
36. 今城光英「比較鉄道改革史への視角」『鉄道史学』16、1998年
37. 青木真美「ベルリンの鉄道整備の歴史とその今日的課題」『鉄道史学』16、1998年
38. 蔵本忍「ドイツ最初の鉄道としてのルートウィヒ鉄道(1)(2)(3)」明治大学『政経論叢』65-3、66-1、66-2、1997年
39. 松永和生「第一次大戦前におけるオストプロイセンの交通と経済」『東亜大学研究論叢』18-1、1993年
40. 同「ヴァイマル期ドイツ国鉄会社の成立とその組織」『東亜大学経営学部紀要』3、1994
41. 同「ドイツ賠償問題とライヒスバーン」『鉄道史学』14、1995年
42. 同「第一次世界大戦後の東プロイセンの鉄道事情」『鉄道史学』15、1997年
43. 同「ポーランド回廊の通行をめぐる協定とドイツの鉄道」『東亜大学経営学部紀要』8、1998年
44. 鳩澤歩「19世紀ドイツ語圏における社会集団としての鉄道技術労働者」滋賀大学『研究年報』1、1994年
45. 佐々木洋子「ルドルフ皇太子鉄道と沿線住民」『東欧史研究』19、1997年
46. 黒沢隆文「スイス鉄道網の形成過程」森田安一編『スイスの歴史と文化』刀水書房、1998年
47. 鳩澤歩「ドイツ語圏における鉄道技術者集団の形成」『大学史研究』15、2000年
48. 同「ドイツ『鉄道技師』のアーキタイプとしてのプロイセン鉄道技術官吏」大阪大学『経済学』50-2・3、2000年

## 3　本書の課題

　ドイツ資本主義研究、ドイツ鉄道史研究の成果を踏まえ、本書では以下の点を課題とする。
　①領邦の鉄道政策が地理的にどの程度の射程を持ち、またそれがどの程度まで市場を仕切る力となっていたか。【政治過程の分析】
　②鉄道企業の資金調達構造から見て、地域の資本市場とベルリンの資本市場

がいかなる関係を有していたか。【資本市場の分析】
③鉄道を媒介とする商品流通が地帯構造的にいかなる展開を示していたか。
【商品流通構造の分析】
④以上の点を踏まえ、ドイツ帝国の経済構造を政治過程との連関性のなかに位置づけることを最大の課題とする。

　この内、①に関しては、領邦単位の分析は、人口や面積の点で当然バイアスがかかるにしても、領邦の経済政策自体、地域の産業構造が反映されている可能性をあらかじめ指摘しておきたい。

　鳩澤歩の研究は、②に関してマクロ的に示唆を与えるものである。19世紀のドイツについて、利子率水準の均衡化を確認することによって「19世紀におけるドイツの金融市場は長期間にわたり地域的に分断していたとはいえない」「伝統的な金融市場は19世紀当初から超地域的に統合されていたようだし、産業金融と密接な関連を持つ近代的な金融市場も、一九世紀後半には分断を解消していると考えられる」[47]と指摘する。確かにドイツ内の金融市場間に利子率均衡化が実現されているにしても国境を越えてそれが実現されているのではないか、という疑問が残る。「中世の世界経済」（Roerig）に相当するネットワークが成立している可能性さえ否定できないであろう[48]。

　商品流通にかかわる③については、一般に輸送費の低下は産業の地域集中を引き起こすと考えられる[49]。工業原料である石炭の輸送は、１ペニヒ賃率の導入により、輸送コストは著しく低下していることがすでに確認されている[50]が、「原経済圏」構想にみられるドイツ内の四地域の経済指標はむしろ相似を示している[51]。

　このことを説明するための試論をあらかじめ提示する。その際、単純化のために、Ａ、Ｂの２地域モデルで考える。プラス・サムの局面（たとえば、コンドラチェフの上昇波動）においては、資源の制約がないために高成長を享受し限界企業にも利益の恩恵がある。したがって、Ａ、Ｂ地域とも相似的な構造と発展を示すことは不自然ではない。この状態は地域内にも、地域間にも均衡状態をうみ、利子率もむしろ均衡化する。ゼロ・サム局面になると、資源の

制約が顕在化する。例えば、相対的に競争力のある A 地域へは、B 地域から可動資源が移動する。その際、A 地域は反作用として、B 地域の政治権力に傾斜するかもしれない。A、B 地域の成長力に格差が広がれば、両地域の利子率の格差が広がるであろう。一般にゼロ・サム局面は、プラス・サム局面と比べて期間が短いので、再び高成長の均衡状態に戻る[52]。

　以上の試論的モデルは、渡辺理論をより動態的に説明できるのではなかろうか。本書の構成は、以下のようになっている。第1章では、プロイセン国家によるライン・ヴェストファーレン鉄道企業に対する介入の過程を、鉄道企業の側から分析する。この問題は、我が国のドイツ資本主義研究において強調されてきた「プロイセン国家権力による帝制ドイツの統一観」に一定の展望を与えるものと思われる。第2章は、西部ドイツ企業の資金調達のあり方を検討することによって、ドイツ資本市場の地帯構造の研究に一定の貢献をしようとするものである。「東エルベのユンカー的経営利潤を吸収した銀行資本とその西エルベ工業資本の支配により成立する金融資本の支配」[53]という図式にささやかではあるが、個別・具体的に接近する。第3章は、ライン・ヴェストファーレン地域がドイツ内の各地といかなる市場関係を、どの程度に結んでいたかを、鉄道による貨物輸送統計を用いて分析する。つづく第4章は、都市経済圏ニュールンベルクを中心とする商品流通構造を明らかにする。「ドイツ鉄道史」を解体し再構築するのが第5章である。領邦ごとに鉄道主権の錯綜する関係を整理し、ドイツの鉄道の全体像を改めて問いなおす試みである。第6章では、ビスマルクによるプロイセンの鉄道国有化を、ライヒの次元から位置づけを行う。

注
（1）　松田智雄『近代の史的構造論』近代思想社、1948年。
（2）　同『ドイツ資本主義の基礎研究——ヴュルテンベルク王国の経済発展』岩波書店、1967年。
（3）　同「ドイツ資本主義構造論によせて」川島武宜・松田智雄編『国民経済の諸類型』岩波書店、1988年。
（4）　大野英二・住谷一彦「ドイツ資本主義分析と『資本類型』」（下）、『思想』1965

年2月号。大野英二『ドイツ資本主義論』未来社、1965年。川本和良『ドイツ産業資本成立史論』未来社、1971年。肥前栄一『ドイツ経済政策史序説』未来社、1973年。
（5）　春見濤子「ドイツ産業資本確立期における貿易構造」『土地制度史学』43、1969年。柳澤治「産業革命開始期ドイツの貿易構造」都立大学『経済と経済学』38、1977年。
（6）　地域史研究の成果については、巻末の文献リストを参照のこと。
（7）　渡辺尚「『ドイツ』資本主義と地帯構造」大野英二・住谷一彦・諸田實編『ドイツ資本主義の史的構造』有斐閣、1972年。渡辺尚『ラインの産業革命——原経済圏の形成過程——』東洋経済新報社、1987年。渡辺尚の研究視角について、手塚真は「わが国のドイツ経済史研究において、資本主義発達史の視点と国民経済形成史の視点とが融合させられているのが一般的であるが、渡辺尚氏の地帯構造論はドイツの政治的・経済的分裂に着目し、資本主義発達史に視点を純化しようとした試みといえよう」と指摘する（手塚真「ドイツ国民経済の型について—リストをめぐる小林・住谷論争を中心にして——」住谷一彦・田村信一・小林純編『ドイツ国民経済の史的研究——フリードリヒ・リストからマックス・ウェーバーへ——』御茶の水書房、1985年、42ページ）。
（8）　柳澤治「ドイツ資本主義の展開と市場構造——19世紀末からワイマール期へ——」諸田實他編『ドイツ経済の歴史的空間——関税同盟・ライヒ・ブント——』昭和堂、1994年、168ページ。また、同「第二帝制期におけるドイツ経済の地域的編成」『経済と経済学』47巻、1981年。
（9）　Pollard, S., Industrialization and the European Economy, in: EHR, 2nd Series, 26-4, 1973. 地域の工業化の研究史についての詳しい紹介は三ツ石郁夫『ドイツ地域経済の史的研究——ヴュルテンベルクの農工結合——』勁草書房、1997年、4ページ以降。
（10）　この立場を代表するのはツォルンである。Zorn, W., Probleme der Industrailisierung Oberfrankens im 19. Jh., in: Jahrbuch fuer fraenkishce Landesforschung, 29, 1979; ders., Wirtschafts- und sozialgeschichtliche Zusammenhaenge der deutschen Reichsgruendungszeit, in: Historische Zeitschrift, 197, 1963 und auch in: Wehler (hrsg.), Moderne Deutche Sozialgeschichte, Koeln, 1975; ders., Die wirtschaftliche Integration Kleindeutschlands in den 1860er Jahre und Reichsgruendung, in: Historische Zeitschrift, 216, 1973; ders., Zwischenstaatliche wirtschaftliche Integration im Deutschen Zollverein 1867-1870, in: VSWG, 65-1, 1978なお、以上のうち最後に揚げた論稿においてツォルンが全面的に依拠した実証研究はKerwat, M., Die wechselseitige wirtschaftliche Abhaengigkeit der Staaten des nachmalige Deutschen Reiches im Jahrzent vor der Reichsgruendung, MS (Seminar fuer

Sozialgeschichte der Uni. Muenchen) 1976.

(11) 「地域分化」論の立場に立つ研究は、Borchardt, K., Regionale Wachstumsdiffrenzierung im 19. Jh. unter besonderer Beruecksichigung des West-Ost-Geffales, in: Abel usw. (hrsg.), Wirtschaft, Geschichte und Wirtschaftsgeschichte, Festschrift zum 65. Geburtstag von Friedlich Luetge, Stutgart, 1966 (高橋秀行訳「19世紀ドイツにおける地域間成長格差――とくに東西間格差を中心に――」大分大学『経済論集』20-3、1968年); Orsagh, T. J., The Probable Geographical Distribution of German Income 1882-1963, in: Zeitschrift fuer die gesammte Staatswissenschaft, 124, 1968; Hesse, H., Die Entwicklung der regionale Einkommensdifferenzen im Wachstumsprozess der deutschen Wirtschaft vor 1913 in: Fischer, W. (hrsg.), Beitraege zu Wirtschaftswachstum und Wirtschaftsstrukture in 16. und 19. Jh., Berlin, 1971.

(12) この点についての詳細は、Fremdling, R. und Tilly, R. (hrsg.), Industrialisierung und Raum, Stuttgart, 1979, 所収の諸論文を参考にされたい。

(13) Voigt, F., Verkehr, II/1, 2, Berlin, 1955; ders., Die volkswirtschfatliche Bedeutung des Verkehrssystems, Berlin, 1966 (岡田清・池田浩太郎訳『交通体系論』千倉書房、1972年)。例えば穀物価格の動向を見て、19世紀の鉄道建設に伴う市場統一への動きを検証したのが、ザックスやエンゲル等の古典的な研究である (Sax, E., Die Eisenbahnen, Bd. 2, Wien, 1879; Engel, E., Die Getreidepreise, die Ernteertraege und der Getreidehandel im preussischen Staate, in: Zeitschrift des koeniglichen Statistischen Bureaus, I, 1861)。このザックス゠エンゲル仮説を、ライ麦に関する一層精緻なデータを用いて検証したのが、フレムトリンクとホホルストである。その結果、ザックス゠エンゲル仮説は破棄されたのである (Fremdling, R., und Hohorst, G., Marktintegration der preussischen Wirtschaft im 19. Jahrhundert, in: Fremdling, R., und Tilly, R (hrsg.), Ebenda)。

(14) Fischer, W., Wirtschaft und Gesellschaft im Zeitalter der Industrialisierung, Goettingen, 1972; Hohorst, G., Wirtschaftswachstum und Bevoelkerungsentwicklung in Preussen 1816 bis 1914, New York, 1977; Tipton, F., Regional Variations in the Economic Development of Germany in the 19th Century, Middletown/conn., 1976.

(15) この点で、ティプトンの次のような指摘を想起したい。「統合は補完的というより競争的であった」("Integration was competitive rather than complementary", Tipton, Ebenda, p. 150)。また、キーゼヴェッターが地域の工業化を論じた際、「関税同盟による市場の拡大が工業化にとって決定的な意義をもっていたのではなく、様々な地域市場における競争状態の拡大が産業を促したり、停滞させる推進力ないし効果を生み出した」(Kiesewetter, H., Regionale Industrialisierung

zur Zeit der Reichsgruendung, in: VSWG, 73, 1986, S. 43-4）と述べているのもこのことを裏付けていると考えられる。
(16)　社会経済史学会第66会大会共通論題「地域工業化の政治的・制度的枠組――ヨーロッパ・中国・日本の比較――」1997年6月1日斎藤修は総括コメントにおいて「工業化は地域的現象であるという共通認識を確認した」と述べ、「中世から近代にいたる経済史は、非市場組織による仕切る力と原子論的市場の勃興のせめぎあいの歴史であった」と指摘した（斎藤修「地域と市場と比較工業化論」『社会経済史学』64-1、1998年、155ページ）。
(17)　高橋秀行「ベルリーン経済圏における地域工業化の始動（18世紀末―19世紀中葉）――首都圏工業化のケース――」『社会経済史学』64-1、1998年、52-3ページ。
(18)　石坂昭雄「工業地域と国境――ドイツ・ベネルックス・フランス・スイス国境工業地域の形成過程の事例研究――」北海道大学『経済学研究』43-4、1994年。同「オランダ＝ドイツ国境地域における綿工業の形成と発展（1830-1914）――トュエンテ・アハテルフック＝西ミュンスターラント・ベントハイム伯領――」北海道大学『経済学研究』47-2、1997年。
(19)　石坂昭雄「西ヨーロッパの国境地域における工業地帯の形成と展開――トュエンテ／西ミュンスター綿業地帯とザール＝ロレーヌ＝ルクセンブルク＝南ベルギー鉄鋼・炭鉱地帯を例に――」『社会経済史学』64-1、1998年。
(20)　黒沢隆文「高ライン地域の国境間経済関係――産業革命期の綿工業を中心に――」『社会経済史学』62-4、1996年。
(21)　山本健兒「西ドイツ経済の空間的構成――株式会社本社立地の特性」『経済志林』52-2、1984年。山本健兒『現代ドイツの地域経済――企業の立地行動との関連――』法政大学出版局、1993年。
(22)　森川洋『ドイツ――転機に立つ多極分散型国家――』大明堂、1995年
(23)　Albert, M., capitalisme contra capitalisme（小池はるひ訳『資本主義対資本主義』竹内書店新社、1992年）では、アメリカやイギリス型の「アングロサクソン型」に対して、ドイツ、フランス型を「ライン型」と呼び、Dore, R., Stock Market Capitalism: Welfare Capitalism, Oxford, 2000, ではアングロサクソンを株式市場資本主義、ドイツ・日本を福祉資本主義と規定する。
(24)　工藤章『20世紀ドイツ資本主義――国際定位と大企業体制――』東京大学出版会、1999年では、ドイツ資本主義を「両方指向と大企業体制の再編成」の1920年代、「東方指向と大企業の再建」の1930年代、「西方指向への回帰と大企業体制の学習」の1950/60年代、「大企業体制の変容と西方指向の継続」の1970/80年代に整理する。
(25)　渡辺尚「『東西格差』と『南北格差』――ドイツ的経済空間の史的構造――」

田中豊治他編『近代世界の変容――ヴェーバー・ドイツ・日本――』リブロポート、1991年。渡辺によれば「東ドイツの体制変革はまさにブランデンブルクに対するザクセンのクーデタから始まった」（同、57ページ）のであり、「『統一』は西部ドイツからすれば二芯構造（西南・西北原経済圏）から三芯構造への、東部ドイツからすれば一芯構造（中部原経済圏）から三芯構造への転換をもたらし」（同、62ページ）たのである。渡辺尚「ライヒとブント――西ドイツ政治・経済空間の形成過程――」諸田實他編『ドイツ経済の歴史的空間――関税同盟・ライヒ・ブント――』昭和堂、1994年、および渡辺尚「現代ヨーロッパの企業行動と地域経済の精神――」渡辺尚・作道潤編『現代ヨーロッパ経営史』有斐閣、1996年、をも参照。

(26) Handbuch der deutschen Eisenbahnstrecken, Nachdruck (1953), 1984プロイセンが建設の認可を与えた「ライン鉄道」には、ベルギー政府が資本参加していた（この点については、文献リストⅢ-20、23ページ）。

(27) 文献リストⅢ-17、38-9ページ。

(28) Wiedenfeld, Deutsche Eisenbahngestalter aus Staatsverwaltung und Wirtschaftsleben im 19en Jahrhundert, in: AfE, 1940には、鉄道建設に貢献した人々の活動が詳しく論ぜられている（なお、同論文は高橋秀行氏のご好意により拝読することができた）。同時代人の鉄道論文の代表的なものに次のものがある。Camphausen, L., Zur Eisenbahn von Koeln nach Antwerpen, Koeln, 1833; Hansemann, D., Preussens wichtigste Eisenbahnfrage, Leipzig u. Halle, 1833; ders., Die Eisenbahnen und deren Aktionaere in ihrem Verhaeltniss zum Staat, Leipzig u.Halle, 1837; ders., Bericht ueber die Vorarbeiten und Verhandlungen wegen Weiterfuehrung der Rheinischen Eisenbahn von Koeln bis zur Landesgrenze bei Minden, Aachen, 1842/43; ders., Denkshrift ueber das Verhaeltniss des Staats zur Rhreinischen Eisenbahngesellschaft, Berlin, 1943 (Handschrift); ders., Ueber die Anlage der Eisenbahn von Hannover nach Preussen und nach Minden, in:Hannoversche Zeitung, 9. 2. 1842; Harkort, F., Die Eisenbahn von Minden nach Koeln, Hagen, 1833

(29) リストの代表的鉄道論文として Ueber ein saechsisches Eisenbahnsystems als Grundlage eines allgemeinen deutschen Eisenbahnsystems und insbesondere ueber die Anlage einer Eisenbahn von Leipzig nach Dresden をあげておく。

(30) Archiv fuer Eisenbahnwesen に掲載された代表的な研究に Leyen, A., Die Entstehung der Magdeburg-Leipziger Eisenbahn, in: AfE, 1880; Gleim, Zum dritten November 1838, in: AfE, 1880; Fleck, G., Studien zur Geschichte des preussischen Eisenbahnwesens, in: AfE, 1895, 1896, 1897, 1898 u. 1901がある。これらの研究は、同誌の刊行主体の関係から執筆者の立場にバイアスがかかっている。Gleim や

Leyen の研究は明らかに政府の国有化政策を支持する立場にたっていた。
(31) 鉄道史の古典として Mayer, A. v., Geschichte und Geographie der deutschen Eisenbahnen, 1890-91 を、交通経済学の古典として Sax, E., Die Verkehrsmittel im Volks- und Staatswissenschat, Wien, 1878-9 を指摘することができる。
(32) Deutsche Reichsbahn (hrsg.), Hundert Jahre deutsche Eisenbahnen, Berlin, 1935.
(33) 1970年代に至るまでのドイツ鉄道史に関する資料の存在状況に触れる。各鉄道企業の『営業報告書』『会社定款』等は、「ニュールンベルク交通博物館」に、各地に散在しているものが集められるようになっていた。しかしながら、鉄道行政に関する事項は、プロイセン内務省の文書として記録され、また鉄道企業への援助に関する問題はプロイセンの大蔵省の所轄事項に記録が残されていることから、当時旧東ドイツのメルセブルクにある Deutsches Zentral Archiv の Historische AbteilungⅡのうちに、以上二系統の資料が収められていた。旧西ドイツの研究者によるこういった資料の本格的利用は、70年代まで待たねばならなかった。
(34) Holtfrerich, C-L., Quantitative Wirtschaftsgeschichte des Ruhrkohlenbergbaus im 19. Jahrhundert, Dortmund, 1973.
(35) モテック『ドイツ産業革命』未来社社会科学ゼミナール、37ページ。
(36) 例えば Rosenberg は、「鉄道建設は市場形成者 (Marktbilder) として作用した」と指摘する (Rosenberg, H., Der Wirtschaftsgeschichte und Kunjukturwandel von 1848-1857, in: Boehme, H. (hrsg.), Probleme der Reichsgruendungszeit, Koeln, 1972, S. 163)。
(37) Blaich, F., Eisenbahnpolitik und Struktur der Arbeitsmaerkte, in: Kellenbenz (hrsg.), Wirtschaftspolitik und Arbeitsmarkt, Muenchen, 1974, S. 95-6.
(38) 19世紀ドイツの株式会社の会計実務上の不統一は、製造会社にもみられた(川端保至「19世紀ドイツの製造株式会社の利益計算」『同志社商学』51-1・2、1998年)。
(39) 例えば、アメリカ、イギリスについては、中村萬次『英米鉄道会計史研究』同文舘、1991年、金戸武『イギリス鉄道会計史』森山書店、1991年などのすぐれた研究が見られる。
(40) 湯沢威「鉄道史研究」社会経済史学会編『社会経済史学の課題と展望』有斐閣、1992年、261ページ。
(41) 柳澤治「第二帝制期におけるドイツ経済の地域的編成」前掲、また渡辺尚の前掲各論文、および前掲書。
(42) 松本彰「ドイツ近代における『民族』と『国家』」『歴史学研究』別冊特集、1978年。
(43) EU交通政策の先駆的事例としてスウェーデンの国鉄改革をとらえた研究に堀雅通「スウェーデンの鉄道政策と交通政策」『交通と統計』23、1998年。

(44)　Chandler, Jr., Scale and Scope: The Dynamics of Industrial Capitalism, Harvard UP, 1990（安倍悦夫他訳『スケール・アンド・スコープ――経営力発展の国際比較』有斐閣、1993年）。
(45)　鳩澤歩「1950年代初頭プロイセン鉄道業における『民主主義的』職員」『鉄道史学』19号、2001年
(46)　例えば、中村尚史『日本鉄道業の形成』日本経済評論社、1998年
(47)　鳩澤歩「地域性から見た19世紀ドイツの金融市場」『社会経済史学』58-5、1992・93年、97ページ
(48)　Roerig のケースでは、ヨーロッパに単一の価格体系が生じている（Roerig, F., Mittelalterische Weltwirtschaft, Jena, 1933. 瀬原義生訳『中世の世界経済』未来社、1969年）。
(49)　例えば、クルーグマンは、19世紀のヨーロッパにおいて輸送費が低下し「論理的には地域集中の余地が広がっていた」にもかかわらず、貿易障壁によって地域集中が阻害されたことを指摘する（Krugman, P., Geography and Trade, The MIT Press, 1991）。
(50)　拙稿「19世紀ライン・ヴェストファーレンの鉄道網とその経済的意義に関する一考察」前掲。
(51)　渡辺尚『ラインの産業革命』前掲、28-31ページ。
(52)　この着想は、篠原三代平『長期不況の謎をさぐる』勁草書房、1999年、よりヒントを得た。
(53)　松田智雄『新編「近代」の史的構造論』新泉社、1971年、256-7ページ

# 第1章

## ベルク・マルク鉄道とプロイセン国家
——政治過程——

　本章では、プロイセン国家権力のライン・ヴェストファーレンの鉄道資本に対する介入の過程を、ベルク・マルク鉄道（以下 BME と略記）の経営内資料に依拠しつつ明らかにし、あわせて同社の金融関係、資本財の調達先を考察することによって帝制ドイツにおける経済的同化のあり方にも言及する。

## 1　問題の所在

　ヨーロッパの研究者による19世紀ドイツ経済史研究は、しばしば「産業革命と国家」「工業化と国家」というテーマに関心を注いできた[1]。鉄道政策に対する関心の高さは既に研究史の項目で指摘したとおりである。ドイツにおける鉄道建設は、1835年にバイエルンのニュールンベルク＝フュルト間、1837年にザクセンのライプツィヒ＝ドレスデン間の敷設をもって開始されたが、2鉄道とも民間資本の手によるものであった[2]。プロイセンにおいては1838年の『鉄道企業法』のもとで鉄道建設がようやく具体化してくる[3]。同法は、監督官庁が商務省であること（§1）、路線認可権が商務省に帰属すること（§4）、鉄道企業に土地強制収容権を与えること（§7～§20）が定められた。また、会計実務に関して、前年度の収益（Ertraege）に基づいて経営管理経費（§29-1）、準備基金繰入額（§29-2）、租税公課（§38、§29-3）、利子および利益（Gewinn）（§29-4）が決定されること、運賃についても過去の収益に準拠して決定されること（§30-1～4）とした。この点、1843年の『株式会社法』と免許主義に立脚する点では共通性が見いだされるが、『株式会社法』が貸借対

照表を義務づけているのに対して、『鉄道企業法』にはそのような理念は見いだされない[4]。ところで、同法は鉄道所有権を買収する権利を国家が留保し(§42)、その際国家は会社に対して過去5年間に支払われた平均配当額の25倍を支払うことを定めた(§42-4-a)。このような規定にもかかわらず、プロイセン政府の鉄道建設に対する姿勢が消極的と考えられ[5]、また本格的な鉄道の国有化が19世紀後半であったのは、ナポレオン戦争後財政引き締め政策がとられ、1820年の勅令によって公債発行が制限されていたために、国家の資金調達能力が不十分であったためであろう[6]。とはいえ『鉄道企業法』は、プロイセン政府の鉄道企業に対する保護・規制の法的根拠を提供することになった。

プロイセンの鉄道は大別して国有鉄道、私有鉄道、国営私有鉄道に分類することができるが、BMEはこのうち国営私有鉄道の典型と目されている[7]。同鉄道は、そもそもヴッパータール地域の産業資本の主導のもとに設立された規模の小さなローカル線であったが、1850年以降、プロイセン政府の鉄道保護政策との連繋のもとに国営私有鉄道に移行し、大きな発展を示すことになった[8]。BMEの国営化の推進者は、当時の商務大臣であり、しかも元同社役員であるv. d. ハイトであった。彼は、ライン・ブルジョワジーの一人として、経済政策の分野において故郷の利害を反映して活動したと考えられているが[9]、一面では、こしたライン・ヴェストファーレンの産業資本の利害代表として、他面では、東エルベに基盤をもつプロイセン政府の経済担当の閣僚として、それぞれの利害をどのような形で実現したのか(あるいは、しえなかったのか)。こういった問題はひとりハイトという個性を越えて、帝制ドイツの性格にも敷衍しうる内容であると考える。

## 2 政府の保護・規制と会社組織

### 2.1 私有鉄道時代

BMEの創業当時における政府の保護・規制を「定款」に従ってみると、次

のようになる[10]。

　資本金400万ターラーのうち四分の一、すなわち100万ターラーを国家が出資することを定め（§9）、この国家の持ち株について「まず民間の株主がその持ち株に対して最高3.5％の配当を受け、しかる後残額が十分に残っている場合、そのうちから国家がその引き受け株である100万ターラーの株式に対して、同様に最高3.5％まで配当を受ける」（§23）という民間株主優遇措置がとられた。また、軍事輸送に関して次のような規定を記していた。「会社は軍当局の要請に従って軍隊、武器、食料および各種の物件を軌道上で輸送するために、必要に応じて特別の運行を行う義務を有するものであり、しかもその輸送のために常時運行されている輸送手段ばかりでなく、鉄道が所有しているその他の輸送手段も用いるものとする」（§34）。この条文は、鉄道に関する国家の関心の一つに、軍事的側面があることを物語っている。政府の鉄道に対する姿勢を端的に表わしているのは鉄道監査官（Eisenbahn-Kommissarius）の制度であった。すでに1838年の『鉄道企業法』により、政府によって任命される鉄道監査官が各鉄道企業の役員会に配属されることが定められていたが[11]、プロイセン政府は彼を通じて株主総会における全体の四分の一に相当する投票権を行使することができたのである（§68）。このように政府は、BMEに対して保護・規制両面から干渉する姿勢を、すでに創立期から示していた。とはいえ、政府はBMEのようなローカル線に対する資金援助に積極的ではなく、むしろ同社創立者たちの度重なる働きかけによって、ようやく政府援助が実現したのである[12]。

　創業当時の会社の人事は次のようになっていた。まず1845年4月5日に組織された理事会（Direktion）の役員（Mitglied）には、エルバーフェルト市長カルナップ（v. Carnap）、同市の実業学校校長で鉄道に関する多くの著述を残したエゲン（Direktor Egen）、ゼルヴェス（Justizrat Servaes）が選出されたほか、政府派遣の監査官としてミールバッハ（Regierungsrat v. Mirbach）が配属され、このうちカルナップが議長に選ばれた。また、管理役会（Verwaltungsrat）の議長には、後の商務大臣v. d. ハイト（Kommerzienrath August v.d. Heydt）が

表1-1　ベルク・マルク鉄道の役員（1848～50年）

| 理事会役員（Mitglieder der Direktion） | 年 |
| --- | --- |
| von Carnap, Oberbuergermeister zu Elberfeld | 1848 |
| Egen, Director zu Elberfeld | 1848 |
| C. Hecker, zu Elberfeld | 1848 |
| Riotte, Special Director | 1848 |
| von Mirbach, Regierungs-Rath zu Elberfeld, als vom Staate ernanntes Mitglied | 1848 |
| Daniel von der Heydt, zu Elberfeld | 1849～50 |
| W. Werle, zu Barmen | 1849～50 |
| Herm. von der Heydt, zu Elberfeld | 1849～50 |
| Liebrecht, Special Director | 1849～50 |
| von Hurter, Advocat-Anwalt zu Elberfeld, als vom Staate ernanntes Mitglied | 1849～50 |
| 管理役会議長（Praesidenten des Verwaltungs-Rathes） | 年 |
| Aug. von der Heydt | 1848 |
| W. Meckel | 1849～50 |

（典拠）　Das Bergisch-Maerkische Eisenbahn-Unternehmen in seiner Entwicklung waehrend der ersten 25 Jahres des Betriebes, 1874（以下 BME EtW と略記）．

就任したのである[13]。

　BMEへの出資者である株主の名簿は入手困難であるので、これにかえて大株主によって構成されていたと考えられる役員のリスト（表1-1）を参考にしよう。1848年から50年までの時期の役員構成をみると、市長カルナップをはじめとしてエルバーフェルトの有力者が大多数を占め、当時この鉄道が人的にも、また資本の面でも地域的な意味しか有していないことがわかる。とりわけ金融業者ハイト家から、A. v. d. ハイトをはじめとして、D. v. d. ハイト、H. v. d. ハイトらが経営陣に加わり、同社の資本基盤の中心がヴッパータールの個人金融業者であることが推測できる[14]。政府利害を代表するはずの監査官に、実はこの地方の有力者が任命されていることから、その関心はオストエルベではなく、むしろ鉄道敷設地域であり、この時期に政府の意志がどの程度貫徹されえたかは、はなはだ疑問である。また前述のように、政府援助は国家による覇権の行使というよりも、むしろライン・ブルジョワジーの要請であり、そういった場合には監査官を通じて、陳情が行われたのである[15]。

　以上の事情を総合的に判断すれば、40年代においてはプロイセン政府の干渉

力は、ライン地方の鉄道資本に対して、実質的にはほとんど浸透しえなかったように思える。しかし他方では、莫大な資金を要する鉄道建設の遂行は、ヴッパータールの資本をもってしては十分賄いきれず——それは、資本不足というよりは、むしろ貯蓄の流れのあり方の問題であろう[16]——資金調達上、プロイセン政府に傾斜せざるをえなかったのである。例えば、ハイト＝ケルステンは大銀行と較べて資金力が劣っていたこともさることながら、繊維関係に対する短期的な産業金融が融資の中心であったことから[17]、鉄道に対する投資はかなり限定されたものであったと推測される。

## 2.2 国営私有鉄道への移行

BMEは、1848年にエルバーフェルト＝ドルトムント間58.5キロメートルを開通させたものの、未だ大きな幹線を有することなく、その存立基盤は脆弱なものであった。図1-1は、この時期のBMEがいわば「ケルン・ミンデン鉄道の支線」[18]にすぎず、鉄道企業としての自立性に欠けることを示している。しかも40年代後半における景気の後退、とくに鉄工業の不振は鉄道輸送に不利に作用し、また低廉な運賃による馬車輸送がローカルな鉄道の競争相手として立ちはだかったのである[19]。こうした事情のもとで、小規模な私鉄が選択した道がプロイセン政府への傾斜であった。

当時のプロイセンの鉄道行政を担当する商務大臣の職には、BMEの創立者の一人であるA. v. d. ハイトがあたっていた。一般にメヴィッセン、ハンゼマン、ハイトらのライン・ブルジョアジーは、西エルベ産業資本の利害、とくに繊維工業地帯のそれを経済政策、社会政策に反映する活動を行ったと考えられているが、彼らの活動のうちには大きな差異がみられた。例えば銀行政策の分野において、ハンゼマンは（また、ある程度までメヴィッセンも）西エルベの小生産者→産業資本家の要求を、ストレートな形で貫徹しようとしたのに対して、ハイトはオストエルベの利害と対立することなく、むしろそれを優遇する立場さえとったのである[20]。彼は三月革命以降、金融政策を通じて「ユンカーとブルジョアジーの間の橋渡しをし、金融面では『プロイセン社会の農業

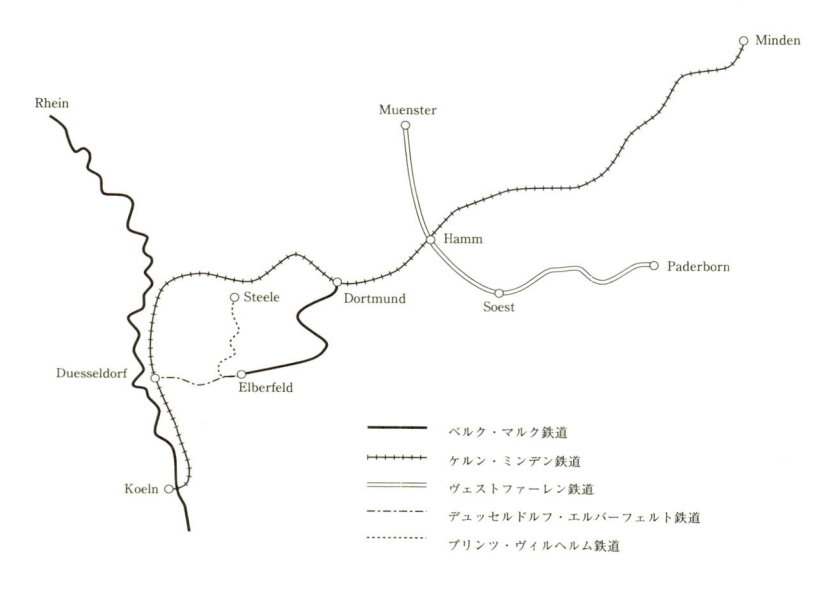

図1-1　ライン右岸・ヴェストファーレン地方の鉄道路線（1850年）

（地図：Rhein, Minden, Muenster, Hamm, Paderborn, Steele, Dortmund, Soest, Duesseldorf, Elberfeld, Koeln）

凡例：
― ベルク・マルク鉄道
┼┼┼ ケルン・ミンデン鉄道
═ ヴェストファーレン鉄道
‐‐‐ デュッセルドルフ・エルバーフェルト鉄道
⋯⋯ プリンツ・ヴィルヘルム鉄道

規定的構造』が維持された」[21]と指摘されているが、ハイトの鉄道業に対する姿勢はどうであろうか。彼の鉄道政策は財政難にある私有鉄道に援助を与え、これとひきかえに経営・管理権を国家が掌握する――すなわち「国営私有鉄道」（Privatbahn im Staatsbetrieb）を実現する――ところに、その特徴があった[22]。路線建設資金の調達に苦慮していたBMEは、すすんでこの形態を受け入れようとした[23]。すなわち、会社側は管理・経営権を放棄するという前提のもとに、ゼーハンドルンクから援助を受けることを希望し、理事会議長フルター（Directions-Praesident Dr. Hurter）および管理役会副議長ヴェーファー（Vice-Praesident des Verwaltungsraths Albert Wever）を全権としてゼーハンドルンクとの交渉にあたらせた[24]。

　1850年6月6日、BMEの代表とゼーハンドルンク総裁ブロッホ（Bloch）はベルリンにおいて協議を行い、ゼーハンドルンク側は次のような提案を行った[25]。

① ゼーハンドルンクは、新規に発行が予定されている BME の 5 ％利付き社債（額面総額130万ターラー）の売却を手数料を受けることなしに代行する用意があること。
② 会社の経営がすべて国家に委譲された後、経営設備および経営資材の完備に必要と認められる補助金を、ゼーハンドルンクは年4.5％の利子で、さしあたって本年については40万ターラーまで与える用意があること。

その他、抵当、社債の使途に関する一項目の提案を行い、さらにブロッホは「この条件については一点たりとも譲ることはできない。無条件で受け入れてくれる場合のみゼーハンドルンクはベルク・マルク鉄道に協力できよう」と付け加えた。

多くの株主は、国営移行によって自分の権利が制限されることを喜んではいなかった。会社の財政危機を救うためには、ゼーハンドルンクの出した条件をのまざるをえないと意識しつつも、そうすることには慎重であった。しかしながら結局、国営移行に傾いた理由は、次の点にあった。

① まず、国家は民間企業以上に交通企業の利益を保証しうること。具体的にはケルン・ミンデン鉄道、デュッセルドルフ・エルバーフェルト鉄道との直通輸送を公共的観点から実現し、それによって当該企業の輸送需要が増大することから企業としての利益、ひいては株主の利益をもたらしうること。
② とりわけ重要な点は、国家による後楯があれば鉄道建設および経営に必要な優秀な人材、とくに技術者（Ingenieure u. Techniker）を獲得しやすいこと[26]。

以上、2点である。このうちの第一点は、交通企業の公共性に関する問題であり、第二点は経営上の問題である。後者の議論は Beamte の社会的地位の高さと無関係ではなかろう。国営企業の方が、民間企業より、中堅技術者や管理者をえやすいということは、前者の方が後者よりもむしろ経営効率がよい可能性さえ生じうるのである。会社側は、ほぼ全面的にゼーハンドルンクの提案を受け入れ、1850年以降、この鉄道は商務省のもとで「国営私有鉄道」として運

営されることになったのである。ところで管理・経営権の国家への移行にともない、企業管理の上でどのような変化が生じたのであろうか。この点について定款変更に関する政府の「認可状」に従ってみていきたい[27]。

「§1　国家はベルク・マルク鉄道会社のあらゆる管理を行う。後者はベルク・マルク王立鉄道管理局（Koenigliche Direction der Bergisch-Maerkischen Eisenbahn）という機関のもとで商工公共事業省によって再編される。……商工省に理事会の定款、管理役会および株主総会に与えられていたすべての権限（ただし第4項に記している株主総会の機能を除いて）が移管される。とくに商工省は毎年、配当を決定する。商工省はさらに必要な鉄道の拡張および会社の会計業務を遂行する」。

「§2　企業管理に際して、会社側に顧問的な協力（beiraethige Mitwirkung）を許すために株主総会によって、鉄道が敷設されている地域に居住している株主のうちから5人の役員からなる株主代表（Deputation）が選出される。……また同数の準役員が選出される。……王立鉄道管理局に対して会社の権利と利益を代表する株主代表は、重要業務において、特に新規社債の発行、ダイヤグラム、運賃・配当の決定に際して意見書をもって聴聞され、王立鉄道管理局と見解が異なる場合には、緊急の場合を除いて、商工省にその決定が委ねられる」。

「§4　株主総会は毎年6月に株主代表会の議長によって招聘され、株主代表会の役員選挙を行い、企業経営に関する報告を受ける。株主総会における議長は代表会の議長が勤める」。

「§5　国家による鉄道の管理期間は最低10年とする。10年が経過した後、1年間の予告期間を条件としてこの関係の解約通告は国家も会社もできるが、会社側から解約通知ができるには、会社が国家およびゼーハンドルンクに対する債務を完全に返済してから後に限られる」[28]。

1850年以降、BMEはプロイセン商工省→鉄道管理局の直接の管理下に置かれ、会社側はごく限られた範囲でしか経営に参加することができなくなったのである。株主の利益は、株主代表会を通じてせいぜい意見書をもって聴聞され

るにとどまった。こうして所有は株主＝資本家の手に、経営は官僚＝国家の手に握られることになったが、この「所有と経営の分離」は、鉄道のもつ公共的性格および経営上の能率を考慮するとき、株主の利害と必ずしも相いれないものではなかったし、少なくとも、配当によって具体化される株主の利害を保証する展望をもっていたのである。

### 2.3 国営私有鉄道時代

　プロイセン政府による援助は、1850年以降、株式や社債の利子保証という形で行われ、鉄道側からのその返済は、国家の持ち株および所有社債に対する配当という形で行われたのである。援助はBMEのうちでもアーヘン＝デュッセルドルフ、ルールオルト＝クレフェルト、ルール＝ジークの3部門に集中的に行われた。アーヘン＝デュッセルドルフ部門およびルールオルト＝クレフェルト部門を通じてライン左岸の輸送を確保することは政府にとって経済的にも政治的にも重要であり、またルール炭とジーガーラント産鉄鉱石を結びつけるルール＝ジーク部門の経済的効果はきわめて大きくプロイセン政府がこの3部門の援助に積極的であるのも当然であった。時期的には1852年から67年の間に集中してみられ、鉄道経営が好調であった60年代中葉以降は逆に国家に返済が行われ、この傾向は1871年まで続いたのである[29]（表1-2参照）。

　こうした政府援助はすべて、路線拡張にともなう資金調達＝増資によって引き起こされた利子・配当の支払いに充てられたのであり、営業収支自体は毎年黒字を計上していることを各年次の「営業報告書」が示している。（表1-3参照）。したがって政府援助は、資本家の投資にともなう危険負担を除去し、企業成長を促進する性質のものであり、企業危機を救うためというような消極的なものではなかった。次にこの時期の株主代表会の構成を表1-4に従ってみていこう。

　まず第一に、D.v.d.ハイトが議長であるほか、H.v.d.ハイト、D.v.d.ハイトJr.が準役員に名を連ね、ハイト家の影響力が依然として大きいことが分かる。折しもA.v.d.ハイトがプロイセン政府の商務大臣として入閣しており、

表1-2 プロイセン政府のベルク・マルク鉄道諸部門に対する援助の内訳

(単位：マルク)

| 年度 | 援助額 ||| 返済額 |||
|---|---|---|---|---|---|---|
| | 創業資本に対する利子保証 || ベルク＝マルク鉄道社債ⅢBに対する利子保証 | 国家の持株に対する特別配当＝受け取った援助の返済 |||
| | アーヘン＝デュッセルドルフ部門 | ルールオルト＝クレフェルト部門 | | アーヘン＝デュッセルドルフ部門創業資本 | ルールオルク＝クレフェルト部門創業資本 | ルール＝ジーク鉄道 |
| 1852 | | 143,262 | | | | |
| 1853 | 403,001 | 144,238 | | | | |
| 1854 | 400,676 | 126,943 | | | | |
| 1855 | 349,777 | 82,875 | | | | |
| 1856 | 328,779 | | | | | |
| 1857 | 115,245 | | | | 31,829 | |
| 1858 | 290,801 | 66,105 | | | | |
| 1859 | 115,245 | 121,796 | | | | |
| 1860 | 411,354 | 32,875 | | | | |
| 1861 | 309,196 | | | | 4,932 | |
| 1862 | 126,514 | | 691,055 | | 17,402 | |
| 1863 | 163,377 | | 533,443 | | 42,999 | |
| 1864 | 95,826 | | 78,271 | 34,204 | 129,310 | |
| 1865 | | | | 82,070 | 155,695 | |
| 1866 | | | 352,208 | 270,240 | | |
| 1867 | | | 318,154 | 191,911 | | |
| 1868 | | | | 225,110 | | |
| 1869 | | | | 315,352 | | 122,500 |
| 1870 | | | | 236,250 | | 122,500 |
| 1871 | | | | 300,000 | | 122,500 |
| 1872 | | | | | | |
| 1873 | | | | | | |
| 1874 | | | | | | |
| 1875 | | | | | | |
| 1876 | | | | | | |
| 1877 | | | | | | |
| 1878 | | | 13,602 | | | |
| 1879 | | | 55,668 | | | |
| 1880 | | | | | | |
| 1881 | | | | | | |
| 合計 | 2,994,559 | 718,096 | 2,042,406 | 2,037,308 || 367,500 |

(注) ベルク・ジーク鉄道債ⅢBは、ルール・ジーク鉄道建設のための起債であった。
(典拠) Jahres-Bericht über die Verwaltung der Bergisch-Märkischen Eisenbahn. (Abk. Jp).

政府の鉄道行政と BME の株主代表会は、ハイト一族という血縁的な絆によって結ばれていたのである。彼は、なるほど「三月」以降の社会体制にあって、ライン・ブルジョワジーのオストエルベ体制への順応を敏感に反映した卓越した個性であった。しかしハイトの鉄道国営化政策は、他の経済政策上の彼の活動の位置づけと同列に論じることはできない。というのは、経済政策上西エルベの産業資本の利害をラディカルな形で実現しようとしたハンゼマンですら、こと鉄道に関しては国有鉄道論者であり(30)、鉄道国営は西エルベ産業資本の利害と矛盾するどころか、それを実現するための合理的な方法でさえあった。

第二に役員、準役員の肩書をみると——もちろん、それによって職業を特定することはできないが——Kaufmann と記されているものが圧倒的に多く、いわゆる Kaufmann-Unternehmer がライン・ヴェストファーレンの工業建設者として決定的に重要であったという所論を裏付けている(31)。その他、地代生活者、市長、銀行頭取などの肩書を有する者が比較的多くみられる。このうち銀行頭取が登場してくるのは、個人金融業者にかわって株式銀行の証券投資活動が本格化する70年代以降に限られている(32)。

第三に構成員の居住地をみると、路線網の拡大にともなって地域的な広がりをみせるものの、ニーダーラインの右岸からヴェストファーレン地域に集中していることが分かる。こうした中で異色なのはベルリン在住の G. シュターダーであった。当初株主代表会の選挙に際して、「居住地制限」(Domizil-Erfordernisse)の原則(33)があり、鉄道が敷設されている地域の在住者しか被選

表1-3 BME の営業収支
(1841〜81年)
(単位：千マルク)

| | 営業収入 | 営業費用 | 営業利益 |
|---|---|---|---|
| 1864 | 13,044 | 4,875 | 8,169 |
| 1865 | 13,057 | 5,875 | 9,231 |
| 1866 | 20,288 | 8,620 | 11,668 |
| 1867 | 21,727 | 10,068 | 11,659 |
| 1868 | 29,552 | 12,012 | 17,540 |
| 1869 | 32,978 | 14,402 | 18,576 |
| 1870 | 35,713 | 16,642 | 19,071 |
| 1871 | 41,565 | 19,672 | 21,893 |
| 1872 | 64,104 | 25,960 | 38,144 |
| 1873 | 56,239 | 34,655 | 21,584 |
| 1874 | 59,313 | 34,450 | 24,863 |
| 1875 | 62,602 | 31,013 | 31,589 |
| 1876 | 62,191 | 31,127 | 31,064 |
| 1877 | 60,335 | 29,457 | 30,878 |
| 1878 | 61,064 | 28,205 | 32,859 |
| 1879 | 61,693 | 28,034 | 33,659 |
| 1880 | 67,188 | 35,039 | 32,149 |
| 1881 | 69,820 | 38,792 | 31,028 |

(典拠) Jb. 1865, 67-81.

表1-4　株主代表会の構成員（Mitglieder der Deputaion der Actionaere）(1850〜74年)

| 役員（Mitglieder） | 年 |
|---|---|
| Daniel von der Heydt, Geheimer Commerzien-Rath, Vorsitzender | 1850〜74 |
| W. Werle, Rentner zu Barmen, Vorsitzender seit 1874 | 1850〜74 |
| W. Hammacher, Kaufmann zu Dortmund | 1850〜64 |
| W. Ulenberg, Kaufmann zu Elberfeld | 1850〜70 |
| F. H. Wuelfing, Rentner zu Elberfeld | 1850〜74 |
| L. von Papen, Renter zu Werl | 1853〜74 |
| Schulenberg, Buergermeister zu Soest | 1853〜60 |
| J. Schimmelbusch, Huetten-Director zu Elberfeld | 1858〜74 |
| W. Wortmann, Beigeordneter zu Duesseldorf | 1858〜68 |
| Dr. Mueser zu Dortmund | 1860〜72 |
| F. A. Feldhoff, Kaufmann zu Langenberg | 1863〜73 |
| A. Kessler, Ober-Regierunds-Rath zu Arnsberg | 1863〜74 |
| C. A. Kuhfus, Commerzien-Rath zu Muehlheim a. d. Ruhr | 1863〜64 |
| C. Overweg, Rittergutsbesitzer zu Haus Letmathe | 1864〜74 |
| Leysner, Landrath zu Crefeld | 1866〜72 |
| Dubois de Luchet, Commerzien-Rath zu Aachen | 1866〜72 |
| Hugo Daniel, Geheimer Commerzien-Rath zu Ruhrort | 1866〜74 |
| Obertueshcen, Buergermeister zu Muehlheim a. d. Ruhr | 1866〜73 |
| F. W. Pieper, Kaufmann zu Hochdahl | 1868〜74 |
| R. Weyermann, Kaufmann zu Elberfeld | 1871〜74 |
| W. von Born, Banquir zu Dortmund | 1872〜74 |
| Dr. Janssen, Fabrikbesitzer zu Duelken | 1872〜74 |
| Wilhelm Jentges, Kaufmann zu Crefeld | 1872〜74 |
| W. Colsmann, Kaufmann zu Langenberg | 1873〜74 |
| Lindemann, Director zu Essen | 1873〜74 |
| Gust. Gebhard, Consul. Kaufmann zu Elberfeld | 1874 |
| Gust. Stader, Justiz-Rath zu Berlin | 1874 |
| 準役員（Stellvertretende Mitglieder） | 年 |
| Fr. Engels, Kaufmann zu Barmen | 1850〜60 |
| Herm. von der Heydt, Kaufmann zu Elberfeld | 1850〜72 |
| Gust. Lehrkind, Kaufmann zu Haspe | 1850〜60 |
| Ludwig Schniewind, Kaufmann zu Elberfeld | 1850〜54 |
| F. C. Schulte, Kaufmann zu Gevelsberg | 1850〜68 |
| W. von Hoevel, Kaufmann zu Dortmund | 1853〜58 |
| von Schell, Buergermeister zu Unna | 1853〜63 |
| J. J. van Braam, Rittergutsbesitzer zu Steinhausen | 1854〜62 |
| F. W. Pieper, Kaufmann zu Hochdahl | 1858〜68 |
| H. Loehr, Kaufmann zu Duesseldorf | 1858〜74 |
| C. Overweg, Rittergutsbesitzer zu Haus Letmathe | 1858〜64 |
| R. Weyermann, Kaufmann zu Elberfeld | 1860〜71 |
| Aug. Engels, Commerzien-Rath zu Barmen | 1860〜74 |

第1章　ベルク・マルク鉄道とプロイセン国家　39

| | |
|---|---|
| A. Kessler, Ober-Regierungs-Rath zu Arnsberg | 1862～63 |
| C. Colsmann, Kaufmann zu Langenberg | 1863～74 |
| Creve, Buergermeister zu Bochum | 1863～73 |
| Lindemann, Director zu Essen | 1863～73 |
| C. Ruetz, Kaufmann zu Dortmund | 1863～73 |
| den Tex, Rittergutsbesitzer zu Steinhausen bei Witten | 1863～67 |
| Wieschahn, Geheimer Commerzien-Rath zu Coeln | 1864～74 |
| Prinzen, Commerzien-Rath zu M.-Gladbach | 1866～74 |
| Scheibler, Commerzien-Rath zu Aachen | 1866～69 |
| Gust. Thum, Kaufmann zu Duelken | 1866～72 |
| Fr. Falkenroth, Kaufmann zu Haspe | 1867～74 |
| Daniel von der Heydt Jr., Kaufmann zu Elberfeld | 1868～74 |
| Melbeck, Landrath, zu Solingen | 1868～74 |
| Peter Busch, Kaufmann zu Neukirchen | 1870～72 |
| Walther Simons, Kaufmann zu Elberfeld | 1871～75 |
| Gust. Gebhard, Consul. Kaufmann zu Elberfeld | 1872～74 |
| Roos, Regierungs-Rath, Oberbuergermeister zu Crefeld | 1872～74 |
| Paul Wehrmann, Bankdirector zu Aachen | 1872～74 |
| E. Blanck, Kaufmann zu Barmen | 1873～74 |
| Keller, Bankdirector zu Duisburg | 1873～74 |
| G. A. Waldhausen, Kaufmann zu Essen | 1873 |

(典拠)　BME EtW.

挙権があたえられていなかった。この規定は、次第に緩和されたにもかかわらず、73年に至るまで実質的にはライン・ヴェストファーレン在住者のみが選出され、1874年以降ベルリンからも選出されるようになった――したがってベルリン資本が一定程度参加するに至った――のである。

## 2．4　国有鉄道への道

　1850年に国営私有鉄道への移行が行われた後、BMEの管理体制に再び大幅な変更が加えられるのは1873年のことである。すなわち1872年12月24日付の布告に含まれていた「国有鉄道および国家によって管理されている私有鉄道の管理体制に関する規定」によって、同鉄道に五つの王立鉄道委員会（koenigliche Eisenbahn-Commission）がアーヘン、デュッセルドルフ、エッセン、カッセル、アルテナに設置され、従来鉄道管理局にあった管理業務の多くがこれらの部局に委譲された。これにともなって、鉄道管理局には企業全体に関する業務――

ダイヤグラムの決定、賃率の標準化、レイアウト、車両の分配、鉄道資材の調達——が残されるにとどまったのである(34)。これら五つの鉄道委員会——のちにハーゲンにも設置され六箇所となった——は、その空間的な権限範囲が行政区画と完全に照応し、いわばプロイセン政府の鉄道行政を隅々まで浸透させるための「役所」(Behoerde)ともいうべきものであった。1879/80年にこの委員会は解消されることになったが、これにかわって六つの王立鉄道経営局(Eisenbahnbetriebs-Amt)が設立され、この経営局は「管理局あるいは公共事業省が明確に留保している業務ではないかぎり、通常の建設、経営管理のすべてを遂行する」ことになり、もはや1882年の国有鉄道への完全な移行を待つまでもなく、この鉄道はプロイセン政府のもとに完全に従属したといってよかろう(35)。1879年という年は、プロイセンにおいて鉄道の国有化が本格的に開始された時期であり、当該鉄道におけるこういった管理体制の変更は、1872年に行われた国有化と直接結びつく内容であったと考えられる。

表1-5は、この時期における株主代表会の構成員を示したものであるが、以下、表1-4と比較しつつ検討を加える。まず肩書に注目していただきたい。70年代初頭までの時期に支配的な位置を占めていたKaufmannの中に商業顧問官に叙せられたり、あるいは地代生活者へと推転したものが多数みられる。70年代以降、ライン・ヴェストファーレンの企業家に対して叙位叙勲が急速に進展したことは、すでに研究史の示すところである(36)が、こうした「ブルジョワジーの貴族化」が鉄道企業に対するプロイセン政府の支配力の深化と同時期にあらわれたことを、われわれは確認しうる。すなわち、政府の管理体制の強化については、すでに指摘したところであるが、ここではまた、元鉄道管理局総裁ダンコが代表会議長の職にあること、およびプロイセン官僚の肩書を示すものがかなり増大していることから、株主代表会にも官僚の影響力が浸透しつつあることが確認される。さらに各年次の株主総会の議事録をひもとくと、1877年以降の役員選挙において当選役員の得票数が同数でしかも対立候補がほとんど出馬しないという事態(37)——株主代表会の形式化——さえ生じたのである。こうして株主代表会における株主の影響力そのものが相対的に低下した

表1-5　株主代表会の構成員（1875～81年）

| | |
|---|---|
| Danko, Eisenbahn-Directions-Praesident a. D., Vorsitzender | 1875～81年 |
| Werle, Rentner zu Barmen, Stellvertreter des Vorsitzenden | 1876～79 |
| Overweg, Rittergutsbesitzer zu Letmathe | 1875 |
| Jul. Schimmelbusch, Huetten-Director zu Hochdahl | 1875～80 |
| Wilhl. Colsman, Kaufmann（1876-Commerzienrath）zu Langenberg | 1875～81 |
| Gust. Stader, Justiz-Rath zu Berlin | 1875～78 |
| Rud. Weyermann, Kaufmann（1880-Commerzienrath）zu Elberfeld（1879-zu Leichlingen） | 1875～81 |
| Ludw. v. Papen, Rentner zu Werl | 1875 |
| Gust. Gebhard, Consul. Kaufmann（1880-Commerzienrath）zu Elberfeld | 1875～81 |
| Fr. Herm. Wuelfing, Rentner zu Elberfeld, Stellvertreter（1880-81） | 1875～81 |
| Ernest Lindemann, Director zu Essen（1878- Buergermeister）zu Dortmund | 1875～81 |
| Wilh. v. Born, Banquier（1879-Commerzienrath）zu Dortmund | 1875～81 |
| H. Haniel, Geh. Commerzienrath zu Ruhrort | 1875～81 |
| Wilh. Jentges, Kaufmann（1881- Rentner）zu Crefeld | 1875～81 |
| Dr. Janssen, Fabrikbesitzer zu Duelken | 1875～81 |
| Ernest v. Eynern, Kaufmann zu Barmen | 1875～81 |
| Duelberg, Geh. Regierungsrath zu Berlin | 1875～81 |
| Walth. Simons, Kaufmann（1878-Commerzienrath）zu Elberfeld | 1875～81 |
| Russel, Buergermeister a. D.（1878-Bankdirector）zu Berlin | 1875～81 |
| Windhorn, Geh. Ober-Regierungsrath zu Berlin | 1875～81 |
| Weber, Oberbuergermeister a. D. zu Berlin | 1875～81 |
| Reinhardt, Geh. Ober-Regierungsrath zu Berlin, Vorsitzender der Direction der Hessischen Ludwigsbahn zu Mainz（1876-） | 1875～76 |
| Carl Elbers, Commerzienrath zu Hagen | 1876～81 |
| Wilh. Boeddinghaus Jr., Kaufmann zu Elberfeld | 1877～81 |
| Dr. Weigel, Ober-Gerichts-Anwalts zu Cassel | 1877～81 |
| Lent, Geh. Regierungsrath zu Wiesbaden（1881-zu Wernigerode） | 1880～81 |

（典拠）　Jb. 1875-81.

　ばかりでなく、そこにおける変質したブルジョワジーを基盤とする株主の利害関心も多分に「貴族的」色彩をおびることになったと考えられる。

　さてここで、ハイト一族が代表会メンバーからまったく姿を消してしまったことも指摘せねばなるまい。BMEに対して大きな勢力を有していた一族は、いったいどの時期に影響力を失ってしまったのであろうか。この点について株主総会の議事録を遡って検討しよう。まず1875年にD. v. d.ハイトの死去が報告され補充選挙が行われるが、後任がハイト一族から選出されなかったばかりか、準役員のポストの廃止が決定されたため、D. v. d.ハイトJr.も経営陣か

ら締め出されることになった。一方、役員定数の増加にともない、ベルリン在住者から6名が選出されたのもこの時であった[38]。

したがって、1875年にはハイト家の後退とベルリン資本の進出という二つの事実が時を同じくしてあらわれたのである。ところで1871年までの総会において、ハイト一族は改選の度ごとに最高得票で役員に選出されるとともに、株主代表会議長であるD. v. d. ハイトは総会議長を務めていた[39]。1872年をもって任期満了となったH. v. d. ハイトは、同年の総会において再選されないばかりでなく、興味あることに総会議長はヴュルフィンクが務めている[40]。定款において「株主総会の議長は代表会議長が務める」と明記されているにもかかわらず、また代表会議長が出席しているにもかかわらず、翌73年、翌々74年の総会議長もヴュルフィンクが勤めているのはどうしたことであろうか[41]。D. v. d. ハイトは1874年の役員改選において、再選されたものの、改正議席6名中、得票数で第四位にまで転落してしまったのである[42]。彼がBMEに対する影響力を失いつつあるとき、兄A. v. d. ハイトは、すでに政府部内における地位を完全に喪失していた。A. v. d. ハイトは1848～62年には商務大臣として、1862年3～9月および1866～69年には大蔵大臣としてプロイセンの鉄道行政に大きな影響力を行使したが、ビスマルク体制の確立にともなって官職を辞するに至ったのである[43]。ハイトは鉄道政策上、ライン・ブルジョワジーの利害を踏まえて鉄道国営化の推進に貢献してきたが、70年代中葉以降に至ると、政府干渉の強化とともに株主代表会の内部における変化——ライン・ブルジョワジーのダイナミズムの喪失と政府官僚の進出——によって、19世紀前半にみられた西エルベ産業資本対東エルベ土地所有という対抗の図式が基本的に弱まり、もはやプロイセンの東部と西部の橋渡したるハイト家の存立理由そのものが解消してしまったのである。

こうして70年代中葉には、政府干渉が強化されるとともに、株主代表会内部にさまざまな変化が進行し、来るべき国有化のための前奏曲が奏でられたのである。

## 3 政府干渉の影響

表1-6 BMEの総延長

| | |
|---|---|
| 1850年 | 58km |
| 1860 | 186 |
| 1870 | 862 |
| 1890 | 1,312 |

(典拠) AfE 1910, S. 1099f

政府による保護・規制は鉄道経営にどのような影響を及ぼしたのであろうか。まず1850年以降鉄道が国家の管理下へ移行し、ゼーハンドルンクの融資を受けることによって収益が改善され、鉄道経営が軌道に乗ったことを「営業報告書」は伝えている[44]。それにも増して重要であったのは、政府の利子保証を後ろ楯にした社債や株式の増資による盛んな新線建設であった。表1-6にみられるように、1850年から80年に至る30年間に路線網は実に22倍に拡大したのである。BMEはプロイセン政府の鉄道政策をテコとして、ヴッパータールという地域的な枠組みを越えて成長する機会を与えられたのであるが、それと平行して資金調達面でも、また鉄道資材の調達という面でも地域的な規模から脱却することになった。

【金融機関との関係】　BMEの金融機関との関係を示す資料は乏しく、わずかに1871年と76年の「営業報告書」が社債取扱銀行のリストを掲載しているにすぎない。以下、表1-7と表1-8を参考に議論をすすめる。

同社はハイト゠ケルステンをはじめとしてライン・ヴェストファーレンの地方銀行との関係が強いのであるが、70年代には資金調達の基盤が地域的に多様化してきていることが分かる。こうした現象は、証券取引の主役が個人銀行から株式銀行へと移行し、また資本市場がベルリンの大銀行を中心として展開されつつあるという脈絡のうちに理解されよう。両表が示しているように取引銀行の多くは株式銀行であり、そのうちでも80年代に証券引受業務において重要な地位を占めた四大ベルリン銀行[45]とは3行と関係を有するに至った。なかでもディスコント・ゲゼルシャフトとは1862年以来取引関係を結び、株式や社債の新規募集の度ごとにこの関係は深められた[46]。しかしながら、前記株主代表の地域構成を考慮するなら、ベルリン資本との一定程度の関係を別とすれば、ライン・ヴェストファーレン外からの資金流入量を誇張してはならない。

表 1-7　ベルク・マルク鉄道の社債取扱銀行（1871年）

Elberfeld: Bankhaus von der Heydt-Kersten & Soehne
Barmen: Barmer Bank-Verein
Coeln: A. Schaffhausen'scher Bankverein und Bankhaus Deichmann & Comp.
Duesseldorf: Bankhaus Baum, Boeddinghau & Comp.
Bonn: Bankhaus Jonas Cahn
Aachen: Bankhaus Charier & Scheibler
Crefeld: Bankhaus v. Beckerath-Heilman
Berlin: Disconto-Gesellschaft, Berliner Handelsgesellschaft, Bank fuer Handel u. Industrie und Bankhaus S. Bleichroeder
Breslau: Schlesischer Bankverein
Hamburg: Bankhaus Haller, Soehle & Comp.
Leipzig: Bankhaus H. C. Plant
Frankfurt a. M.: Bankhaus M. A. v. Rothschild & Soehne, Filiale der Bank fuer Handel u. Industrie und Bankhaus v. Erlanger & Soehne
Hannover: Bankhaus M. J. Frensdorf (Provincial Disconto-Gesellschaft)

（典拠）　Jb. 1871.

表 1-8　ベルク・マルク鉄道の社債取扱銀行（1876年）

Elberfeld: Bankhaus von der Heydt-Kersten & Soehne und Bergisch-Maerkische Bank
Barmen: Barmer Bank-Verein
Coeln: A. Schaffhausen'scher Bankverein und Bankhaus Deichmann & Comp.
Duesseldorf: Bergisch-Maerkische Bank
Bonn: Bankhaus Jonas Cahn
Aachen: Aachener Disconto-Gesellschaft
Crefeld: Bankhaus v. Beckerath-Heilman
Berlin: Direction der Disconto-Gesellschaft, Berliner Handelsgesellschaft, Bank fuer Handel u. Industrie, Bankhaus S. Bleichroeder und Deutsche Bank
Breslau: Schlesische Bankverein
Hamburg: Bankhaus Haller, Soehle & Comp.
Leipzig: Bankhaus H. C. Plant
Magdeburg: Bankhaus F. A. Neubauer
Frankfurt a. M.: Bankhaus M. A. v. Rothschild & Soehne, Filiale der Bank fuer Handel u. Industrie und Bankhaus Erlanger & Soehne

（典拠）　Jb. 1876.

【鉄道資材の調達】　1838年デュッセルドルフ＝エアクラート区間に最初の2台の蒸気機関車が運転された。これはベルギー製のもので、「アドラー号」として知られているニュールンベルク＝フュルト間に運転されたドイツで最初の機関車と同型のスティーブンソン型であり、車輪構成は1A1であった[47]。BMEは

表1-9　ベルク＝マルク鉄道の保有機関車

| 旧型機関車（注） | 車輪構成 | 購入年度 | 台数 |
|---|---|---|---|
|  | 2A, 2B, 1B | 1846～53 | 18 |
| ボルジッヒ型 |  | 1855～65 | 113 |
| 　旅客列車用 | 1A1 | 1855～58 | 10 |
| 　貨物列車用 | 1B | 1855～65 | 88 |
| 　旅客列車用（旧ルール・ジーク型） | 1B | 1861, 1865 | 10 |
| 　山岳路線用（エアクラート＝ホッホダール線用） | Ct | 1857 | 2 |
| 　支線用（レトマーテ＝イザローン線用） | B1t | 1863 | 3 |
| 買収企業より引き継いだもの |  |  |  |
| 　デュッセルフ・エルバーフェルト鉄道より（1857年引き継ぎ） |  | 1838～57 | 13 |
| 　プリンツ・ヴィルヘルム鉄道より（1863年引き継ぎ） |  | 1847～63 | 8 |
| 　アーヘン・デュッセルドルフ鉄道より（1866年引き継ぎ） |  | 1848～66 | 33 |
| 　ヘッセン北部鉄道より（1873年引き継ぎ） |  | 1848～73 | 41 |
| 自社路線専用タイプ |  | 1863～82 | 683 |
| 　急行用 | 1B | 1863～68 | 35 |
| 　急行用馬力増強型 | 1B | 1870～74 | 75 |
| 　旅客用（ルール・ジーク型） | 1B | 1873～82 | 34 |
| 　貨物列車用 | C | 1866～7? | 413 |
| 　貨物列車用（イギリス製） | C | 1872～73 | 25 |
| 　貨物列車および入れ替え用 | 1Bt | 1868～75 | 53 |
| 　旅客用 | B1t | 1868～82 | 48 |

(注)　このタイプに属す18輛はすべて蒸気機関が外置され（Aussenzylinder）、立釜ボイラー（Stehkessel）が積載され、旅客・貨物両用であった。
　　　? は、手書き資料（Handshrift）のため、判読できなかった。
(典拠)　AVN IR 79(1), Bl.52.

　1846年から1882年の間に814台の機関車を購入したほか、買収した4社から95台を受け継ぎ、合計905台の機関車を調達したがその内訳は表1-9のようになっている[48]。

　この機関車のタイプによる分類は、購入先との関係を考える際、画期設定のおよその目安となる。旧型機関車を購入した1853年までの時期においては、ベルギー製が半数近くを占めていた[49]。ドイツの機関車市場においては、1855年にはほとんどすべての外国メーカーが駆逐されていたのであるが[50]、いうまでもなくドイツ機関車生産の一番の担い手はボルジッヒであった。しかしながらボルジッヒの最大の供給先は1850年代中葉までベルリンを中心とする鉄道網であり、BMEに機関車を供給したのは1855年以降のことである[51]。ベルリ

表1-10 1865年末、ベルク・マルク鉄道保有機関車の製造元

| 機関車供給企業＼購入年度 | 1842 | 47 | 48 | 49 | 50 | 52 | 53 | 55 | 56 | 57 | 60 | 61 | 62 | 63 | 65年 |
|---|---|---|---|---|---|---|---|---|---|---|---|---|---|---|---|
| Societe John Cockerill | | 10 | | 1 | 1 | 1 | | | | | | | | | |
| Jacobi, Haniel & Huyssen in Sterkrade | 1 | | | | | | | | | | | | | | |
| C. Kessler in Carlsruhe | | 1 | 2 | | | 1 | | | | | | | | | |
| A. Weber & Comp. in Barmen | | | 1 | | 2 | 1 | | | | | | | | | |
| Fr. Woehlert in Berlin | | | | | | | 2 | | | | | | | | |
| C. Henschel & Sohn in Cassel | | | | | | | | | | 2 | | | | | |
| Esslinger Maschinenfabrik in Esslingen | | | | | | | | | | | | | | 20 | |
| A. Borsig in Berlin | | | | | 4 | | | 11 | 10 | 8 | 4 | 28 | 10 | 15 | 15 |

（典拠） Jb. 1865, Anlage 3

表1-11 ベルク・マルク鉄道による機関車の購入先（1865～77年）

| 機関車供給企業＼購入年度 | 1865 | 66 | 67 | 68 | 69 | 70 | 71 | 72 | 73 | 74 | 75 | 76 | 77 |
|---|---|---|---|---|---|---|---|---|---|---|---|---|---|
| A. Borsig in Berlin | 15 | 5 | 30 | 10 | | 10 | 27 | | | 30 | | 10 | |
| Fr. Woehlert in Berlin | | | 10 | | | | | | 10 | | | | |
| C. Henschel & Sohn in Cassel | | | | 3 | 44 | 12 | 36 | 10 | 61 | 58 | | 9 | 8 |
| Esslinger Maschinenfabrik in Esslingen | 20 | 12 | 3 | 2 | | | | | | | | | |
| Maschinenbau-A. G. Vulcan in Stettin | | 23 | 9 | | | 20 | 12 | | 31 | | 14 | | |
| Dr. Strousberg in Linden bei Hannover | | | | | | 12 | | | | | | | |
| Saechsische Maschinenbau zu Chemnitz von Hartmann | | | | | | | 24 | 10 | | | | | |
| Hannoversche Maschinenbau A. G., Hannover | | | | | | | | 5 | 36 | | | | |
| Beyer Peak & Co. in Manchester | | | | | | | | 18 | 7 | | | | |
| L. Schwarzkopf in Berlin | | | | | | | | | 20 | | | | |
| Maschinenbau-Gesellschaft Carlsruhe（vormals Kessler） | | | | | | | | | | | 12 | | |

（典拠） Jp. 1865-77.

ンのボルジッヒ社は1855年から58年の四年間に、BMEが調達した機関車の83％を供給し、62年まで独占的な地位にあった。BMEは1863年以降、自社専用タイプの機関車を発注するようになったのであるが、この間、カッセルのヘンシェル社に最大の発注をしつつ、発注先はきわめて多様になり、ボルジッヒ

の独占供給者としての地位が崩れたことが分かる[52]。

　政府干渉は並外れた企業成長を実現し、そして規模の経済性を上回るこの急速な拡大が、資本関係においても資本財生産との関係においても、ヴッパータール→ライン・ヴェストファーレン（およびその近接地域）の枠を越えた市場関係を創り出した。金融市場および資本財生産との関係において、同社の地域性は確実に広がりをみせたが、両者に共通しているのは首都ベルリンとの一定のつながりである。同社に対するベルリン資本の参加は、資本市場としてのベルリンの興隆という純粋に経済的な要因と、政府支配の浸透という政治的な、因果関係としては間接的な作用によって説明されよう。

　他方、資本財生産との連関は、その中心が関税線を越えたベルギーに始まり、1850～60年代にベルリンへの傾斜を強めた後、多角化しつつも同社沿線のカッセルへと移動する。したがってベルリンとの連関と国家介入との間に相関関係はみられず、こういった調達先の移動は純粋に経済的要因によるものと考えられる。

## 4　小　　括

　以上の分析を通じて、プロイセン政府の鉄道政策がライン地方の鉄道資本に貫徹していく過程が明らかになった。ヴッパータール資本によって創設されたBMEは、経営基盤の安定を計るという鉄道企業の要求によって国営形態へと移行し、初期の企業規模から考えると、まさに異常ともいえる成長を遂げたのである。このBMEの事例は、ライン・ヴェストファーレン地方の鉄道資本のあり方としてどの程度一般化しうるのであろうか。

　当時の同地方の三大私有鉄道――ライン鉄道（REと略記）、ケルン・ミンデン鉄道（KMEと略記）――とプロイセン政府との関係は示唆的である。REは主としてライン左岸の輸送を担当し、ベルギーとの輸送路として重要であったばかりでなく、1842年までの時期においてベルギー政府から援助を受けていたのである[53]。プロイセン政府が同社の援助に積極的な姿勢を示したのは

1843年のことであって、最終的に同社はベルギー政府との関係を断ち切ってビスマルクによる国有化へと向かったのである。他方、KMEは経営状態が最も安定しており、株式配当率は最高17％以上にも達していた。したがって内部留保による企業拡大が十分可能であったにもかかわらず、その路線がプロイセンの東部と西部を結ぶ大動脈の一環としての役割を担っていたために、プロイセン政府は創業当時から重大な関心を示し、創業資本の7分の1に参加するなど手厚い保護を加えた[54]。

　ライン地方の私有鉄道とプロイセン政府の結びつきの本質は何であったのであろうか。表面的にはBMEの場合にはライン・ブルジョワジーの要請が政府への傾斜を導き、また他の2鉄道の場合にはプロイセン国家の要請が強く出ているようにみえるが——なるほどビスマルクによるこの地方の鉄道国有化は、政府の関心のより深い順に行われた（KME＝1879年、RE＝1880年、BME＝1882年）のは確かであるが——事態はより複雑である。というのは後二者の場合においても、会社創立に至るまで盛んに政府援助を要請しているのである[55]。そればかりか、REの発起に参加し、ライン・ブルジョワジーの利害を代表したハンゼマンでさえ国有鉄道論者であり、また当時政府が援助に消極的であること自体、鉄道の発展を阻害することだと考えられていた[56]。ライン・ブルジョワジーのコンセンサスは、私企業に対する政府援助といった要求を越えて、積極的に政府による経営を求めていた。その根拠としてとくに重要であったのは企業経営の実務を担当する優秀な人材（とくに技術者、管理者）を確保するためには「官僚」の呼び名を与える必要があったからである。BMEの株主が国営化を受け入れた理由の一つがこの点にあり、またこうした論拠はハンゼマンの考え方とも完全に一致していた[57]。

　それでは逆に、政府側の利害関心はどうであろうか。REに対しては対外政策的視点から、またKMEに対しては経済的統一という観点から一定の保護を与えたのは当然のことである。

　一方、政府がBMEに創業当時から資本参加した背景には、①ヴッパータール産業の発展と、②石炭資源の存在が地域利害を越えた展望を有するという認

識があったためであり⁽⁵⁸⁾、さらに前述のごとく1850年以降の同社に対する利子保証が、③ライン左岸の軍事的重要性および、④ルール炭とジーガーラント産鉄鉱石の結合を考慮しつつ行われた点に、われわれはプロイセン政府の利害関心をみることができる。

こうしてみると、当地方の鉄道に対する政府の干渉は、軍事的・対外政策的な見地と経済的な配慮を背景になされたといえよう。軍事的な見地であれ、経済的なそれであれ、同地方の地理的な、もっと厳密にいえば経済地理的な立地状況を考慮する必要がある。

同地方は、①資本関係や資本財調達にあったてベルギーとの関係が場合によってはベルリン以上に強く（BMEの初期の蒸気機関車の調達先やREに対するベルギー政府の資本参加）、②ライン河によるオランダを経由した流通経路が19世紀初頭には大きな意味を持っていた（RE, KMEの建設にあたって論議された重要な点はオランダを経由しない輸送路の実現であった⁽⁵⁹⁾ことが政府の関心の基底に〔また当然ブルジョアジーのそれにも〕あったというべきであろう）。

BNEの国営私有鉄道への移行は、小資本の鉄道が株主の利害に配慮しつつ、企業としての経営合理性を追求した結果の所産であり、「三月」以降ドイツ帝国の建設に至る時期にライン・ブルジョワジーの選択した道＝オストエルベ体制への適応を示すものであった。政府とラインの橋渡したるハイトおよびその一族は、当初BMEの有力な資本的基盤を形成していたが、国家に支えられた同社が急激に成長していく過程でその役割を終え、株式銀行にその座を譲ることになった。70年代中葉以降には株主内部に大きな変化――ハイト一族の後退とベルリン資本の進出、またブルジョワジーの貴族化――が進む一方、政府の干渉力が強化され、ここに国有化への展望をみることができる。

注

（1） Henderson, W. O., The State and the Industrial Revolution in Prussia, Liverpool, 1958; Ritter, U. P., Die Rolle des Staates in den Fruehstadien der Industrialisierung, Berlin, 1961; Fischer, W., Das Verhaeltnis von Staat und Wirtschaft in

Deutschland am Beginn der Industrialisierung, in: Kyklos, XIV, 1961; ders., Der Staat und die Anfaenge der Industrailisierung in Baden, 1962; Mieck, I., Preussische Gewerbepolitik in Berlin 1806-1844. この点に関する我が国の研究には、以下のものがある。福應健「ドイツ産業化と官僚」『経営史学』6-1、1971年。桜井健吾『ドイツ産業革命と国家』南山大学経済経営学会、1979年。高橋秀行『近代ドイツ工業政策史——19世紀プロイセン工業育成振興政策と P. C. W. ボイト——』有斐閣、1986年。石垣信浩『ドイツ鉱業政策史の研究——ルール炭鉱業における国家とブルジョワジー——』御茶の水書房、1988年。また、肥前栄一「ドイツの産業革命と銀行政策」『社会経済史学』38-2、1972年および諸田實『ドイツ関税同盟の成立』有斐閣、1974年をも参照。

(2) ニュールンベルク＝フュルト間の鉄道に関しては、Mueck, a. a. O. および蔵本忍前掲論文を参照。ライプツィヒ＝ドレスデン間の鉄道については Bayer, P., a. a. O. を参照。

(3) Gesetz ueber die Eisenbahn-Unternehmungen vom 3. November 1838, in: Gesetzsammlung fuer die Koeniglichen Preussischen Staaten, Nr. 35, S. 505-516.

(4) この点については、川端保至「ドイツ初期鉄道会社の会計実務と固定資産の取得原価評価」前掲、270-1ページが詳しい。

(5) Jagtiani, H. M., The Roll of the State in the Provision of Railways, 1924, p. 46; Henderson, W. O., op. cit., p. 162.

(6) Tilly, R., Fiscal Policy and Prussian Economic Development 1815-1866, in; Troisieme conference internationale d'histoire economique, Paris, 1968, p. 774; Henderson, W. O., op. cit., 162-3; Jagtiani, op. cit., p. 48; Kech, E., Geschichte der deutschen Eisenbahnpolitik, Leipzig, S. 64; Alberty, B., Der Uebergang zum Staatsbahnsystem in Preussen, Jena, o. J., S. 3.

(7) プロイセンの鉄道の類型については、Nordmann, H., Die aeltere preussische Eisenbahngeschichte, Abhandlung der deutschen Akademie der Wissenschaften zu Berlin, Mathematisch-naturwissenschatliche Klasse, Jg., 1848, Nr. 4, Berlin, 1950, S. 31f.

(8) BME の研究史について簡単に述べると、ヴァルデックの研究が最も包括的で鉄道創業から国有化に至るまでの過程を詳細に記述している (Waldeck, R., Die Entwicklung der Bergisch-Maerkischen Eisenbahn, in: AfE, 1910)。また、『ヴッパータール鉄道管理局百年史』Hundert Jahre Eisenbahndirektion Wuppertal 1850-1950, Wuppertal-Elberfeld, 1950 (以下 HJ EW と略記) に、この鉄道に関する若干の論文が収められているほか、BME の一部門であったルール・ジーク鉄道に関するフックスのすぐれた研究がある (Fuchs, K., Die Erschliessung des Siegerlandes durch die Eisenbahn 1840-1917, Wiesbaden, 1974)。のちに BME に買収さ

れたデュッセルドルフ・エルバーフェルト鉄道については、Gaspers, H, a. a. O. を参照のこと。なお、BME の前史については池田博行、前掲書が詳しい。
(9) 川本和良『ドイツ産業資本成立史論』前掲、137ページ。
(10) Statut nebst Nachtraegen fuer die Bergisch-Maerkische Eisenbahn-Gesellschft, Akten im Verkehrsmuseum in Nuernberg（以下 AVN と略記）、IE 37A.
(11) Gesetz ueber die Eisenbahn-Unternehmungen vom 3. November 1838, a. a. O, § 46, S. 515. なお、『鉄道企業法』の全文は Gleim, Zum dritten November 1888, in: AfE, 1888, S. 797-849にも掲載されている。
(12) 池田博行、前掲書、56ページ。拙稿「帝国再建期におけるライン・ヴェストファーレンの鉄道と商品流通の展開」前掲、33ページ。
(13) Waldeck, a. a. O., zitiert bei Sonderabdruck aus AfE 1910, Berlin, o. J., S. 102-3. 管理役会はのちの監査役会（Aufsichtsrat）にあたるものであるが、とりわけ大株主の利益代表機関としての色彩が強かった。
(14) 東エルベの個人金融業者が、投機的な意味あいで鉄道株に投資したのに対し、西エルベのそれは、鉄道投資を単なる金融目的として行ったばかりでなく、鉄道経営にも参加するのが普通であった（大野英二『ドイツ金融資本成立史論』有斐閣、1965年、第1章。肥前栄一『ドイツ経済政策史序説』、前掲、253-60ページ）。
(15) 日本の鉄道史においても、地方官が政府の利害を越えた活動を行ったことが指摘されている。例えば福岡、佐賀、熊本の三県では「地方官は自らの判断に基づいて、各地域の社会状況に即した設立運動への関与を行」い、「単なる中央（政府）の出先機関としての役割を越えた、独自の勧業的機能を果していた」（中村尚史『日本鉄道業の形成　1869～1894年』日本経済評論社、1998年、250ページ）。
(16) ティリー「ドイツ　1815-1970年」キャメロン著、正田健一郎訳『産業革命と銀行業』日本評論社、1973年、217ページ。また、Borchardt, K., Zur Frage des Kapitalmangels in der ersten Haelfte des 19. Jahrhundert in Deutschland, in: Jahrbuch fuer Nationaloekonomie und Statistik, Bd. 173, 1961; Klein, E., Zur Frage der Industrialisierung im Fruehen 19. Jahrhundert, in: Kellenbenz (hrsg.), Oeffentliche Finanzen und privates Kapital im spaeten Mittelalter und in der ersten Haelfte des 19. Jahrhunderts, Stuttgart, 1971; Tilly, R., Zur Entwicklung des Kapitalmarktes und Industrialisierung im 19. Jahrhundert unter besonderer Beruecksichtigung Deutschlands, VSWG, 60-2, 1973をも参照。
(17) 戸原四郎『ドイツ金融資本の成立過程』東京大学出版会、1960年、102ページ。
(18) Protocoll der General-Versammlung vom 5. Januar, in: BME EtW, S. 27.
(19) Ebenda, S. 28.
(20) Boehme, H., Preussische Bankpolitik 1848-53, in: Probleme der Reichsgruendungszeit, Koeln u. Berlin, 1972, S. 117-158, insbes. S. 133f, 138, 144. 肥前栄一、前

掲書、27-6ページ。川本和良「三月前期ライン地方における金融問題」大野他編『ドイツ資本主義の史的構造』有斐閣、1972年。
(21)　川本和良、前掲論文、126ページ。
(22)　拙稿「ドイツ産業革命期におけるプロイセン鉄道政策の展開」前掲、86-7ページ。
(23)　BMEが国営鉄道への移行を希望した背景には、次のような事情があった。同社はすでに、1847年にElberfeld-Schwelm間を部分開通させていたが、Schwelm-Witten間が建設途上にあった。建設資金に不足をきたした同社は、ミールバッハとエゲンをベルリンに派遣し、政府援助を願いでた。政府は同社に対して120万マルクの融資を行ったが、返済期限の1849年までに返済できなかったのである(Waldeck, a. a. O., S. 103-5)。
(24)　Ordentliche Generalversammlung vom 29. Juni 1850, in: BME EtW, S. 4; Ausser-ordentliche General-Versammlung vom 14. August 1850, ebenda, S. 6f.
(25)　Zum Protokoll der General-Versammlung vom 14. August 1850, ebenda, S. 7-9.
(26)　Waldeck, a. a. O., S. 106.
(27)　Bestaetigungs-Urkunde, betreffend die Statut-Aenderungen, welche durch den mit der Bergisch-Maerkischen Eisenbahn-Gesellschaft unterm 23. August abgeschlossenen Betriebs-Ueberlassungs-Vertrag hineingefuehrt worden. Vom 14. September 1850 = AVN IE 37A.
(28)　鉄道国有化の推進者であるハイトは、国家による管理期間を最低10年としたことに対して、異論を唱えた。彼は国営私有鉄道を暫定的なものではなく、半永久的のものと考えていたのである(Waldeck, a. a. O., S. 107)。
(29)　60年代後半以降に経営が順調であったことは、株式の配当率からもうかがえる。例えば、1863年には6.5％であった配当率が65年には7.5％、66年には8％、67年には7.5％、以下70年代まで8％台を維持することができた(Jb. 1865, 67-70)。一般にこの時期は私有鉄道に対する国家の規制は控えめなものであった(Kech, a. a. O.; Nordemann, a. a. O.; Henderson, op. cit.)。事実プロイセン政府は1866年に対墺戦費調達のためBME株の一部を売却さえしている(Daebritz, W., Gruendung und Anfaenge der Disconto-Gesellschaft, Berlin, 1931, S. 151)。
(30)　Hansemann, D., Die Eisenbahnen und deren Aktionaere in ihrem Verhaeltniss zum Staat, Leipzig und Halle, 1837; ders., Denkschrift ueber das Verhaeltniss des Staates zur Rheinischen Eisenbahngesellschaft, Berlin, 1843 (Handschrift).
(31)　この点については、北村次一『ドイツ企業者史研究』法律文化社、1976年、34ページ以降および134ページ参照。
(32)　例えばこのリストに登場するv. ボルンは元来重工業への融資を中心とする個人金融業者であったが、72年にボルン商会は株式銀行に改組され、証券投資を活

発に行うに至ったのである（戸原四郎、前掲書、136-9ページ）。
(33) Ordentliche General-Versammlung der Actionaire, Elberfeld, 25. Juni 1875, S. 2-3, AVN IR.
(34) Jb. 1873, S. 36f.
(35) Jb. 1879, S. 15-6 u. Jb. 1880, S. 14.
(36) 諸田實「『工業家の類型』論にかんする一考察」大野他編『ドイツ資本主義の史的構造』前掲、29ページ以降。
(37) Ordentliche General-Versammlung der Actionaire, Elberfeld, 28. Juni 1877 u. General-Versammlung der Actionaire, Elberfell, 27. Juni 1878, AVN IRb 20.
(38) Ordentliche General-Versammlung der Actionaire, Elberfeld, 25. Juni 1875, AVN IRb 20.
(39) Ordentliche General-Versammlung vom 30. Juni 1871, in BME EtW, S. 271.
(40) Ordentliche General-Versammlung vom 28. Juni 1872, Ebenda, S. 275.
(41) Ordentliche General-Versammlung vom 28. Juni 1873, Ebenda, S. 283 u. Ordentliche General-Versammlung vom 27. Juni 1874, Ebenda, S. 290.
(42) Ordentliche General-Versammlung vom 27. Juni 1874, a. a. O., S. 298.
(43) Hendrson, op. cit., p. 169f, 198, 200.
(44) 1852年の株主総会において議長は、政府援助に謝意を表しつつ「当社の輸送が軌道に乗ったことは……今年度の最初の四ヵ月に、1851年の同期とくらべて、一万五四六〇ターラーの収入増を生じたことによる。この収入の増加はひとえに貨物輸送のおかげであった」と誇らしげに言うことができた（Ordentliche General-Versammlung vom 24. Juni 1852, in BME EtW, S. 14f）。
(45) ディスコント・ゲゼルシャフト、ドイチェ・バンク、ベルリーナー・ハンデルス・ゲゼルシャフト、ダルムシュタット銀行（戸原、前掲書、236ページ）。
(46) Daebritsz, a. a. O., S. 118, 151, 162 u. 229-30.
(47) Alsfasser, H., Der Betriebsmaschinendienst der Eisenbahn Direction Wuppertal, in HJ EW, S. 70.
(48) AVN IR 79(1), Bl. 38 u. 52.
(49) このことの持つ意味は重要である。この時期には機関車の国内自給体制が全ドイツ的にかなりの程度に確立していたと考えられるにもかかわらず、ライン・ヴェストファーレンにおいてはベルギーに資本財の供給を仰いでいたことになる。
(50) Fremdling, L., Eisenbahnen und deutsches Wirtschaftswachstum 1840-79, Dortmund, 1975, S. 76; Wagenblass, H., a. a. O., S. 88f.
(51) 高橋秀行「初期ボルジッヒ企業の成長と機関車生産の展開（1841-1854）」前掲。
(52) BMEはカッセルをターミナルとするヘッセン北部鉄道を1868年に買収したのであるが（AVN IR 79-1, Bl. 31）、このこととヘンシェル社への発注と無関係では

ないことは、同社への発注が68年以降に限られていることから明白である。

(53) Encyclopaedie des gesamten Eisenbahnwesens, Wien, 1874, S. 2787; Fremdling, a. a. O., S. 126. 同社は900万マルクの資本金をもって開始されたのであるが、1838年に新株450万マルク、社債750万マルクの新規募集によって増資を行った際、ベルギー政府は300万マルク（ただしフレムトリンクによれば200万マルク）の株式に参加した（Meyer, A. v., Geschichte und Geographie der deutschen Eisenbahnen, Berlin, 1891, S. 471f.）。

(54) Statuten, Konzessionen und Privilegien der Koeln-Mindener Eisenbahngesellschaft, Koeln, 1856, §9; Wortmann, W., a. a. O., S. 45.

(55) Steiz, W., a. a. O., S. 216f.

(56) Ebenda, S. 279.

(57) 北條功「ドイツ産業革命と鉄道建設」前掲、235ページ。

(58) General-Versammlung der Actionaire, Elberfeld, 30. Juni, AVN IRb.

(59) 拙稿「帝国再建期におけるライン・ヴェストファーレンの鉄道と商品流通の展開」前掲、32-3ページ。

# 第2章

# 西部ドイツ鉄道企業にみる資金調達
―― 資本市場 ――

　前章において付随的に鉄道企業と金融機関との関係に触れた点を踏まえ、本章においては、ドイツ西部の鉄道企業の資金調達構造を明らかにするとともに、現代ドイツの証券市場への構造を敢えて展望する一項目を設けた。

## 1　問題の所在

　明示的にであれ、暗黙のうちにであれ、ドイツ資本市場の理念型を想定するとき、ドイツ帝国成立以降ナチス体制の成立の時期に均衡点を求めれば、「ベルリン市場への収斂」という構図が浮かび[1]、第2次大戦以降現代までの時期を均衡点と考えれば、「フランクフルト市場への収斂」という構図が浮上する[2]。前者は「ユンカー的剰余価値の西エルベ鉱工業への投資」の説明原理になりうるとともに[3]、ドイツ再統一以降のベルリン市場の役割への射程を持ちうる。一方、後者はヨーロッパにおける経済統合の深化のなかで、またアングロ＝サクソン・スタンダードの浸透のなかで新たな意味をもちうる。

　このような構図を前提にしつつ、19世紀ドイツの資本市場と鉄道会社の金融関係をライン・ヴェストファーレンを事例に分析をすすめる。その際、新しい株式会社形態の誕生を鉄道企業の発起と関連づけた先駆的研究を、山崎彰にみることができる。その論点を、当該テーマとの関わりで整理すると以下のようになる[4]。

　鉄道会社以前の株式会社は、①株式が市場性を欠いていたこと、②株主が出資者であると同時に事業の顧客であったこと、③記名株が一般的であったこと、

④会社の存続期間が定款に明示され、会社の解散・出資金の返還を前提としていたこと。以上の点から株式会社は主として保険会社に適合するものであった。一方、1934年に株式募集が行われたライン鉄道会社においては、①無記名株で額面が小額であるため、株式に市場性がみられること、②金融業者が株式公募において積極的役割を果たしたがことなどが確認されている。

この点を踏まえ、以下においては鉄道企業の発起業務のみではなく、その後の資金調達も含めて資本市場との関係を考察する。

## 2 鉄道企業の設立と資本調達

【ライン鉄道】

新ライン鉄道会社（1837年認可）は、創業資本金300万ターラー、発行株式1,200株、額面250ターラーによって設立され、総株式の1/3にベルギー政府の出資を仰いだ。同社はケルンに本社を置く旧ライン鉄道会社とアーヘンに本社を置くプロイセン鉄道会社を合併する形で設立され、何よりもオランダによる通商障害を回避し、アントワープと連絡するルートの確保を主眼としていた。このことから、ベルギー政府と同社の結びつきは自然のことであったと考えられる。配当支払い機関はヘルシュタット（Banquiere Johann David Herstatt）、オッペンハイム（Salomon Oppenheim junior et Comp.）、シャーフハウゼン（Abraham Schaffhausen）、シュタイン（Johann Heinrich Stein）の4社で、すべてケルンの金融業者であることを同社定款は伝えている[5]。

新ライン鉄道会社の設立にむけて資本がどこから調達されたかを、表2-1により考察する。株式応募状況から判明するのは

① オッペンハイム、シャーフハウゼンという地元の金融業者が大口の出資者であること、

② パリとフランクフルトのロスチャイルドが出資しているほかは、ライン鉄道沿線の出資が大半であること、

③ 総株主625名の中には1～4株の地元の小口株主が存在することもクンプ

表2-1 新ライン鉄道会社の株式応募状況(100株以上)

| 応募者 | 株数 |
|---|---|
| Rheinishe Dampfshiffahrts-Gesellschaft in Koeln | 100株 |
| Baron v Rothschild in Frankfurt | 100 |
| Levi Hirsch in Mannheim | 100 |
| Hohen-Emsen in Mannheim | 100 |
| Verw. Kurfuerstin Maria Leopoldina von Bayern | 100 |
| D. Hansemann in Aachen | 103 |
| Arons Wolff in Berlin | 129 |
| Gebr. Goldschmied in Frankfurt | 120 |
| Erkens Soehne U. Lechner in Burtscheid | 137 |
| G. v. St. George in Frankfurt | 184 |
| Wwe. Karl Englerth in Eschweiler | 190 |
| Ch. I. Cockerill Erben in Aachen | 200 |
| Grunelius u. Comp. in Frankfurt | 200 |
| de Rotschild freres in Paris | 200 |
| Fr. I. Emundts in Aachen | 392 |
| A. Schaffhausen in Koeln | 464 |
| S. Oppenheim jun. et Comp. in Koeln | 1,002 |

(典拠) Kumpmann, K., Die Entstehung der Rheinischen Eisenbahn-Gesellschaft, Essen, 1910, S. 164.

マン (Kumpmann) は伝えていることから、地域の遊休資本を広範に集めていること、などである。

表2-2は、株主総会によって選出された管理役会役員の名簿であり、株主地図を反映している。この表から

①役員24名中、ケルン在住者が9名、アーヘン在住者が8名であることから、この二都市に資本的基盤が有ること、

②ケルン在住のダイヒマン (Daichmann) はシャーフハイゼンの頭取であり、またヘルシュタット (Herstatt) の名も見られることから、金融機関と会社の密接な関係が推察できること、

③ケルン、アーヘン両市長が名を連ねていること、

が分かる。以上より、ライン鉄道はケルン、アーヘンを中心とする地域資本、地域の人的関係を基盤とし、ライン地方(とくにケルン)の個人金融業者に大きく依存する体質を持っているといえる。

### 表2-2　新ライン鉄道会社管理役会役員（1837年株主総会選出）

Oberbuergermeister Steinberger aus Koeln
Kommerzienrat Daichmann aus Koeln
I. Nierstrass aus Koeln
Kommerzienrat Herstatt aus Koeln
Clements Schmits aus Koeln
Generalleutnant v. Phuel Excellenz aus Koeln
Damian Leiden aus Koeln
Ph. Engels aus Koeln
Landrentmeister Fischer aus Koeln
Handelsgerichtspraesident Wagner aus Aachen
I. Th. Pappel aus Aachen
Ing. van Houtem aus Aachen
Regierungsrat Steffens aus Aachen
Konsul Kuetgens aus Aachen
Regierungsrat Ritz aus Aachen
Oberbuergermeister Emundts aus Aachen
C. Nellessen-Kelleter aus Aachen
I. Erkens aus Burtscheid
Frhr. v. Fuerstenbern zu Stammheim
Graf. H. von Hompesch aus Ruhrig
Steuerrat von Ammon aus Neuwied
L. Schoeller aus Dueren
F. I. Muehlens aus Bonn
Regierungsrat v. Sybel aus Duesseldorf

（典拠）　Ebenda, S. 163.

## 【ケルン・ミンデン鉄道】

　ここでは、ケルン・ミンデン鉄道の前身、ライン・ヴェーザー鉄道会社の管理役会議事録（1838年11月14/15日）を典拠に検討する[6]。

　ライン・ヴェーザー鉄道会社は、資本金560万ターラーで、株式応募者に対し資本金の5％の範囲で支払い請求が行われ、大多数の応募者より支払いを受けた。これによって同社の資産38万ターラーの内訳は

　　　有価証券　　　　　　83,000ターラー
　　　未払い込み資本金　　252,000ターラー
　　　現金　　　　　　　　45,000ターラー

となったが、同時に資本金未払者に対する督促がなされたことを同資料は伝え

表 2-3　ライン・ヴェーザー鉄道会社：資本金未払者に対する督促
　　　　（1838年）

| 居住地 | 氏　名 | 督促金額（ターラー） |
|---|---|---|
| Minden | Post-Director Tissen | 60 |
| Minden | Regierungs-Rath Winkelmann | 63 |
| Minden | Actuarius Venn | 315 |
| Magdeburg | Bertog | 620 |
| Magdeburg | Freise | 4,224 |
| Magdeburg | Montag | 60 |
| Dresden | Dr. Eckhart | 10,500 |
| Leipzig | Hammer | 130 |
| Leipzig | Schmidt | 130 |
| Leipzig | Meier | 4,356 |
| Leipzig | Fritzsche | 3,400 |
| Leipzig | Koch | 3,938 |
| Berlin | E. Edeling | 300 |
| Berlin | Bloch | 1,200 |
| Berlin | Breest | 900 |
| Berlin | Gelpke | 900 |
| Berlin | Kuckerling | 900 |
| Berlin | Hirschberg | 2,400 |
| Berlin | Franke | 710 |
| Berlin | Itzinger | 1,200 |

（典拠）　Verwaltungsratssitzung vom 14./15. Dezember, Staatarchiv Detmold M11D, Nr. 48.

ている。表2-3より、多額の督促を受けているものが同鉄道敷設予定路線の沿線に居住しない者（マグデブルク、ライプツィヒ、ドレスデン、ベルリン居住者）にかぎられていることから、彼らは純粋に投資目的で株式に応募したものの、株式市場の低迷に直面して買いを手控えている可能性が高い。というのも、1838年には、証券市場が低迷し、とくに鉄道株は高値の半値以下に暴落しているからである[7]。

逆に、ライン・ヴェーザー鉄道沿線に住むインフラとしての鉄道と利害関係のある株式応募者はマーケットの動向にかかわりなく買いを手控えなかったと推察できる。また、表2-3においてミンデン居住者のみ、肩書つきで紹介されていることから、株式の受け入れを拒みにくい事情があるのかもしれない。

同資料でもう一つ、興味深い事実が伝えられている。ハイト・ケルステン

(Die Herrn von der Heydt-Kersten und Soehne) は、会社の資材の大半を受注し、会社に対する貸付金が7万ターラーに達している。当時、会社の資産総額（38万ターラー）の18％余りに及ぶ借入金をハイト・ケルステンに負うていることになる。ここにおいても、資金調達の地域性と地元金融業者との密接な関係をみることができる。一方、鉄道沿線以外からの投資目的の出資は、株式市場の変動で振るい落とされた可能性が高い。のちに、ライン・ヴェーザー鉄道会社は解散し、ケルン・ミンデン鉄道会社として再出発する。後者は資本金1,300万ターラーのうち5/6を株式公募し、1/6はプロイセン政府による引受が実現する[8]。

## 3　企業成長と資金調達

鉄道企業の成長とともに、資金調達がいかになされたかを、ベルク・マルク鉄道（BME）を例に検討する[9]。

同社創業資本金400万ターラー＝1,200万マルク（表2-4のBME、1848年の項目）のうち、1/4はプロイセン政府の持ち株であり、残り3/4については4％の利子保証を政府が行う優先株による調達である[10]。株式市場の低迷を背景として同じく1848年に優先社債240万マルクの募集を行う。表2-5の1848年の項目がそれにあたる。4 1/2％利付き社債は、政府による利子保証を持つ優先社債である。さらに同年政府から120万マルクの貸し付けを受け、翌49年この処理について大蔵省と協議を行い、当面45万マルクを返済し、残り75万マルクのついては、優先社債の発行によるファイナンスで乗り切ることを決定した[11]。表2-5の1849年の項目にみられる社債発行がこれに該当する。

【新線建設資金の調達】

BMEは、1850年ドルトムント・ゾースト線建設資金を賄うため、大量の優先社債の発行を行った（表2-5、でBME, 1850年の項目）。取締役 D. v. d. ハイトの努力にもかかわらず社債の売却が進まず、ゼーハンドルンクに社債の売

## 表2-4 ベルク・マルク鉄道の株式による資金調達

(単位：マルク)

| 年度 | BME | DE | PW | AD | RC | HN |
|---|---|---|---|---|---|---|
| 1842/43 | | 3,083,400 | | | | |
| 1846/49 | | | | 12,000,000 | 36,000,000 | |
| 1847 | | | 3,900,000 | | | |
| 1848 | 12,000,000 | | | | | |
| 1850 | | | | | 900,000 | 24,000,000 |
| 1853 | 1,500,000 | | | | | |
| 1857 | 5,139,000 | | | | | |
| 1863 | 2,361,000 | | | | | |
| 1865 | 21,000,000 | | | | | |
| 1867 | 15,000,000 | | | | | |
| 1868 | | | | | | 1868年BME優先社債へ転換 |
| 1870 | 75,000,000 | | | | | |
| 1872 | 60,000,000 | | | | | |

(注) DE：デュッセルドルフ・エルバーフェルト鉄道
PW：プリンツ・ヴィルヘルム鉄道
AD：アーヘン・デュッセルドルフ鉄道
RC：ルールオルト・クレフェルト・クライス・グラードバッハ鉄道
HN：ヘッセン北部鉄道

(典拠) 各年度 Jb.

却を依頼するに至った。その際、商務大臣より鉄道の経営権を政府に移管することが条件として提示された[12]。すでに前章で指摘したように、同社代表取締役である弁護士フォン・フルター（v. Hurter）と管理役会副議長アルベルト・ヴェーファー（Albert Wever）が代表として交渉に臨み、政府提案を受諾。ここに国営私有鉄道が誕生した[13]。

1853年の株式による資金調達（表2-4の1853年の項目）および同年の優先社債によるそれ（表2-5の1853年、DSの項目）は、いずれもドルトムント＝ゾースト線の建設を目的とする。

ドルトムント＝ソースト線の建設資金をトータルでみると

  1853年  優先株      1,500,000マルク

  1850年  優先社債（BME債）  3,900,000マルク

  1853年  優先社債（DS債）  4,050,000マルク

となり、株式による調達はわずか16.4％にすぎない。

表2-5 ベルク・マルク鉄道の優先社債による資金調達

(単位:マルク、カッコ内は利子%)

| 年度 | BME | DE | DS | AD | RC | HN |
|---|---|---|---|---|---|---|
| 1842/43 | | 3,000,000<br>(4) | | | | |
| 1848 | 2,400,000<br>(4½) | | | | | |
| 1849 | 900,000<br>(4½) | | | | | |
| 1850 | 3,900,000<br>(4½) | | | | 1,836,000<br>(4½) | 6,000,000<br>(4) |
| 1851 | | 1,200,000<br>(4½) | | | | |
| 1852 | | | | 4,800,000<br>(4) | | |
| 1853 | | | 4,050,000<br>(4) | | 1,650,000<br>(4) | |
| 1854 | | | | 4,500,000<br>(4) | | |
| 1855 | 3,000,000<br>(4½) | | | | | |
| 1856 | 36,750,000<br>(4½) | | | 2,550,000<br>(4½) | 2,550,000<br>(4½) | |
| 1857 | | | 3,810,000<br>(4½) | | | |
| 1860 | 3,000,000<br>(4½) | | | | | |
| 1862 | 3,000,000<br>(4½)<br>17,000,000<br>(3½) | | | | | |
| 1863 | 12,000,000<br>(4½) | | | | | |
| 1864 | 12,000,000<br>(4½) | | | | | |
| 1866 | 49,854,000<br>(4½) | | | | | |
| 1868 | 24,000,000<br>(5)<br>2,980,000<br>(3½) | | | | | ←HNの株式より<br>←HNの優先社債より |
| 1870 | 60,000,000<br>(5)<br>9,445,500<br>(3½) | | | | | |
| 1873 | 90,000,000<br>(4½) | | | | | |
| 1876 | 36,000,000<br>(5) | | | | | |
| 1879 | 9,696,000<br>(3½) | | | | | |
| 1880 | 11,000,000<br>(4½) | | | | | |

(注) DS:デュッセルドルフ・ゾースト鉄道、その他は表2-4に同じ。
(典拠) Ebenda.

表2-4の←は、他の鉄道の買収による株式移動を示す。この表から、合併による増資を除けば同社は60年代後半に至るまで、株式による資金調達がまったく途切れたことになる[14]。

表2-6の1855〜58年DSの項目より、ドルトムント＝ゾースト区間の経常収支は開業時点から黒字になっているとが分かる[15]。1859年には、DSの余剰金のうち、17,185ターラー（51,555マルク）が建設準備金に繰り込まれるほどの財務上の余裕がみられた[16]。

表2-7でBMEの利益金処分が明らかとなるが、1855年以降、社債に対する利子支払いが株式に対する配当額を恒常的に上回っていることが分かる。このことからも、株式による資金調達は発起業務にほぼ限定され、社債こそが主たる資金調達手段であるといえよう。

表2-6 ベルク・マルク鉄道の収支

(単位：ターラー)

| 年度 | | 鉄道部門からの収入 | 事業支出 | 剰余金 |
|---|---|---|---|---|
| 1849 | | 197,414 | 141,283 | 56,131 |
| 1850 | | 250,570 | 215,305 | 35,265 |
| 1851 | | 291,982 | 174,147 | 117,835 |
| 1852 | | 314,016 | 171,824 | 142,193 |
| 1853 | | 364,790 | 203,062 | 161,728 |
| 1854 | | 415,154 | 221,833 | 193,321 |
| 1855 | | 519,079 | 291,454 | 227,625 |
| | DS | 99,329 | 67,273 | 32,056 |
| 1856 | | 629,577 | 332,876 | 296,700 |
| | DS | 257,292 | 145,387 | 111,906 |
| 1857 | | 1,095,355 | 526,854 | 568,501 |
| | DS | 324,499 | 173,883 | 150,615 |
| 1858 | | 1,199,953 | 557,231 | 642,723 |
| | DS | 377,504 | 193,832 | 183,672 |
| 1859 | | 1,659,782 | 729,048 | 930,734 |
| 1860 | | 1,860,472 | 812,587 | 1,047,885 |
| 1861 | | 2,362,848 | 1,018,387 | 1,344,462 |
| 1862 | | 2,995,627 | 1,342,159 | 1,653,467 |
| 1863 | | 3,751,297 | 1,561,229 | 2,190,068 |
| 1864 | | 4,348,249 | 1,625,185 | 2,723,064 |
| 1865 | | 5,019,042 | 1,942,510 | 3,076,531 |
| 1866 | | 6,762,736 | 2,873,381 | 3,889,335 |
| 1867 | | 7,424,291 | 3,355,935 | 4,068,356 |
| 1868 | | 9,850,737 | 4,300,477 | 5,550,260 |
| 1869 | | 10,992,507 | 4,817,727 | 6,174,780 |
| 1870 | | 11,904,578 | 5,547,222 | 6,357,356 |
| 1871 | | 13,822,170 | 6,557,425 | 7,264,745 |
| 1872 | | 15,842,050 | 8,653,228 | 7,188,822 |
| 1873 | | 18,746,234 | 11,551,856 | 7,194,378 |

(典拠) BME EtW.

石炭産地ルールと鉄鉱石産地ジーガーラントを結ぶルール・ジーク鉄道の建設が1856年の株主総会において決定された。表2-5の1856年の項目は、ルール・ジーク鉄道の建設資金3,675万マルクが優先社債によって調達されたことを示している。同鉄道はBMEの一部門であるが独立採算とされ、社債利子3.5％を支払う収益が確保できない場合、BMEが0.25％分保証し、政府が

表2-7 ベルク・マルク鉄道の利益金処分

(単位：ターラー)

| 年度 | | 利子支払 | 株式配当支払 | 社債償還 | 積立金 | 減価償却引当金 | 鉄道税支払 |
|---|---|---|---|---|---|---|---|
| 1850 | | 60,582 | | | | | |
| 1851 | | 85,874 | 30,000 | | 1,961 | | |
| 1852 | | 90,867 | 45,000 | | 6,325 | | |
| 1853 | | 97,089 | 60,000 | | 9,439 | | 1,538 |
| 1854 | | 99,068 | 75,000 | 8,000 | 17,329 | | 1,923 |
| 1855 | | 107,500 | 90,000 | 8,000 | 19,817 | | 2,303 |
| | DS | | | | 9,127 | | |
| 1856 | | 149,575 | 100,000 | 24,000 | 20,161 | | 2,564 |
| | | 92,845 | 16,668 | | 1,966 | | 427 |
| 1857 | | 225,025 | 164,955 | 37,720 | 9,828 | 125,563 | 4,230 |
| | DS | 100,763 | 17,500 | | 3,120 | 28,783 | 449 |
| 1858 | | 223,160 | 228,520 | 39,100 | 9,828 | 136,255 | 5,860 |
| | DS | 110,466 | 20,000 | | 3,120 | 40,153 | 513 |
| 1859 | BM1 | 221,230 | 257,085 | 40,550 | 46,618 | 177,620 | 8,043 |
| | BM2 | 111,150 | 20,000 | | | | |
| 1860 | BM1 | 229,460 | 304,493 | 42,085 | 54,948 | 172,605 | 11,638 |
| | BM2 | 111,150 | 20,000 | | | | |
| 1861 | BM1 | 260,170 | 371,345 | 53,685 | 10,128 | 133,504 | 24,995 |
| | BM2 | 110,882 | 20,000 | 6,750 | 3,120 | 44,087 | 526 |
| | RS | | | | 2,500 | 21,852 | |
| 1863 | BM | 426,931 | 843,450 | 55,263 | 22,871 | 286,893 | 56,771 |
| | RS | 572,066 | | | 12,200 | 91,428 | |
| 1864 | BM | 518,011 | 975,000 | 69,428 | 51,085 | 346,796 | 89,375 |
| | RS | 549,628 | | | 12,485 | 103,054 | |
| 1865 | BM | 506,632 | 1,260,000 | 60,493 | 23,084 | 366,561 | 148,750 |
| | RS | 555,795 | | | 12,580 | 112,099 | |
| 1866 | BM | 864,686 | 1,440,000 | 108,110 | 36,002 | 527,948 | 146,250 |
| | RS | 585,828 | | 61,250 | 12,580 | 122,601 | |
| 1867 | BM | 991,500 | 1,425,000 | 122,635 | 37,434 | 552,228 | 130,625 |
| | RS | 608,981 | | 63,392 | 12,880 | 126,484 | |
| 1868 | BM | 1,930,551 | 1,600,000 | 154,026 | 57,830 | 778,817 | 162,500 |
| | RS | 611,385 | | 4,672 | 13,480 | 127,707 | |
| 1869 | BM | 2,093,442 | 1,785,000 | 200,247 | 61,162 | 993,810 | 196,993 |
| | RS | 616,773 | | 7,910 | 73,905 | 171,932 | |
| 1870 | BM | 2,165,402 | 1,680,000 | 208,478 | 66,370 | 1,093,405 | 170,625 |
| | RS | 620,951 | | 9,313 | 38,018 | 177,054 | |
| 1871 | BM | 2,185,592 | 2,100,000 | 217,143 | 152,763 | 1,223,062 | 125,000 |
| | RS | 620,022 | | 9,642 | 76,505 | 176,676 | |
| 1872 | BM | 2,062,518 | 2,100,000 | 309,196 | 80,458 | 1,288,492 | 65,807 |
| | RS | 620,022 | | 9,978 | 24,298 | 201,919 | |
| 1873 | BM | 2,790,157 | 1,500,000 | 322,354 | 102,000 | 1,536,931 | 38,461 |
| | RS | 618,671 | | 10,328 | 14,345 | 185,252 | |

(注) 1859～1862年のBM2はDS債に相当する。またRSはルール・ジーク鉄道債。
(典拠) Ebenda.

3.25％分保証することになった。つまり建設主体であるBMEの負担がきわめて小さい、一方政府が実際に支払った利子総額は、およそ200万マルクに達した[17]。

なお、表2-5の1862年の項目にみられる優先社債17,000,000マルクは、同区間の複線化工事のための起債であり[18]、また1870年下段の9,696,000マルクの社債発行はルール・ジーク鉄道の支線建設資金であった[19]。

表2-7のRSの項目より、次のことが分かる。ルール・ジーク鉄道は、1861年より営業収支が黒字化し、1863年より社債利払いが可能になり、また1866年より社債償還が始まった。

ここで再び表2-5に立ち戻り、1860年代以降のファイナンスをみてゆこう。1860年の社債発行3,000,000マルクは複線化、駅舎の完備、経営資材調達のための起債[20]、1862年の3,000,000マルクは複線化および新線建設（Letmathe-Iserlohn線）のための起債である[21]。1863年の12,000,000マルクは新線建設（Hengstey-Holtzwickede線）および同年買収したプリンツ・ヴィルヘルム鉄道の有する未償還社債の償還資金のためのものであった[22]。続く1864年の12,000,000マルク、1866年の49,854,000マルクをはじめとして、以後の時期も新線建設のための資金調達が続いてゆく[23]。

ただし、1873年募集の優先社債90,000,000マルクは、ブラウンシュヴァイク鉄道への資本参加のための起債である[24]。

【企業買収・合併】

表2-5の←を参考に、他の鉄道を併合した場合の資本金の動きを検討する。DE→BMEは、デュッセルドルフ・エルバーフェルト鉄道の株式3,083,400マルクをBME株に対して3：5の評価で組み入れたことを示している。同様にPW→BMEからプリンツ・ヴィルヘルム鉄道の株式は5：8の評価でBME株に組み入れられたことがわかる。アーヘン・デュッセルドルフ鉄道（AD）、ルールオルト・クレフェルト・クライス・グラードバッハ鉄道（RC）の買収に際して同様の処理がなされている。しかしながらヘッセン北部鉄道の株式は、

**表 2-8　ベルク・マルク鉄道株主総会における株主代表会役員選挙**
(1858年4月12日)

| 氏　名 | 票数 | 居住地 | |
|---|---|---|---|
| Daniel von der Heydt | 537 | Elberfeld | |
| W. Werle | 537 | Barmen | |
| H. Wuelfing | 517 | Elberfeld | |
| J. Schimmelbusch | 469 | Duesseldorf | |
| W. Wortmann | 457 | Duesseldorf | |
| V. Papen | 427 | Werl | 以上当選 |
| W. Pieper | 164 | Hochdahl | |
| Dr. Schlegtendahl | 58 | ? | |
| F. W. Osterroth | 46 | Barmen | |
| H. Loer | 39 | Duesseldorf | |
| W. Frische | 36 | ? | |
| H. von der Heydt | 30 | Elberfeld | |
| Buergermeister Hammers | 27 | Duesseldorf | |
| P. Schulte | 6 | Gevelsberg | |
| (1866年6月30日)補欠選挙当選者 | | | |
| Landrath Leyner | | Crefeld | |
| Commerzienrath Dubois de Luchet | | Aachen | |
| Hugo Haniel | | Ruhrort | |
| Buergermeister Obertueschen | | Muehlheim a. d. Ruhr | |

(典拠)　AVN, IR 26AC.

BMEの優先社債に転換され、60年代後半には株式よりも確定利子付き元本保証の証券が好まれていることは明白である。投資家、おそらくは機関投資家は、国営私有鉄道の債券をノーリスクで運用していると考えてよかろう。

【資金調達の地域性】

　株主の地域基盤を如実に表わしているのが、株主代表会選挙にあらわれた得票数である[25]。表2-8により、1858年の株主の地域分布を想定すると、同社がヴッパータールに資金的基盤があることが分かる。ハイト家の得票から株式の額面評価すれば179,100マルクに相当し、その影響力の大きさを窺い知ることができる。1872年の株主総会における役員選挙を表2-9でみると、ベルリン居住者が1名選出されているのを除けばライン地方を基盤とする資本関係は

第 2 章　西部ドイツ鉄道企業にみる資金調達　67

表 2-9　ベルク・マルク鉄道株主総会における株主代表会役員選挙
(1872年 6 月27日)

| 氏　名 | 票　数 | 居住地 |
|---|---|---|
| 【役　員】 | | |
| Geheimercommerzienrath Daniel von der Heydt | 9,317 | Elberfeld |
| Rentner Fr. Herm. Wuelfing | 9,790 | Elberfeld |
| Kaufmann Gustav Gebhard | 10,464 | Elberfeld |
| Kaufmann Red. Weyermann | 11,420 | Elberfeld |
| Rentner Ludw. v. Papen | 8,845 | Werl |
| Justizrath Stader | 7,886 | Berlin |
| 【準役員】 | | |
| Landrath Melbeck | 8,865 | Solingen |
| Kaufmann Ed. Colsmann | 8,858 | Langenberg |
| Kaufmann Gust. Arndt | 8,157 | Duesseldorf |
| Kaufmann Loehr | 7,911 | Duesseldorf |
| Kaufmann Wilh. Boeddinghaus jun. | 7,960 | Elberfeld |
| Kaufmann Carl Wadthausen | 7,955 | Aachen |
| Oberbuergermeister Hache | 7,884 | Essen |

(典拠)　Ebenda.

図 2-1　鉄道企業と金融機関との関係

西部ドイツ鉄道企業
　の発行する証券

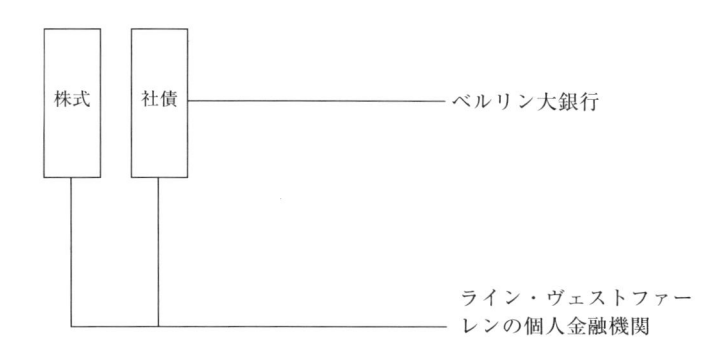

```
┌──┬──┐
│株│社│──────── ベルリン大銀行
│式│債│
│  │  │
│  │  │
│  │  │         ライン・ヴェストファー
└──┴──┘──────── レンの個人金融機関
```

不変である。にもかかわらず、前章で見たように、社債取扱い金融機関にライン・ヴェストファーレンの金融機関のほか、ベルリンの大銀行が名を連ね、また1862年以来、社債の新規募集の引き受けをディスコント・ゲゼルシャフトが行っている[26]。このことから、図2-1の図式が考えられるであろう。

## 4　小　括

以上の分析を通じて明らかになった点を以下にまとめる。
①西部ドイツの鉄道企業の資金調達手段は、量的にみて優先社債が主流であった。株式による調達は会社創業時点と1860年代後半から70年代初頭に限定されている。この二つの時期はいずれも証券市場が活況を呈しており[27]、それ以外の時期は、確定利子付き・元本保証の優先社債がマーケットに受け入れられている。また、株式でさえキャピタルゲインの観点を度外視すれば、(政府の保証による) 確定配当付きの優先株であった。
②株式による資金調達先には地域性があり、沿線地域の利害関係者による出資が主であり、他地域からの投資は株価停滞期に振るい落とされた可能性が高い。
③この2点で①を強調すれば中央資本市場としてのベルリンの役割が浮上し逆に、②を重視すると地域の資本市場が浮かび上がる。規模の上で①の要素が大であるからといって、②を無視すべきではない。「ドイツ資本市場」は、両者の関係の上に成立しているのであるから。
④ドイツでは伝統的に証券のインターバンク取引が活発であり、ライン地方の金融業者がベルリンの大銀行と繋がりを強めるなかで、鉄道債がベルリン市場で消化された可能性が十分にある。西部ドイツの鉄道企業は地元の金融業者との密接な関係をもとに、地域の遊休資本を集め、一方ラインの金融業者とベルリン大銀行の連繋をテコに、ベルリン資本市場と緩やかな関係を取り結んでいたのではあるまいか[28]。

第2章　西部ドイツ鉄道企業にみる資金調達　69

表2-10　世界の主要取引所の比較（1995年）

(単位：百万ドル)

|  | ニューヨーク証券取引所 | 東京証券取引所 | ドイツ証券取引所（フランクフルト） |
|---|---|---|---|
| 時価総額 |  |  |  |
| 　株式 | 5,755,544 | 3,556,511 | 576,479 |
| 　債券 | 2,747,775 | 1,975,291 | 2,177,204 |
| 売買代金 |  |  |  |
| 　株式 | 3,082,916 | 889,449 | 1,209,406 |
| 　債券 | 6,989 | 218,018 | 4,433,577 |
| 株式売買代金回転率（％） | 56.4 | 23.1 | 219.5 |

(注)　ドイツの売買代金には、市場外取引を含む。
(典拠)　東京証券取引所『東証要覧』1997年、114ページ。

## 5　展　　望

　19世紀西部ドイツの鉄道企業と資本市場との関係は、特殊ドイツ的、特殊19世紀的、特殊ライン的な特徴にとどまらず、現代ドイツの証券市場への展望をも持ちうるものであると筆者は考える。

　表2-10を手掛かりに現代のニューヨーク、東京、フランクフルト、3市場の比較を試みる。時価総額でみるとフランクフルト市場では、債券取引シェアが株式のシェアを圧倒しているとから、投資家がリスク資産を選好しないことがわかる。

　また売買代金で株式対債券の比率を求めると、ニューヨーク500：1、東京4：1、フランクフルト1：4となり、上記の議論を裏付ける。またフランクフルトは株式売買代金回転率が異常に高いが、これは個人投資家主体の市場では考えられない現象だ。つまりインターバンク取引が活発で少数の株式間で資金が循環していると考えられる。こういったドイツ証券市場の構造は19世紀以来不変なのではあるまいか。

　表2-11は、ドイツの株式市場を一極集中的にとらえるには無理があることを示している。上場銘柄数、値付け銘柄数のいずれでみても、資本市場がかな

表2-11　ドイツの株式市場（1994年）

| 株式市場 | 値付け株総数 | 当該市場への上場銘柄数 |
|---|---|---|
| デュッセルドルフ | 423 | 147 |
| フランクフルト | 317 | 125 |
| ミュンヘン | 278 | 142 |
| シュトゥットガルト | 138 | 64 |
| ベルリン | 125 | 48 |
| ハンブルク | 103 | 42 |
| ハノーファー | 92 | 29 |
| ブレーメン | 48 | 20 |

（典拠）　拙稿「1980年代におけるドイツの株式市場」『跡見学園女子大学紀要』30。

り分散的であり、また各市場において値付け銘柄数と上場銘柄数で乖離がみられることから、各市場間で緩やかな関係が形成されていると考えられる。さらに値付け銘柄数では、デュッセルドルフがフランクフルトを上回っていることに注目されたい。前述した鉄道企業の分析においても、ライン・ヴェストファーレン地域ではリスク資産が市場に受け入れられていたことは興味深い。

確かに、研究史の示すように第2帝制期にドイツ資本市場がベルリンに集中する「現象」がみられるにせよ、それは必ずしも均衡状態への収斂ではなく、むしろ分散的モデルが均衡状態であり、収束は非経済的・一時的現象ではなかろうか[29]。

注
(1)　この構図では、ベルリンの大銀行による銀行グループの形成と産業支配の視角が当然のことながら強調される。例えば、大野英二『ドイツ金融資本成立史論』前掲。
(2)　Holtfrerich, C-L., Frankfurt as a Financial Centre, Muenchen, 1999. また山口博教「フランクフルト証券市場の生成過程と歴史特性」経営史学会第36回全国大会報告、2000年9月23日および同「中央資本市場としてのベルリン証券取引所──生成から崩壊への過程──(1)(2)(3)」『北星論集』32、33、34、1995～97年をも参照。
(3)　例えば、肥前栄一は「……『ライヒスバンク』とベルリン大銀行とが密接に結合してドイツ金融資本が成立してゆくのであるが、その中核的機能は、ユンカー的剰余価値のルール鉱山＝精錬業への投資の媒介におかれた」（肥前栄一『ドイツ経済政策史序説』前掲、40ページ）と指摘する。
(4)　山崎彰「プロイセン西部における鉄道株式会社の成立」前掲。

( 5 ) Statuten fuer die Rheinischen Eisenbahn-Gesellschaft. 山崎彰、前掲論文。
( 6 ) Staatarchiv Detmold, Akten des Verkehrsdezernats der Regierung Minden, M11D, Nr. 48.
( 7 ) 山崎彰、前掲論文、87-8ページ。
( 8 ) Statuten fuer die Koeln-Mindener Eisenbahn-Gesellschaft
( 9 ) 同鉄道の母体であるライン・ヴェストファーレン鉄道委員会の構成メンバーは、エルバーフェルト市長 von Carnap、バルメン市長 Wickhaus および Director Egen（エルバーフェルト）から成り、エルバーフェルト＝ドルトムント線建設について政府の援助を要請する請願を行った。その結果、資本金の1/4に政府が参加し残りの3/4につては4％の利子保証をするむねベルリンから回答があり、1844年に建設認可がおりた（BME EtW, S. 8-9）。
(10) 優先株といっても株主総会で投票権のあるもので、政府による配当保証という意味での優先株であった(Ebenda)。
(11) Ebenda, S. 13-14.
(12) Ebenda, S. 14-15; Protocolle ueber die stattgehabten General-Versammlung der Actionaire der Bergisch-Maerkischen Eisenbahngesellschaft = AVN IR 26 AC.
(13) BME EtW, S. 16.
(14) なお、株式配当率は1850年代半ばまで3％であったが、60年代半ばには9％に上昇している（Jbの各年度）。
(15) 同社は営業収支を基にした「収支余剰計算方式」による会計処理を行っている。初期鉄道企業の会計方法については、川端保至「ドイツ初期鉄道会社の会計実務と固定資産の取得原価評価」前掲を参照。
(16) Protocolle ueber die stattgehabten General-Versammlung der Bergisch-Maerkischen Eisenbahngesellschaft, a. a. O.
(17) Ebenda.
(18) Ebenda.
(19) Ebenda.
(20) Ebenda.
(21) Ebenda.
(22) Ebenda.
(23) Ebenda.
(24) Ebenda.
(25) BME株の額面は300マルクで、3株につき1票の投票権が与えられる（Statut fuer die Bergisch-Maerkischen Eisenbahn-Gesellschaft）。
(26) Jb, 1862f.
(27) 1836年に鉄道株が天井を打ち（山崎彰「プロイセン西部における鉄道株式会社

の成立」前掲)、また1860年代後半から株式市場はバブルの様相を呈し、72年に株価は天井を打った（石見徹『ドイツ恐慌史論』有斐閣、1985年、29ページ以降)。

(28) ベルリンの大銀行とライン地方の金融業者の関係については居城弘「ライン・ウェストファーレンの地方銀行の展開」静岡大学『法経研究』44-1、1995年、同「ドイツにおける株式信用銀行の生成過程」同誌、42-3/4、1994年生川栄治「ベルリン大銀行と利益共同体」近畿大学『商経論叢』39-1、1992年、同「ベルリン大銀行とライン・ウェストファーレン」同誌、39-2、1992年また大野英二『ドイツ金融資本成立史論』前掲、12-23ページ。

(29) この点でホルトフレーリヒの指摘するように、1866年から1945年の時期は、ベルリンが間奏曲（intermezzo）を奏でた時期といえよう（Holtfrerich, C-L., Frankfurt as a Financial Centre, a. a. O., S. 164f)。

## 第3章

## 西部ドイツの鉄道と商品流通
——商品流通市場(1)——

　本章では、ドイツ第二帝制期について、鉄道を媒介として商品流通がいかに展開されていたかを、ライン・ヴェストファーレン地域に着目して分析をすすめる。その際当該地域内の流通関係と、他地域と当該地域との流通関係のバランスに着目しつつ、論を展開し、帝制ドイツの市場構造の解明に一定の展望を示す。

### 1　問題の所在

　我が国のドイツ資本主義研究が、エルベ川を境界とする異質な経済、社会構造の相剋という視角のもとに、オストエルベの農業生産物とヴェストエルベの工業生産物の対応のうちに市場構造の構想が与えられてきたことは、すでに序章で指摘した。また、地帯構造論的視角から産業構造の展望が与えられ[1]、また商品流通の側面をも分析する企図がなされるとともに[2]、一地域内の社会的分業の展開が解明されてきた[3]。とはいえ、ドイツ内の「経済圏」相互間の商品流通を実証的かつ積極的に分析する試みはほとんどなされていない[4]。
　ライン・ヴェストファーレン地域の市場構造に焦点をあてて分析する本章において主として利用する資料は、ベルク・マルク鉄道（Bergisch-Maerkische Eisenbahn）の「営業報告書」「株主総会議事録」などの企業内資料であり、とくに1870年について輸送された貨物を品目別に分析し、これによってライン・ヴェストファーレンの商品流通のあり方を明らかにした[5]。その際、同鉄道の路線内での輸送——「域内輸送」（Binnenverkehr）——と、同鉄道以外の鉄道

がカバーする地域との間に行われた輸送——「同盟賃率輸送」(Verbandsverkehr)——の二つに分類し、後者をさらに同鉄道から他の鉄道に移出されたもの (Ausgangsverkehr) と他の鉄道から同鉄道路線内に移入されたもの (Eingangsverkehr) に分け、それによってライン・ヴェストファーレンの市場構造の分析に一つのデータを提供しようと考える。なお、ライン・ヴェストファーレン地域には同鉄道のほかに、ケルン・ミンデン鉄道 (Koeln-Mindener Eisenbahn)、ライン鉄道 (Rheinische Eisenbahn)、およびプロイセン国有のヴェストファーレン鉄道 (Westfaelische Eisenbahn) が存在していたが、このうち、ヴェストファーレン鉄道はルール炭田からクールヘッセンおよびテューリンゲンへの輸送を主として行うものであり、またライン鉄道はその路線の多くがライン左岸に限られていた。したがってこの二つの鉄道による輸送の範囲と規模はかなり限定されたものであり、さらに当初、東西プロイセンを結ぶ大動脈の一環としての意義を有していたケルン・ミンデン鉄道も、1867年以降、東西輸送の主力が「ブラウンシュヴァイク→ハノーファー→ミンデン」を経由するルートから「ブラウンシュヴァイク→ベルク」ルートへと移ると、その意義を低下させていたのであり[6]、ライン・ヴェストファーレン地域全体をほぼくまなくカバーし、最も稠密な鉄道網を有するベルク・マルク鉄道と対比するなら、上記3鉄道の意味は相対的にずっと小さいと考えられるので本章ではこれを対象外とした[7]。

## 2 ライン・ヴェストファーレンにおける鉄道建設

ライン・ヴェストファーレンにおける鉄道発達史上、その出発点となるのはルール炭坑とルール川を結ぶ馬車鉄道であった。1820年代末頃から建設されたこういった馬車鉄道の多くは、この地方の重要な商品である石炭の輸送と関わりがあったが、普通は距離も短く、むしろ「地域的」な経済的必要性に基づくものであって、未だ河川輸送の補完物にすぎなかった[8]。しかしこれに対して、ほぼ同じ頃議論されたライン河とヴェーザー河を結合させようとする鉄道計画

は「地域間」の経済的関係をつくり出そうとするものである。すなわちそれは、鉄道とヴェーザー河航行によってライン・ヴェストファーレンをブレーメン等のドイツの港へ連絡させ、オランダを経由しない輸送路を実現させようという計画であった[9]。だが、そのために計画されたライン・ヴェーザー鉄道株式会社 (Rhein-Weser-Eisenbahn-Actiengesellschaft) は結局資金調達に失敗し、やがて解散したのであるが、この計画自体はのちに、ケルン・ミンデン鉄道の建設に際してその原型となった、という意味で重要であった。1830年代初頭には、カンプハウゼンがケルンとアントワープを結ぶ路線の建設を提案したが、これはオランダによる仲介貿易独占を打破する意図をもっていた。1835年になってこの構想に基づいてライン鉄道会社 (Rheinische Eisenbahngesellshat) が設立され、翌年にはハンゼマンによってアーヘンを起点とする競合路線 (Preussisch-Rheinische Eisenbahngesellschaft) が立案されたのであるが、この二つの路線計画はのちのライン鉄道実現への大きな進歩となったのである[10]。いずれにせよ、この時期における長距離の鉄道建設計画に共通するのには、オランダを経由しない輸送を実現するという点にあった。

　しかし、この地方における鉄道網の形成上、主役を演じたのは何といっても、ライン鉄道、ケルン・ミンデン鉄道、ベルク・マルク鉄道の三大私有鉄道であった（以下、それぞれRE, KME, BMEと略記）。これらの3鉄道会社は、その後急速に成長しプロイセン政府によって国有化が行われる頃には、それぞれ1,000kmを越える路線を有するまでになるのであるが、なかでもこの地域に最も稠密な鉄道網を完成させたのが、BMEである（表3-1、地図3-1、地図3-2参照）。

　上記3鉄道のうち、REはケルンからアーヘンを経由してベルギーとの国境へ連絡するものであって、ここにライン・ヴェストファーレンとベルギー＝アントワープとの経済的関係が創り出されてくる。実際、REは創業当時から1842年に至るまでの時期にプロイセン政府からではなく、ベルギー政府から200万マルクの援助を受けるほどであった[11]。これと対照的なのが、東西プロイセンを結ぶ大動脈の一環として建設されたKMEである。事実、プロイセン

表 3-1　ライン・ヴェストファーレンにおける三大私有鉄道

|  | ライン鉄道 | ケルン・ミンデン鉄道 | ベルク・マルク鉄道 |
| --- | --- | --- | --- |
| 創業当時の幹線 | ケルン＝アーヘン | ドイツ＝ミンデン | エルバーフェルト＝ドルトムント |
| 創業当時の幹線の延長 (km) | 85.8 | 279.3 | 58.5 |
| 最初の区間開通年次 | 1839 | 1845 | 1847 |
| 保有蒸気機関車数 (1853年) | 23 | 78 | 16 |
| 同（1879年） | 507 | 619 | 794 |
| 総延長（1879年）km | 1,283 | 1,108 | 1,296 |
| 国有化年次 | 1880 | 1879 | 1882 |

(典拠)　AVN IR 79(1), Bl. 36.

政府は同鉄道に資本参加、株式の利子保証などの形で手厚い保護を与えていたのである[12]。ところが、KMEは、本来、ラインとベルリンを結ぶ連絡路の一環として重要な意味を与えられていたにもかかわらず、技術的な理由およびそれにともなう建設費用の問題から、エルバーフェルト、ハーゲンといった商工業都市を迂回して建設されることになった。BMEはまさにこうした前者によってカバーできなかったベルク・マルク地方の諸都市を連絡することを目的として建設されたのであった[13]。このような事情は、1869年の株主総会において議長のダニエル・フォン・デア・ハイトが同社の歴史を振り返りつつ行った次のような演説から知ることができる。

「わが社の創立者達はエバーフェルトからドルトムントに至るわが社の（路線の）認可を得るために大変な努力を払った。……当時、指導的な立場にあった政治家は、エルバーフェルト・ドルトムント鉄道を『ローカル線』（Localbahn）と呼び、こんなローカル線に利子保証する財源は政府にはない、政府の資金は『幹線』（Hauptbahn）にのみ用いられる、と述べたそうである」[14]。

のちにプロイセンの私有鉄道の中で総延長において第2位にまで成長したBMEは、設立当初に同時代人から「ローカル線」と称せられるほど、地域的

第3章　西部ドイツの鉄道と商品流通　77

図3-1　ベルク・マルク鉄道の路線

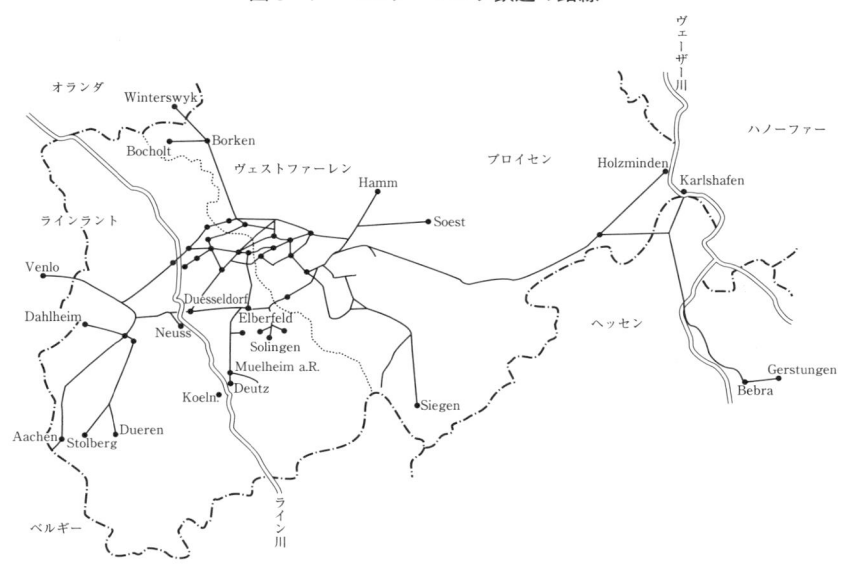

図3-2　ルール地域におけるベルク・マルク鉄道の路線

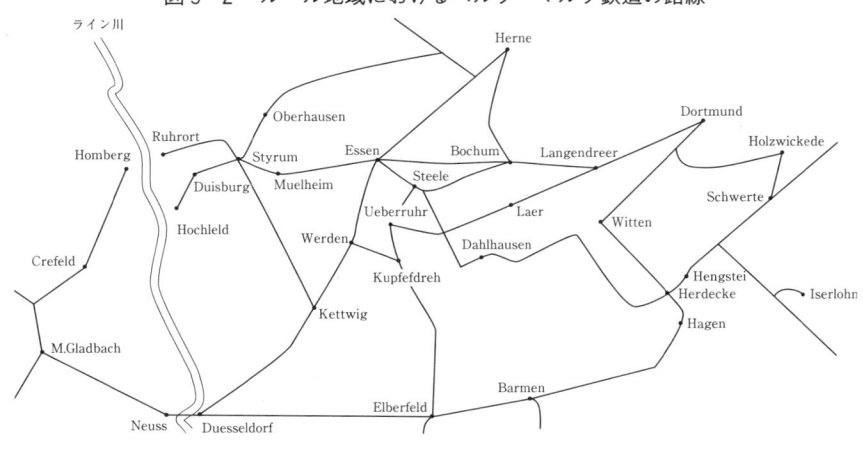

な経済圏と結びついており、これに対して、他地域との輸送は他の鉄道、とりわけ KME がこれを担当したのである(15)。だが、当時すでに、この鉄道の建設をめぐる議論の中に、単なる地域的経済関係への配慮ばかりでなく、それを越えた関係についての留意が示されていたことも事実であって、この点についてハイトはこう指摘している。

「なるほど境界標は上記2地点(すなわち、エルバーフェルトとドルトムント)にしか立てることが許されなかったが、会社に与えられた名前(すなわち、ベルク・マルク鉄道)は、エルバーフェルト＝ドルトムントという基本線を越えたものであった。(そのわけは、この鉄道の通過する地域における)国内随一の人口の稠密さ、国内の他のどこでも達成しえなかった産業の活発さと豊かさ、世界的に有名な外国との貿易関係、地下に眠っている財宝、とくに石炭を有している豊かな土地といった点が重視されていたからである」(16)。

ハイトはヴェストファーレン州長官フォン・フィンケ (Oberpraesident von Westphalen, Freiherr von Vincke) が1843年に大蔵大臣に宛てた書簡を援用して「少なくとも、エルバーフェルト＝ヴィッテン＝ドルトムント鉄道を特徴づけているのは、単なる地域目的ではなく重大な州レベルの目的である」と結論している(17)。同鉄道は、確かに建設当初は、エルバーフェルトを起点とし、バルメンを経由してシュヴェルム、ハーゲン、ヴィッテンに沿ってドルトムントに至るごく短い区間にすぎなかったが、しかしすでにエルバーフェルトにおいてデュッセルドルフ・エバーフェルト鉄道に、他方ドルトムントでケルン・ミンデン鉄道に連絡し、同地方とそれぞれの地方との商品流通を媒介する展望をもっていた(18)。

以上、ライン・ヴェストファーレン地方における鉄道の建設状況を概観したが、その後の発展との関連でみると BME の経済的意義はずば抜けて大きい。同鉄道はこういった地方的商品流通の媒介を果たしつつ、これを土台にやがてベルク・マルク地方を越えて成長し、ニーダーライン・ヴェストファーレンの工業地帯を縦横に走る路線網を完成させて、石炭、コークス、鉄鉱、木材など

重要な商品をこの地方の内部で流通させたばかりでなく、西へは、この地方とオランダ、ベルギーとの経済的結びつきを、他方、東へはヴェーザー、テューリンゲンへの路線を通じて東部諸地域との商品流通を促進し、またオーバーライン地方へも輸送路を確保することによって、クレフェルト、エルバーフェルト、バルメン、ボーフム等の工業製品の販路を開拓したのであった[19]。同鉄道の路線網の骨格は、ほぼ1870年頃までに完成したのであるが、こういった企業成長の背景には、1850年代以来、プロイセン政府の鉄道管理局のもとで国営私有鉄道として運営されていた[20]、という事実があったにしても、この地域の「産業革命」の急速な展開とそれを背景とする商品流通の深化・拡大がその前提とされるべきである。以下、BMEの経済史的意義に立ち入った分析を加えよう。

## 3 ベルク・マルク鉄道と貨物輸送

BMEが商品流通といかに密接に結びついていたかは、同鉄道の輸送収入において、旅客輸送収入に対して貨物輸送収入が圧倒的に優位を占めていたことから明白である。しかもこの傾向は、創業当時から国有化が行われた1880年代まで一貫して看取できる。例えば、1870年代に貨物輸送収入は、7,311,996ターラー（輸送収入全体の76.2％）であったのに対し、旅客収入は2,278,805ターラー（同23.8％）にすぎなかった[21]。ここで以下、この地方の対内・対外の市場連関を把握するために、同地方でとくに重要と思われる商品に注目し、それが同会社の貨物輸送に占める役割をみよう[22]。

同鉄道の輸送の著しい増加は表3-2～表3-4によって示されている。以下、この三つの表を手掛かりに議論をすすめる。

ここで確認できることは、次のような点である。
①貨物輸送の増加率は、1873年の不況に至るまで、一貫して年平均10％以上の高い値を示している。しかも、
②増加の割合は域内輸送よりも同盟輸送、すなわち他の地域との商品流通に

表3-2 ベルク・マルク鉄道における貨物輸送
(単位:トン)

| 年次 | | |
|---|---|---|
| 1849 | 101,186 | |
| 1850 | 171,232 | |
| 1851 | 222,751 | |
| 1852 | 271,619 | |
| 1853 | 344,808 | ドルトムント=ゾースト区間 |
| 1854 | 399,778 | (Dortmund-Soester E.) |
| 1855 | 509,074 | 86,002 |
| 1856 | 626,243 | 251,340 |
| 1857 | 1,022,731 | 306,924 |
| 1858 | 1,198,178 | 366,613 |
| 1859 | 1,802,253 | ← |
| 1860 | 2,045,109 | |
| 1861 | 2,051,532 | |
| 1862 | 2,587,187 | |
| 1863 | 2,280,410 | |
| 1864 | 3,975,764 | |
| 1865 | 4,904,943 | |
| 1866 | 5,949,566 | ヘッセン北部鉄道部門 |
| 1867 | 7,082,717 | (Hessische Nordb.) |
| 1868 | 7,448,600 | 638,275 |
| 1869 | 8,548,780 | 666,571 |
| 1870 | 8,763,530 | 697,370 |
| 1871 | 10,021,527 | 925,157 |
| 1872 | 12,259,170 | 886,069 |
| 1873 | 15,011,638 | ← |
| 1874 | 13,520,855 | |
| 1875 | 14,535,209 | |
| 1876 | 14,481,032 | |
| 1877 | 14,087,345 | |
| 1878 | 14,118,381 | |
| 1879 | 15,497,488 | |
| 1880 | 17,262,850 | |
| 1881 | 18,770,597 | |

(注) 1855年に開通したドルトムント=ゾースト区間(53.9km)については1858年まで、1868年に買収したヘッセン北部鉄道(114.9km)については1872年まで、独立して集計した。
(典拠) BME EtW, S. 18 und Jb. 1874-81.

おいて著しかった。このことは、ライン・ヴェストファーレンの経済圏内部における商品流通が増大すると同時に、それを上回る勢いでこの地域の経済と他の地域の経済が急速に結合しつつあること、BMEがこのような経済的結合の媒介者としての機能したことを、如実に表わしている。

③だが一方で、輸送の絶対額を比較すると、域内輸送が同盟輸送を恒常的に上回り、ドイツ帝国成立以降においてもこの傾向は変わらず、地域内の商品流通の重要性を裏付けている。

1869年には、多数の賃率同盟の採用によって、一方ではプロイセン東部鉄道、大ロシア鉄道、ニーダーシュレージエン鉄道との結びつきを通じて、東部ドイツさらには東ヨーロッパとの輸送が可能になり、

第3章　西部ドイツの鉄道と商品流通

表3-3　貨物輸送の内訳

(単位：トン)

| 年次 | 域内輸送 | 同盟輸送 | ドルトムント＝ゾースト区間 | |
|---|---|---|---|---|
| | | | 域内輸送 | 同盟輸送 |
| 1851 | 189,809 | 32,942 | | |
| 1852 | 225,427 | 46,192 | | |
| 1953 | 290,224 | 54,585 | | |
| 1854 | 349,338 | 50,440 | | |
| 1855 | 448,734 | 60,340 | 70,180 | 15,821 |
| 1856 | 550,311 | 75,933 | 192,844 | 58,496 |
| 1857 | 933,449 | 89,282 | 224,668 | 82,256 |
| 1858 | 1,044,871 | 153,307 | 260,248 | 106,364 |
| 1859 | 1,507,002 | 295,250 | | |
| 1860 | 1,728,160 | 316,948 | | |
| 1861 | 1,780,219 | 271,313 | | |
| 1862 | 2,268,767 | 318,420 | | |
| 1863 | 2,542,182 | 738,228 | | |
| 1864 | 3,052,383 | 923,380 | | |
| 1865 | 3,748,285 | 1,161,658 | ヘッセン北部鉄道部門 | |
| 1866 | 4,401,371 | 11,548,195 | 域内輸送 | 同盟輸送 |
| 1867 | 5,299,692 | 1,783,024 | | |
| 1868 | 5,543,934 | 1,904,665 | 53,228 | 585,048 |
| 1869 | 5,975,272 | 2,573,508 | 52,331 | 614,091 |
| 1870 | 6,051,350 | 2,712,179 | 57,863 | 639,508 |
| 1871 | 6,724,160 | 3,297,367 | 74,338 | 850,819 |
| 1872 | 8,290,241 | 3,958,929 | 98,376 | 787,693 |
| 1873 | 9,850,007 | 5,161,559 | | |
| 1874 | 8,653,145 | 4,867,710 | | |
| 1875 | 9,518,566 | 5,016,642 | | |
| 1876 | 9,094,239 | 5,386,793 | | |
| 1877 | 8,530,673 | 5,556,672 | | |
| 1878 | 8,891,245 | 6,227,135 | | |
| 1879 | 9,001,233 | 6,496,255 | | |

(注)　域内輸送とは、ベルク・マルク鉄道の路線内部における輸送を示し、同盟輸送とはベルク・マルク鉄道と他の鉄道との間に同盟賃率によって行われた輸送を指す。

(典拠)　BME EtW, S. 18 und Jb. 1874-79.

他方ではフランス北部鉄道、ベルギー大中央鉄道との連絡によって、国境を越えた西ヨーロッパへの輸送が実現した[23]。

　貨物輸送を媒介とする商品流通にとって、当該商品の生産を担う鉱山や工場への引込線はとくに重要であるが、1870年にそれは209線を数えていた。その

内訳をみると以下の通りである。

| 炭坑 | に接続するもの | 86線 |
| 圧延工場 | 〃 | 21〃 |
| 溶鉱炉 | 〃 | 11〃 |
| 貯炭場 | 〃 | 7〃 |
| コークス製造所 | 〃 | 7〃 |
| ガス工場 | 〃 | 5〃 |
| コークス高炉 | 〃 | 4〃 |
| 採石場 | 〃 | 4〃 |
| 製鉄所 | 〃 | 4〃 |

となっており[24]、鉄道はとりわけ石炭、コークス、銑鉄、鉄製品の流通にとって重要な役割を果たしていたことが分かる。

少し時代を下るが1880年の「営業報告書」は引込線に関していっそう詳しいデータを提供している[25]。ルール炭田地帯を縦横に走る BME の路線が炭坑と接続されていたことを、同報告書は示しており、特にルールオルト＝ドルトムント線は炭坑への引込線を36線有していた。工場への引込線では、アーヘン＝エルバーフェルト＝ホルツミンデン線において鉄製品を搬出するものが9線、鉄道車両を搬出するものが3線あることから、鉄加工業、車両生産との結びつきを知ることができる。なお、ルールオルト＝ドルトムント線には、石炭を搬入しコークスを搬出するコークス製造所へ連絡する引込線が9

表3-4 貨物輸送の増加率
(単位：％)

| 年　次 | 総貨物輸送 | 域内輸送 | 同盟輸送 |
|---|---|---|---|
| 1850/60 | 28.15 | 26.01 | |
| 1850/55 | 24.35 | 21.25 | |
| 1855/60 | 32.06 | 30.95 | 39.34 |
| 1860/70 | 15.66 | 13.35 | 23.95 |
| 1860/65 | 19.14 | 16.75 | 29.66 |
| 1865/70 | 12.23 | 10.05 | 18.48 |
| 1870/80 | 7.01 | | |
| 1870/75 | 10.65 | 9.48 | 13.09 |
| 1875/80 | 3.5 | | |
| 1870/73 | 19.65 | 17.63 | 23.92 |
| 1870/79 | 6.54 | 4.51 | 10.19 |
| 1875/79 | 1.62 | −1.41 | 6.67 |

(注) ここでは10年および5年単位に、貨物輸送の年平均増加率を複利曲線を用いて算出した。70/73年については73年恐慌との関係で、とくに別個に算出した。
(典拠) BME EtW und Jb. 各年次。

線存在したほか、各種の鉄加工業への接続もみられ、石炭、コークス、鉄鋼業など各部門間の商品流通を同線が媒介していたことを示している。シュテルム=ホッホフェルト線では、鉄製品のみ搬出する引込線だけでも9線あった。ルール炭田とジーガーラントを結ぶのはヘングスタイ=ジーゲン線（ルール・ジーク鉄道部門）であるが、ここでは鉄製品を搬出する圧延工場へ10線、銑鉄を搬出する高炉へ5線が連絡しており、石炭生産と鉄鉱生産の結びつきにとって、同線がいかに大きな意味をもっていたかが分かる[26]。

表3-5は、当該鉄道によって輸送された主要な貨物を域内輸送、移出、移入別に算出したものである。抽出した商品は、原則として輸送量の多いものであるが、工業原料として重要な原綿、工業製品として重要な繊維製品は意識的に加えられている。

輸送量の点で圧倒的に高い比率を占めていた商品は石炭である。その多くは

表3-5 主要貨物の商品別輸送状況（1870年）
[各項目、上段は輸送実額（トン）、下段は輸送種類別の比率（％）]

| | 域内輸送 | 移 入 | 移 出 |
|---|---:|---:|---:|
| 石炭 | 2,915,194 | 112,937 | 1,350,575 |
| | 66.41 | 2.57 | 30.76 |
| コークス | 186,208 | 5,046 | 114,696 |
| | 60.86 | 1.65 | 37.47 |
| 石油 | 3,008 | 6,433 | 193 |
| | 30.93 | 66.19 | 1.99 |
| 原綿 | 5,807 | 4,548 | 188 |
| | 54.97 | 43.06 | 1.78 |
| 綿糸 | 15,309 | 4,205 | 5,991 |
| | 59.74 | 16.41 | 23.38 |
| 綿・絹・羊毛製品 | 9,061 | 7,778 | 21,355 |
| | 23.12 | 19.8 | 54.53 |
| 穀物 | 61,693 | 113,948 | 14,307 |
| | 31.43 | 58.07 | 7.29 |
| じゃがいも | 21,727 | 37,058 | 606 |
| | 36.50 | 62.32 | 1.02 |
| 鉄鉱石 | 158,525 | 368,421 | 13,136 |
| | 29.26 | 68.01 | 2.42 |
| 黄鉄鉱 | 34,314 | 35 | 47,344 |
| | 42.01 | 0.04 | 57.93 |
| 銑鉄 | 255,365 | 126,808 | 39,148 |
| | 60.45 | 30.02 | 9.26 |
| 加工鉄 | 82,598 | 9,831 | 61,856 |
| | 53.10 | 6.32 | 39.79 |
| レール | 35,971 | 6,397 | 99,408 |
| | 24.88 | 4.39 | 68.79 |
| 鉄板 | 22,941 | 3,155 | 27,913 |
| | 42.29 | 5.82 | 51.52 |
| 鉄鋼製品 | 43,270 | 10,851 | 82,716 |
| | 49.74 | 11.72 | 38.43 |
| 機械・機械部品 | 10,716 | 5,594 | 4,855 |
| | 49.08 | 25.46 | 22.25 |
| 石材 | 467,277 | 39,774 | 102,830 |
| | 76.54 | 6.5 | 16.84 |
| 木材 | 104,181 | 87,544 | 11,335 |
| | 51.20 | 43.02 | 5.56 |

（典拠） Jb 1870より算出。

表 3-6　石炭、コークスの出荷駅・到着駅（1870年）

(単位：トン)

| 到着駅 | 到着量 | 出荷駅 | 出荷量 |
|---|---|---|---|
| Aachen M. | 180,060 | Kohlscheidt | 130,225 |
| M.-Gladbach | 74,012 | Herzogenrath | 119,230 |
| Duesseldorf | 60,997 | Kupferdreh | 136,780 |
| Hochdahl | 80,785 | Ueberruhr | 218,191 |
| Muehlheim a. d. Ruhr | 52,027 | Witten | 52,972 |
| Elberfeld | 107,552 | Hoerde | 67,147 |
| Barmen | 57,435 | Dahlhausen | 417,706 |
| Barmen-Ritterhausen | 65,949 | Steele | 253,787 |
| Lennep | 50,750 | Essen | 211,057 |
| Hagen | 175,269 | Muehlheim a. d. Ruhr | 235,691 |
| Witten | 89,516 | Oberhausen | 88,850 |
| Dortmunderfeld | 80,274 | | |
| Dortmund | 97,830 | | |
| Hoerde | 139,019 | | |
| Aplerbeck | 98,485 | | |
| Bochum | 102,541 | | |
| Steele | 61,220 | | |
| Duisburg | 86,872 | | |
| Duisberg Hafen | 197,320 | | |
| Ruhrort Hafen | 440,229 | | |
| Letmathe | 103,299 | | |
| Hardt | 58,279 | | |
| Siegen | 79,448 | | |

(典拠)　Jb 1870.

ヴルム鉱区産およびルール鉱区産で、1867年の「営業報告書」によれば、同鉄道で「輸送された石炭とコークスの総重量は……ルール鉱区およびヴルム鉱区の総搬出量の3分の1以上に相当した」のである。BMEで輸送される石炭とコークスが、炭坑から引込線で搬出されたことはすでに確認したが、そうした石炭とコークスはまず①ダールハウゼン、シュテーレ、ミュールハイム・アン・デア・ルール、ユーバールール等の駅に集められ、②そこからかなりの量がルールオルト港、デュースブルク港へ運ばれ、ライン河での輸送に向けられたほか、③アーヘン、ハーゲン、エルバーフェルトなどの消費地へ直接輸送された（表3-6参照）。ルールオルト港およびデュースブルク港へは、従来ルー

ル河を通じて石炭が運ばれていたのであるが、次第に鉄道に取って替えられた（表3-7参照）。シュテルムからルールオルトに至る支線を1867年に開通させたBMEは、この二つの港に運び込まれる石炭、コークスの50％以上を掌握するに至ったのである[27]。

次に表3-8によって石炭とコークスの輸送比率を域内輸送、移出、移入別に検討する。石炭については、1865年におよそ80％が域内輸送であったが、1868年以降この比率は低下し、逆に移出の比重が相対的に上昇を示した。かくて1870年代には一貫して30％内外が他の地域に向けて輸送されるに至る。こういった傾向はコークス輸送においていっそう明瞭にみら

表3-7 ルールオルト、デュースブルク両港における石炭・コークスの搬入に占める鉄道輸送の比率（％）

| 年次 | 鉄道全体 | ベルク・マルク鉄道 |
|---|---|---|
| 1859 | 39.24 | |
| 1860 | 40.30 | |
| 1861 | 47.55 | |
| 1862 | 53.16 | |
| 1863 | 62.21 | |
| 1864 | 59.74 | |
| 1865 | 73.87 | |
| 1866 | 71.93 | |
| 1867 | 76.45 | 8.15 |
| 1868 | 83.18 | 12.54 |
| 1869 | 82.86 | 18.40 |
| 1870 | 80.33 | 35.39 |
| 1871 | 82.61 | 33.94 |
| 1872 | 80.69 | 36.79 |
| 1873 | 82.51 | 43.76 |
| 1874 | 94.65 | 41.24 |
| 1875 | 94.26 | 55.68 |
| 1876 | 96.64 | 52.97 |
| 1877 | 96.19 | 53.75 |
| 1878 | 97.79 | 50.71 |
| 1879 | 98.44 | 52.64 |
| 1880 | 98.86 | 53.44 |
| 1881 | 99.40 | 53.96 |

（典拠）Jb 1867-81 und Wiel, Wirtschaftsgeschichte des Ruhrgebiets, Essen, 1970, S. 356-7より算出。

れる。例えば1865年には域内輸送がなお81％を占めていたのであるが、以後この比率は急激に低下し、79年には30％以下となって、その分だけ他の鉄道の路線への移出分が増大したことになる。このことは、

①同地方で生産された石炭は、まず何よりもライン・ヴェストファーレンの地域内で商品として流通し、そこで生産的に消費されていること。したがって、この地方の資本主義的発展、とくに蒸気機関の使用こそ、ルール石炭業の市場的基盤を創り出していることを示すとともに、

②1860年代以降、ドイツ帝国成立期にかけて、ルール石炭業は全ドイツ的市場と結びつきを強めていったこと、したがってドイツ国内の他の地域の石

表3-8 石炭、コークス輸送の内訳（1865〜79年）

(単位：%)

| 年次 | 石炭輸送 | | | コークス輸送 | | |
|---|---|---|---|---|---|---|
| | 域内輸送 | 移出 | 移入 | 域内輸送 | 移出 | 移入 |
| 1865 | 79.29 | 20.67 | 0.00 | 80.84 | 19.16 | 0.00 |
| 1867 | 72.51 | 23.58 | 3.78 | 69.44 | 29.86 | 0.70 |
| 1868 | 62.45 | 30.05 | 4.15 | 60.44 | 36.89 | 1.95 |
| 1869 | 65.87 | 30.98 | 3.03 | 68.05 | 30.08 | 1.58 |
| 1870 | 66.58 | 30.84 | 2.56 | 60.98 | 37.37 | 1.65 |
| 1871 | 65.54 | 31.32 | 4.12 | 55.77 | 42.86 | 1.26 |
| 1872 | 67.10 | 28.71 | 4.17 | 53.61 | 44.83 | 1.46 |
| 1873 | 62.62 | 31.15 | 6.20 | 42.96 | 55.76 | 1.24 |
| 1874 | 66.51 | 28.53 | 4.96 | 60.04 | 40.38 | 1.32 |
| 1875 | 70.75 | 26.68 | 2.55 | 43.79 | 54.46 | 1.59 |
| 1876 | 67.22 | 29.63 | 3.15 | 37.14 | 59.09 | 3.77 |
| 1877 | 64.04 | 32.00 | 3.94 | 34.48 | 61.20 | 4.20 |
| 1878 | 64.57 | 30.04 | 5.38 | 26.91 | 71.69 | 1.39 |
| 1879 | 63.79 | 29.50 | 6.71 | 27.14 | 71.08 | 1.67 |

(典拠) Jb 1865, 67-79より算出。

炭需要の増大＝製鉄業の発展を想起することができる。

再び表3-5に立ち戻ってその他の商品の輸送＝商品流通について考察する。産業革命の基軸的部門である綿工業について、その原料およびその製品をみると、原料＝綿花を外部に依存し、その製品はその多くが他の地方へ販売されていた。表3-5では、外国からデュッセルドルフ港に到着し、そこからBME路線内に輸送された原綿は域内輸送に計上されているため、移入が43％程度にすぎず、域内輸送がかなり高率となっているが、外国産の原綿がヴッパータール地域において加工され移出されていたことは周知の事実である[28]。なお、同鉄道の路線内には、原綿を工場に搬入する引込線がM.グラードバッハに一線（すなわち、A. G. fuer Weberei und Spinnerei zu M. Gladbachへの引込線）が存在していた[29]。

穀物流通についてみると、その58％が外部からこの地域に移入され、域内流通を大幅に上回っており、同様の傾向はじゃがいもについても観察できる。したがってライン・ヴェストファーレン地方は、食料に関しては多分に外部の農

業に依存している可能性が高く、この地方の工業生産と他の地方の農業生産との結びつきを展望できる。

黄鉄鉱を搬出するための引込線はルール＝ジーク鉄道部門内に一線存在していた。これは Schwefelkiesgrube der Gewerkschaft Sicilia zu Meggen への引込線で、1869年に建設され[30]、外部への移出の比率がかなり高く（58％）、その市場的基盤は同地方の内部にあるとはいえ、すでにドイツの他の地方との市場的関係を創り出す上で、大きな役割を果たしつつあったといえよう。

鉄鉱石の輸送が、年々大きな増加を示したことは、表3－9より確認できる。1870年にすでに50万トンを越えた鉄鉱石の輸送は、80年に至る10年間にさらに倍増したのである。鉄鉱石を搬出している鉱山への引込線は、アーヘン＝エルバーフェルト＝ホルツミンデン線沿いに3箇所存在していたのであるが[31]、それにしても鉄鉱石産地であるジーガーラントに至る路線を有している同鉄道が、ルール・ジーク鉄道部門沿いに鉄鉱石を輸送する引込線を持たず、68％もの鉄鉱石を外部から移入しているのは一見奇妙な印象を与えるが、それは一つにはジーガーラント内部において銑鉄、あるいは各種の鉄製品に加工されていたためであり、――事実、ルール・ジーク鉄道部門沿いに、鉄加工業への引込線が多数存在していた――また、次に明らかとなるように、ジーガーラント産の鉄鉱石は、この地域のジーゲン以南に路線をもつ KME からの移入という形で統計にあらわれているからである。

銑鉄の流通形態をみると、その60％がこの地域の内部で流通していることが分かる。さらにまた移入が30％であることもあわせて検討すると、この地域の

表3－9　鉄鉱石の輸送（1863~81年）

(単位：トン)

| 年次 | |
|---|---|
| 1863 | 175,681 |
| 1864 | 232,460 |
| 1865 | 343,894 |
| 1866 | 316,307 |
| 1867 | 377,813 |
| 1868 | 445,121 |
| 1869 | 593,359 |
| 1870 | 541,681 |
| 1871 | 631,314 |
| 1872 | 711,963 |
| 1873 | 682,246 |
| 1874 | 618,872 |
| 1875 | 588,662 |
| 1876 | 766,266 |
| 1877 | 817,715 |
| 1878 | 784,390 |
| 1879 | 757,387 |
| 1880 | 1,002,099 |
| 1881 | 1,058,553 |

(典拠)　Jb 1874-81 und BME EtW, S.16.

銑鉄生産が何よりも地域内部の生産的消費を基盤としていたばかりでなく、さらにそれすらこの地域の需要に応じきれず、不足分を外部から移入していたのである。これに対して鋼製品は、一般に加工度の高いものほど域外の市場と結びついており、その移出比率が高くなる。例えば、レールは、10万トン近くが他の地域に販路を見いだしたが、これは、各地の鉄道建設によって引き起こされたレール需要と結びついていたものと思われる。

　石材を搬出している引込線は、アーヘン＝エルバーフェルト＝ホルツミンデン線のアルンスベルク駅およびフィンネントロープ＝オルペ線のグックスハーゲン駅に接続するものが主要なものであったが[32]、それらの石材の大半は域内で消費されていた。建設用木材は、半数以上が域内流通であるが、移入も43％を占めていたことから同地域において活発な建設投資がなされていたことが想像できる。

## 4　貨物輸送と市場連関

　次に、こういったライン・ヴェストファーレンと他の地域との市場連関をより具体的に考察する。表3-10から表3-15は貨物の移出入を賃率同盟別に集計し、地域間の流通構造を明らかにするものである。以下、順を追って検討しよう[33]。

### 4．1　近接地域との市場連関

　「ライン＝ベルク＝ヴェストファーレン同盟」および「ケルン＝ミンデン石炭輸送」（表3-10）は、BMEとKME相互に行われた、主としてライン・ヴェストファーレン地域内の輸送＝商品流通を示すものであり、したがって相互にほぼ同じ種類の商品が移動している。この二つの鉄道が石炭、鉄鋼製品、機械の生産地、つまりこの地方の生産手段部門と結びついていたのは言うまでもない。しかしながら、特徴的であるのは、

①コークス、黄鉄鉱、レール、石材など生産手段の重要なものがBMEから

KMEへ、

②穀物、じゃがいもなどの食料、石油、鉄鉱石など原料が後者から前者へ運ばれていること

から、ここにこの地方内部の社会的分業状況が反映されている。「営業報告書」は、両鉄道が交差するどの駅から貨物が移出入されているか、をも明らかにしているので、以下この点に立ち入って考察する。石炭はルールオルト駅から当該鉄道の路線内に移入され[34]、またジーゲン、ハム、

表3-10　「ライン=ヴェストファーレン同盟」および「ケルン=ミンデン石炭輸送」による貨物輸送（1870年）

(単位：トン)

| | 移　入 | 移　出 |
|---|---:|---:|
| 石炭 | 54,999 | 73,139 |
| コークス | 303 | 16,555 |
| 石油 | 756 | 15 |
| 穀物 | 7,322 | 558 |
| じゃがいも | 7,068 | 117 |
| 鉄鉱石 | 253,129 | 2,103 |
| 黄鉄鉱 | | 3,683 |
| 銑鉄 | 46,930 | 13,901 |
| 加工鉄 | 1,708 | 6,053 |
| 鉄板 | 598 | 1,840 |
| レール | 530 | 10,693 |
| 鉄鋼製品 | 5,290 | 12,235 |
| 鋳鉄製品 | 954 | 1,314 |
| 機械および機械部品 | 1,652 | 1,217 |
| 石材 | 11,741 | 97,341 |
| 木材 | 20,128 | 4,047 |

(典拠)　Jb 1870より算出。以下同様。

ミュールハイム・アム・ライン、デュースブルクから搬出されていた。とりわけジーゲンから移出されている値が大きい（4万トン以上）ことから、ジーガーラント南部に路線を有するKMEの路線内で、最終的に銑鉄生産に供せられていたと考えられる。コークスが移出された駅も、ほぼ石炭と同じような傾向を示しており、ルール炭およびそれを原料としたコークスがジーガーラントの鉄鉱石と結合されるその媒介を、BMEのヘングスタイ=ジーゲン線が果たしていたといえよう。石油の移入は、ミュールハイム・アム・ライン経由のものであるが、のちに述べるように、ベルギー方面から移入されているものの方がはるかに大きかった。

穀物はミュールハイム・アム・ライン経由で4,869トン、ドルトムントから1,635トン、ジーゲンから743トン移入されていたが、とりわけラインの穀倉地帯である左岸地域に隣接するケルン[35]からミュールハイム経由で運び込まれたものが圧倒的に多い。鉄鉱石はジーゲン経由で16万9,000トン、ミュールハ

表3-11 「ヴェストファーレン同盟」による貨物輸送（1870年）

(単位：トン)

|  | 移 入 | 移 出 |
|---|---|---|
| 石炭 |  | 159,701 |
| コークス |  | 8,715 |
| 穀物 | 6,392 | 51 |
| 黄鉄鉱 |  | 4,070 |
| 銑鉄 | 8,480 | 896 |
| 加工鉄 | 450 | 3,466 |
| 鉄板 |  | 744 |
| レール | 14 | 7,131 |
| 鉄鋼製品 | 494 | 2,532 |
| 鋳鉄製品 | 461 | 190 |
| 機械および機械部品 | 9 | 343 |
| 石材 | 227 | 797 |
| 木材 | 27,340 | 293 |

イム経由で8万4,000トン移入されていたが、いずれの場合もジーガーラント産と推察できる[36]。また、ジーガーラント産の銑鉄もジーゲン経由で4万トンあまり移入されていたのである。その他の商品の移出入駅をみると、石材がデュッセルドルフ経由で2万トンあまり、ジーゲン経由で3万トン弱移出されていた。

### 4.2 北海岸地方との市場連関

「ヴェストファーレン同盟」（表3-11）はハムを経由し、ケルン・ミンデン、ヴェストファーレン、ハノーファー、オルデンブルクの各鉄道を通じて北海岸方面と経済的関係を展開するものであるが、その内容はライン・ヴェストファーレン＝〈石炭、コークス、黄鉄鉱、各種鉄および鋼製品、機械の生産〉、北海地方＝〈穀物、銑鉄、木材の生産〉という分業関係を背景としていた。

### 4.3 中部ドイツおよびオーストリー・ハンガリーとの市場連関

「ライン＝テューリンゲン同盟」「ライン・テューリンゲン＝ザクセン同盟」「ライン＝テューリンゲン＝オーストリー同盟」による輸送（表3-12）は、「営業報告書」において一項目に集計されているが、それぞれ、ライン・ヴェストファーレンと各地方との市場的関係を表示している。これら三つの賃率同盟にはヴェストファーレン、ヘッセン北部、ベブラ・ハナウ、テューリンゲン、ヴェッラの各鉄道、さらにライプツィヒ・ドレスデン、ザクセンの各鉄道およびフェルディナンド北部、オーストリー国有の各鉄道が加盟していたため、輸

表 3-12 「ライン=テューリンゲン同盟」「ライン=テューリンゲン=ザクセン同盟」「ライン=テューリンゲン=オーストリー同盟」による貨物輸送（1870年）

(単位：トン)

|  | 移 出 | 移 入 |
|---|---|---|
| 石炭 |  | 232,461 |
| コークス |  | 12,185 |
| 穀物 | 49,382 | 155 |
| じゃがいも | 7,131 | 5 |
| 鉄鉱石 | 21,321 |  |
| 黄鉄鉱 | 20 | 1,561 |
| 銑鉄 | 5,060 | 8,714 |
| 加工鉄 | 211 | 14,661 |
| 鉄板 | 21 | 9,566 |
| レール | 561 | 40,611 |
| 鉄鋼製品 | 1,213 | 19,861 |
| 鋳鉄製品 | 26 | 4,311 |
| 機械および機械部品 | 564 | 1,136 |
| 石材 | 1,911 | 236 |
| 木材 | 10,170 | 161 |

送範囲は中部ドイツを中心にしながらもオーストリーをも含めた広範なものであった。この三つの同盟を通じて示される商品流通関係の特徴は、

　①とりわけライン地方から大量の石炭、それにコークス、黄鉄鉱、各種鉄鋼製品が移出され、

　②逆に大量の穀物と並んでじゃがいも、鉄鉱石、建設用資材が移入されていた

点にある。1872年の「営業報告書」が「前年（1871年）、西ヨーロッパが豊作となりまた同時にハンガリーが凶作であったため、ここ数年来ライン=テューリンゲンルートを経由して定期的に輸送されてきたオーストリーからの穀物列車が完全にストップしてしまった」[37]と伝えていることから分かるように、ライン・ヴェストファーレンとオーストリーなど遠隔地の穀物生産との市場連関をみることができる。

表3-13 「プロイセン=ブラウンシュヴァイク同盟」による貨物輸送(1870年)

(単位:トン)

| | 移 入 | 移 出 |
|---|---|---|
| 石炭 | | 150,260 |
| コークス | | 35,655 |
| 穀物 | 25,226 | |
| じゃがいも | 11,000 | |
| 黄鉄鉱 | | 18,508 |
| 銑鉄 | 16,068 | 3,191 |
| 加工鉄 | 2,410 | 14,118 |
| 鉄板 | 15 | 9,499 |
| レール | 2,271 | 29,038 |
| 鉄鋼製品 | 1,060 | 19,649 |
| 鋳鉄製品 | 219 | 2,471 |
| 機械および機械部品 | 1,745 | 794 |
| 石材 | 1,248 | 1,868 |
| 木材 | 1,228 | 2,105 |

## 4.4 東部ドイツとの市場連関

「プロイセン=ブラウンシュヴァイク同盟」(表3-13)は、プロイセンの東部と西部を連絡する重要な輸送体系であり、両地域の商品流通を通じて形成される結合関係を知ることができる。それは、ゾーストを経由してヴェストファーレン、ブラウンシュヴァイク、マグデブルク・ハルバーシュタット、ベルリン・ポツダム・マグデブルク、ベルリン・シュテッティンの各鉄道を通じ、ベルリンおよびその後背地とライン・ヴェストファーレンを結んでおり、このルートによる輸送を通じて分かることは、ライン地方の石炭、コークス、黄鉄鉱、鉄および鋼製品が東部に市場を見いだし、逆に東部の穀物、じゃがいも、銑鉄がこの地方に市場を見いだすという関係である。

以上四つの市場連関は量的にきわめて重要な地位を占めており、ここからBMEによって媒介されるライン・ヴェストファーレン地域の商品流通が、これらの同盟によって結ばれる地域——ジーガーラント、北海地方、中部ドイツおよびオーストリー、東部ドイツ等——と密接な市場関係を構成していたと考えられる。これに対して、この地方とハノーファー・バルト海地方およびヘッセン南部との市場関係は、その地理的近さにもかかわらず、相対的に二義的なものとなろう。

## 4.5 バルト海地方との市場連関

「ベルク=ハノーファー同盟」(表3-14)においては「ヴェストファーレン

第3章　西部ドイツの鉄道と商品流通　93

同盟」同様にハム経由の輸送が行われたが、加盟鉄道企業が、ケルン・ミンデン、ハノーファー、オルデンブルク、リューベック・ビュッヒェン、ベルリン・ハンブルク、アルトナ・キール、メクレンブルクの各鉄道であることから分かるように、バルト海地域との商品流通関係が中心をなしていた。そこでは、ライン地方の石炭、コークス、黄鉄鉱、鉄製品がこの地方に市場を見いだし、逆に穀物、銑鉄、原綿がライン地方に市場を見いだしていたのである。

### 4.6 ヘッセン南部との市場連関

「ヘッセン＝ライン＝ヴェストファーレン同盟」（表3-15）に加盟している鉄道企業は、ケルン・ミンデン、ヴェストファーレン、マイン・ヴェーザーの各鉄道である。

表3-14 「ベルク＝ハノーファー同盟」による貨物輸送（1870年）

（単位：トン）

|  | 移　入 | 移　出 |
|---|---|---|
| 石炭 |  | 69,830 |
| コークス |  | 1,423 |
| 原綿 | 251 |  |
| 穀物 | 2,514 | 64 |
| 黄鉄鉱 |  | 3,530 |
| 銑鉄 | 15,649 | 658 |
| 加工鉄 | 220 | 7,411 |
| 鉄板 |  | 408 |
| レール | 118 | 2,285 |
| 鉄鋼製品 | 605 | 10,009 |
| 木材 | 1,096 | 1,227 |

表3-15 「ヘッセン＝ライン＝ヴェストファーレン同盟」による貨物輸送（1870年）

（単位：トン）

|  | 移　入 | 移　出 |
|---|---|---|
| 石炭 |  | 98,131 |
| 穀物 | 217 |  |
| じゃがいも | 125 |  |
| 鉄鉱石 | 121 | 21 |
| 黄鉄鉱 |  | 1,575 |
| 銑鉄 | 5,007 | 931 |
| 加工鉄 | 15 | 3,580 |
| 鉄板 | 5 | 1,819 |
| レール |  | 358 |
| 鉄鋼製品 | 99 | 4,668 |
| 鋳鉄製品 | 5 | 514 |
| 石材 | 388 | 2 |
| 木材 | 286 |  |

この賃率同盟によってミュールハイム・アム・ラインにおいてKMEに連絡し、さらにギーセンにおいてマイン・ヴェーザー鉄道へと連絡することによって、ヘッセン南部との流通が創り出されていた。そこから示される市場連関は、ライン地方の石炭、黄鉄鉱、鉄製品がこの地方に移出され、逆に、この地方の銑

鉄が移入されていたことである。

このほかに重要な賃率同盟として「大中央およびリュティヒ＝マーストリヒト同盟」（Grand Central- und Luettich-Mastricht Verband）があった。たとえば、1870年に BME 内に輸送された石油、6,432トンの内、5070トンがこの賃率同盟によってベルギー方面から大中央鉄道およびリュティヒ・マーストリヒト鉄道によってアーヘン経由で移入されていたほか、原綿228トンがこのルートを通じてルールオルト経由で輸送されていたのである[38]。さらに1871年および1872年の「営業報告書」によると、かなり大量の銑鉄が同同盟によりアーヘン経由で移入されていたほか、フェンロおよびオーバーハウゼン経由でオランダから——すなわち「オランダ同盟」（Hollaendischer Verband）および「ニーダーラント＝ライン同盟」（Niederlaendisch-Reinischer Verband）を通じて——も、移入されるに至ったが、こういった傾向は1870年の「営業報告書」には、まだ記されていない[39]。

## 5　小　　括

同盟賃率による貨物輸送のうちで、量的に卓越した地位を占めていたのは「ライン＝ベルク＝ヴェストファーレン同盟」「ヴェストファーレン同盟」「ライン＝テューリンゲン（＝ザクセン）（＝オーストリー）同盟」「プロイセン＝ブラウンシュヴァイク同盟」であるが、このうち「ライン＝ベルク＝ヴェストファーレン同盟」による輸送は、ライン・ヴェストファーレン内部の流通関係と考えてよい。したがって、これを本来の域内輸送に加えれば、ドイツ帝国成立期においてもライン・ヴェストファーレン内部における商品流通が（他の地域との流通と比較して）かなりの程度の大きさを持っていたことが分かる。

それにもかかわらず、いくつかの重要な商品の流通を通じて、当該地域は他の地方と市場的関係を創り出していた。とくに同地域と他の地方との商品流通は、60年代から70年代にかけて形成された多数の賃率同盟を媒介として急速に展開されたのである。とりわけ北海岸地域、中部ドイツ地域、ベルリンおよび

その後背地との経済的結びつきは特筆に値する。しかもここで注目すべきは、ライン・ヴェストファーレンが他の地域との経済的結びつきを形成する際、決して特定地域との単一的な結びつきを創るのではなく、ドイツの各地とかなり多角的な市場的関係を取り結んでいた、ということである。

とくにライン地方の石炭とコークスの販路は、もっとも広範でバルト海および北海岸地方、ベルリン方面、中部ドイツ地方、オーバーラインおよびジーガーラントなど各地に市場を見いだし、また黄鉄鉱もほぼ同様の傾向を示していた。とりわけコークスは、その販路を外部に依存する傾向が70年代にますます強まっていたのである。

銑鉄輸送においては、当該地域内の商品流通がかなり大きな比重を占めていたほか、隣接地域であるジーガーラントからの移入分が相当あり、なお不足分がバルト海地方、ベルリン地域から移入されていたのであるが、それらは各種の鉄および鋼製品に加工されたのち、ドイツ内の各地に移出されていた。鉄製品のうちでは、移出比率が高かったのはレールであるが、その販路はベルリン地域および中部ドイツ地域に求められ、それらの地域の鉄道建設に寄与したものと考えられる。

穀物の調達先は、ライン左岸地域、北海地方およびバルト海地方に求められたが、圧倒的多数が「ライン＝テューリンゲン」ルートを通じてオーストリー・ハンガリー地域から、あるいは「プロイセン＝ブラウンシュヴァイク」ルートを通じてオストエルベ地域より移入されていた。けれどもライン左岸地域における穀物自給率の高さを念頭において推論すると、ライン・ヴェストファーレン全体としてどの程度外部に穀物の調達を仰いでいたか、という問題は簡単に確定することはできない[40]。とはいえ、少なくともライン右岸からヴェストファーレンに至る地域においては、穀物の移入先をかなり遠隔地に求めていたことは事実である。

以上の考察から、ライン・ヴェストファーレンの経済構造は、一般に次のように要約することができるであろう。工業原料の一つである石炭を内部に有し、またそのパートナーである鉄鉱石を隣接したジーガーラントに求め、この二つ

の原料を基軸に鉄加工業を発展させていた。他方、手近に調達しえない工業原料である原綿、および地域内で完全には調達しきれない銑鉄を外部に仰ぎつつ、工業製品である繊維製品および鉄製品を移出していた。建設資材のうち石材は内部で調達しえたが、木材は外部にかなり依存していた。こうした市場関係は近接地域からオストプロイセン、中部ドイツ、オーストリーにも広がりをみせていたのである[41]。

以上の分析は、ライン・ヴェストファーレンの市場構造とその商品流通の全体像を把握するにはなお限界がある。

まず第一に、鉄道以外の輸送手段を考慮していないという点である。この時期にはすでに、ルール河のような輸送能力の小さい河川による輸送および道路輸送が、鉄道の発展にともなって駆逐されたことは容易に想像しうることであるが、ライン河を通じて輸送されているもの——したがってオーバーライン地域およびオランダ方面との商品流通——には無視しえないものがあるかもしれない。

第二に、当該地域の他の二大鉄道、すなわち RE および KME による輸送分についてである。KME によるミンデン経由東部プロイセンへの輸送分は、すでにベルク＝マルクルートへと移行がなされていたため、この時期にはそれほど重要ではなくなっていた。また、オズナリュック→ブレーメン→ハンブルクに至るルートは、70年代前半にようやく KME の手中に収められたのであるから、少なくともこの時期に関しては考慮に値しない。こうしてみると、この分析に欠落している最も重要な点は、RE の手中にあるライン左岸地方の商品流通ということになろう[42]。

以上の点を考慮に入れるなら、本章の分析は BME を媒介とする商品流通の分析に限定したものであるが、ライン・ヴェストファーレンがドイツ国内市場全体においていかなる位置を占めたのか、という問題に応えるものであり、また、ライン左岸地域と隣接しているオランダ、ベルギーとの関係を別とすれば、当該地域の商品流通、とりわけドイツ国内の他地域との間に行われたそれに関して、十分普遍性を持ちうると考える。

第 3 章　西部ドイツの鉄道と商品流通　97

注
（ 1 ）　渡辺尚「『ドイツ』資本主義と地帯構造」前掲。
（ 2 ）　同「『M. Gladbach 商業会議所年次報告』分析（1838-1861)」『土地制度史学』47号、1970年。
（ 3 ）　同「産業革命期ライン・ヴェストファーレンにおける社会的分業の展開」『土地制度史学』51号、1971年。
（ 4 ）　とはいえ、ドイツ内の「経済圏」という用語自体にも検討の余地があることは言うまでもない。「ドイツ」という政治的国境をどの時点を基準とすべきか、また政治的国境で経済圏が分断されているとアプリオリに考えてよいのか、そもそもドイツ内に「経済圏」をいくつか想定できるのか、それが可能であるとしてもどこで「経済圏」の線引きをすべきかといった問題が残る。本書の以下の記述において、以上の点を十分に念頭に置きながら、論証をすすめる。ヨーロッパと地域の問題については、渡辺尚編著『ヨーロッパの発見――地域史のなかの国境と市場――』有斐閣、2000年を参照。
（ 5 ）　ここで利用した資料は、以下の通りである。Akten im Verkehrsmuseum in Nuernberg (Abk. AVN) IRb 20; Protokoll-Auszug zur General-Versammlung der Actionaire der Bergisch-Maerkischen Eisenbahn-Gesellschaft; AVN IR 79(1): Deustche Bundesbahn, Geschichte ueber Entwicklung der Eisenbahnen, Teil I, Bl. 30f; Jahres-Bericht ueber die Verwaltung der Bergisch-Maerkischen Eisenbahn-Gesellschaft fuer das Jahr 1865, 67-81 (Abk. Jb 18..); Statut nebst Nachtraegen fuer die Bergisch-Maerkische Eisenbahn-Gesellschaft = AVN IE 37A (Abk. STATUT); Das Bergisch-Maerkische Eisenbahn-Unternehmen in seiner Entwicklung waehrend der ersten 25 Jahre des Betriebes, Elberfeld, 1874 (Abk. BME EtW); Hundert Jahre Eisenbahndirektion Wuppertal 1850-1950, 1950 (Abk. HJ EW).
（ 6 ）　Ordentliche General-Verammlung vom 28. Juni 1862, in: BME EtW, S. 109f; Mayer, A., Geschichte und Geographie der deutschen Eisenbahnen, a. a. O., S. 236.
（ 7 ）　Kobschaetzky, H., Streckenatlas der deutschen Eisenbahnen 1235-92, Duesseldorf, 1971, 参照。ベルク・マルク鉄道がカバーしているライン・ヴェストファーレン地域と他の鉄道がカバーする地域との輸送は、プロイセン内部に統一的な賃率体系が存在していなかったために、個別の「同盟賃率」によって輸送されており、このことがかえって輸送先別の統計を知るうえで大きなメリットになっていた。ベルク・マルク鉄道の「営業報告書」に見られる同盟賃率別かつ輸送品目別の統計は1865年、67年、69～72年について見ることができるが、これらの統計を見ると1870年になってようやく多数の賃率同盟が出揃い、ドイツ国内で鉄道を媒介とした商品流通が本格的に展開されていることがわかる。すなわち、1865

年にベルク・マルク鉄道が加盟していた賃率同盟は、ライン=テューリンゲン、ヴェストファーレン、マイン=ヴェーザー、ラインという名称の近隣鉄道との間に結ばれた四つの同盟のほかに、ベルリンとヴェストファーレンを結ぶプロイセン=ブラウンシュヴァイク同盟が存在するにすぎなかったものが、1870年に至ると急増し、同鉄道は40の同盟に加盟し、ドイツ国内のみならず、オーストリー、フランス、ベルギーとの輸送も行われるに至ったのである。

(8) Steiz, a. a. O., S. 103f. 石炭輸送のための狭軌の馬車鉄道に始まり、1847年に蒸気機関車運転を開始したプリンツ・ヴィルヘルム鉄道 (Prinz-Wilhelm Eisenbahn) は、ヴッパータールとルール地域を結ぶ最初のニーダーベルクの鉄道であった。この路線はのちに、ベルク・マルク鉄道に併合された (Kocks, W., Verhaltensweise und geistige Einstellung niederbergischer Unternehmer der frueindustriellen Zeit, Koeln, 1956, S. 8)。

(9) Steiz, a. a. O., S. 116-7. こういった論点はすでに1825年のハーコルトの「鉄道」と題する論文に見られる (Harkort, F., Eisenbahnen, in: Hermann, Nr. 26, 30. 3. 1825)。

(10) Brief L. Camphausen an Otto Camphausen von 12. 11. 1831, Staatarchiv Koeln, Abt. 1023, L. 21, Bl. 161; Camphausen, L., Zur Eisenbahn von Koeln nach Antwerpen, Koeln, 1833/35; Kumpmann, K., Die Entstehung der Rheinuschen-Eisenbahngesellschaft 1830-44, Essen, 1910; van Eyll, K., David Hansemann und die Fruehzeit der rheinischen Eisenbahn, in: Mitteilung der Industrie- und Handelskammer zu Koeln, 19Jg., 1964; dies., Camphausen und Hansemann, in: Tradition, 11, 1966, S. 223.

(11) Encyklopaedie des gesamten Eisenbahnwesens, Wien, 1874, S. 2787; Fremdling, a. a. O., S. 126.

(12) Statuten, Konzessionen und Privilegien der Koeln-Mindener Eisenbahngesellschaft, Koeln, 1856; Wortmann, a. a. O., S. 45.

(13) Vortrag des Vorsitzenden Regierungsrath Ostermann, zur ausserordentlichen General-Versammlung der Bergisch-Maerkischen Eisenbahn vom 5. Januar, 1856, in: BME EtW, S. 27.

(14) Vortrag des Vorsitzenden der Gesellschafts-Deputation, Geheimer Commerzienrath, Daniel von der Heydt in der General-Versammlung der Actionaere der Bergisch-Maerkischen Eisenbahn-Gesellschaft, Elberfeld, d. 30. Juni 1869, AVN IRb.

(15) 1856年においてもなお、BMEは「ケルン・ミンデン鉄道の支線にすぎない」と株主総会の議事録は伝えている (Protocoll der General-Versammlung vom 5. Januar 1856, in BME EtW, S. 27)。

(16) Vortrag von v. d. Heydt, Ebenda.

第3章　西部ドイツの鉄道と商品流通　99

(17) Ebenda.
(18) そうであるからこそ、プロイセン政府は結局資本金400万ターラーの1/4に参加したのみならず、政府の持ち株に対する配当の受け取りを暫定的に留保するという優遇措置を行ったのである（Concessions- und Bestaetigungs-Urkunde fuer die Bergisch-Maerkische Eisenbahn-Gesellschaft, in STATUT, S. 1; Statut fuer die Bergisch-Maerkische Eisenbahn-Gesellschaft, in STATUT, S. 3f）。国家による株式への参加は「邦全体の利害にとって、当該鉄道が重要であることを考慮して」実施されたのであった（Concession- und Bestaetigungs-Urkunde, Ebenda, S. 2）。
(19) Encyklopaedie des gesamten Eisenbahnwesens, Ebenda, S. 456.
(20) Vorwerk, W., Zum ersten Jahrhundert der Eisenbahndirektion Wuppertal, in HJ EW, o.S. また、本書、第1章をも参照。
(21) また、同年に輸送された旅客8,905,014人のうち8,597,442人、すなわち97％までが域内輸送である。同盟輸送のうちでは

|  |  |
|---|---|
| 「ベルク＝マルク＝ヴェストファーレン同盟」 | 35,119人 |
| 「プロイセン＝ブラウンシュヴァイク同盟」 | 20,653人 |
| ケルン・ミンデン鉄道との輸送 | 68,604人 |
| 「ライン同盟」（ノイス、クレフェルト、アーヘン経由） | 161,314人 |

となっており、事実上、ライン・ヴェストファーレン地域内の輸送が大半を占めていた。（Jb. 1870, S. 65）
(22) とはいえ、旅客輸送も、鉄道が通過する地域の人口増加を背景として、かなりの程度、鉄道の発展に寄与していたことは疑いもなかった。例えば1869年の株主総会議事録は、次のように伝えている。「ルール・ジーク鉄道とヘッセン北部鉄道を含めて、わが社の路線が通過する郡の人口は、1867年12月の人口調査によれば、2,229,365人にものぼっている。そのうちわが社の路線のみが通過している郡の人口は825,025人、わが社と他社の路線1線が通過する郡の人口が381,957人……、わが社の路線と他社の路線2線が通過している郡の人口が213,477人……、またこの他に短い区間であるがわが社の路線が走っている2郡の人口が71,972人となっている」（Protocoll zur General Versammlung der Actionaire der Bergisch-Maerkischen Eisenbahn-Gesellschaft, Elberfeld, d. 30. Juni 1869, AVN IRb 20）。
(23) Jb 1869, S. 52f.
(24) Jb 1870, Anlage 2. これらの引込線のほとんどすべて（189線）が事業主の費用負担で建設されたのであるが、ルールオルト港およびデュースブルク港内へ連絡する引込線は鉄道管理局の負担で建設された。
(25) Jb 1880, Anlage 2.
(26) ルール・ジーク鉄道については、Fuchs, K., Die Erschliessung des Siegerlandes durch die Eisenbahnen 1840-1917, Wiesbaden, 1974, を参照。

(27) Jb 1867, S. 66; AVN IR 79 (1), Bl.30; Adolf, E., Ruhrkohlenbergbau, Transportwesen und Eisenbahntarifpolitik, in: AfE 1927, S. 333.
(28) 外国からデュッセルドルフ港に到着し、ベルク地方、とくにエルバーフェルト、バルメンの綿紡績工場において加工されていた原綿の輸送能力を強化するために、デュッセルドルフの商業会議所は、1832年に、この二つの都市を結ぶ鉄道の建設を提案した (Foelsing, F., Entwicklung des Eisenbahnnetzes der Eisenbahndirektion Wuppertal waehrend der 100 Jahre ihres Bestehens, in: HJ WD, S. 12)。のちに BME に併合されたデュッセルドルフ・エルバーフェルト鉄道は1838～41年に開通したが、これは貨物輸送だけのために建設されたドイツ最初の鉄道であった (Gaspers, H., Die erste westdeutsche Eisenbahn, in: Unsere bergische Heimat, 5/1955)。
(29) Jb 1880, Anlage 2.
(30) Jb 1880, vgl., auch Jb 1869.
(31) Ebenda.
(32) Ebenda.
(33) BME を通過するトランジット輸送はきわめて少量であったので、ここでは度外視する。またヘッセン北部鉄道は、すでに BME に併合されていたが、ライン・ヴェストファーレン地域外に路線が存在するので、ここで扱う数値には含めない。
(34) ルールオルトの位置は特異である。BME からライン航行に石炭を搬出する地点であると同時に、KME から BME に石炭を輸送する結節点でもあった。
(35) Vgl., Hahn, H. u. Zorn, W., (hrsg.), Historische Wirtschaftskarte der Reinlande um 1820, Bonn, 1973, S. 35.
(36) KME はドイツ（ケルン）からジーゲンに至る路線を所有し、ジーゲン産の鉄鉱石の一部はドイツ→ミュールハイム経由で BME 路線内に輸送された。
(37) Jb 1872, S. 49. オーストリー産の穀物がこの同盟においてどの程度の比率を有しているかを推計するために、次の表を作成した。

「ライン＝テューリンゲン＝ザクセン＝オーストリー同盟」による
穀物輸送

| 1870年 | 49,382t |
| 1871年 | 55,419t |
| 1872年 | 21,086t |

（典拠）　Jb 18790-72.

「オーストリーからの穀物列車が完全にストップしてしまった」と指摘されている1872年の輸送量とその前年、あるいは前々年との差——3万トン前後——がオーストリーから定期的に流入していた穀物量と考えられる。

(38) 原綿はこのほかに、「ハノーファー同盟」によってルールオルト経由で233トンが移入されていた。

(39) Vgl. Jb 1871 u. 1872 BME はすでに1866年に Venlo に至る路線をプロイセン・ニーダーラント鉄道から買収していた（AVN IRb 79（1）Bl. 30参照）が、ライン左岸の路線と右岸の鉄道網との直接的な連絡は、1970年におけるデュッセルドルフとノイス間のライン橋の完成まで待たねばならなかった（Ebenda, Bl. 35; Jb 1970, S. 58）。したがって、ライン左岸と地続きにあるオランダ、ベルギーなどからライン・ヴェストファーレン地域への鉄道による商品の移入は、1870年の統計にはほとんど成果があらわれていない。

(40) 渡辺尚「産業革命期ライン・ヴェストファーレンにおける社会的分業の展開」前掲、36ページ参照。

(41) ただし、統計でみる限り、バイエルンとの結びつきが希薄であった。またオーバーライン方面ではバーデン鉄道が賃率同盟の締結に消極的であった（Adolf, a. a. O., S. 117f）。

(42) ライン川流域の「経済地域」については、渡辺尚「越境する地域――ライン川流域――」同著『ヨーロッパの発見――地域史のなかの国境と地域――』有斐閣、2000年、282-4ページ。また、同「越境する地域――エウレギオと原経済圏」神戸大学『国民経済雑誌』180-4、1999年、を参照。

# 第4章

# フランケン地方の鉄道輸送と商品流通
―― 商品流通市場(2) ――

　本章の課題は、第二帝制期におけるドイツ資本主義の市場構造を解明するための一作業として、フランケン地方の商品流通構造を解明することにある。

## 1　問題の所在

　第3章の分析は、産業資本の確立とともに登場した工業生産の一中心地であるライン・ヴェストファーレンの商品流通構造を確定する作業であった。それと同じ問題意識の上に、本章ではドイツ資本主義の構造をより立体的に把握するために、「都市経済圏」の商品流通構造の分析を行う[1]。ここではフランケン地方の中心地であるニュールンベルクに着目して、ドイツ内の各地との間の商品流通がいかなる展開を示していたかを、鉄道輸送に関する統計資料に依拠しつつ分析を進める[2]。

　その際、同地方の生産構造を確定しつつ、ライン・ヴェストファーレン、西南ドイツ、ザクセンなどの工業生産の中心地との関係に十分な配慮が払われるのみならず、ドイツ国境を越えた市場連関にも言及する。

## 2　フランケン地方の産業発展

　バイエルンの産業構造は、著しい農業優位によって特徴づけられていた。就業人口全体に占める農業の比率は帝制期に至ってもなお50％を超え、この値はプロイセンの東部諸州にも匹敵するほどであった[3]。こうした農業地帯にあっ

てミュンヘン、ニュールンベルク、アウグスブルクなどの商工業都市は、交通の発展にともなってさまざまな変化を経験した。ミュンヘン、ニュールンベルクは近接地域を鉄道を通じて市場的に包摂すると同時に、地域的な工業中心地として発展する一方、鉄道から取り残されたアウグスブルクは、当面近代的な工業都市としての発展の道を閉ざされてしまった[4]。北部バイエルンのミッテルフランケン地方に限定してみると、ニュールンベルクをはじめとして、アンスバッハ、エアランゲン、フュルトといった中規模の都市が、製造業を発展させていた。このうち、フュルトは葉巻、鏡、靴下、金属加工等の製造業を有し、その生産物の多くはニュールンベルク商人によって扱われていた[5]。ミッテルフランケン地方の企業による博覧会への出展品目は、この地方の産業を考える上で興味深い。1873年のウィーン万国博には、小間物、金属製品、陶器、ガラス、衣類などと並んで科学器具、機械、化学製品、輸送機器などの工業製品が出展され、1875年のサンティアゴ万国博には、この地方の代表的な産業となる鉛筆、玩具、ホップ標本が展示され、また1882年には、シュッカールト社に初めて電機見本市 (Allgemeine Elektrizitaetsausstellung in Muenchen) への招待状が送られた[6]。当該地域の産業革命との関係では、1840年代中葉以降の機械工業部門の急激な成長を指摘できる[7]。これはのちの MAN (Maschinenfabrik Augusburg-Nuernberg) の前身である Johann Friedrich Klett の機械工場によるところが大である。ニュールンベルク産業の成長を主導した機械工業部門は、1880年代以降20世紀初等にかけて再び大きく成長することになるが、今回は電機工業、とりわけシュッカールトによるところ大であった[8]。以下、当地の産業についてもう少し詳しく見て行きたい。

　ニュールンベルク商人の代表的業務はホップの売買であった。ニュールンベルクに「ホップ市場」が公式に誕生したのは1846年であるが、その活動が本格化したのは、1858年のことであった。この年、ホップの硫黄乾留禁止令 (Verbot der Haltbarmachung des Hopfen durch Schwefeln) が、フランケン地方内において撤回され、ホップの長距離輸送を可能にしたのである。その結果、ホップ取り扱い業は急速に発展し、従来からこの業務を行っていた4社 (Gebr.

Scharrer, Kohn, Strung, Christia Scharrer）に加えて、25社のホップ取り扱い業者が新たに誕生すると同時に、八つの硫黄乾留設備が生まれたのである。第二帝制期には、ヨーロッパ全体で収穫されていたホップをニュールンベルク市場が扱うようになり、1895年には、ホップ取扱い業者は364社にも達した。また、相当量のホップがアメリカにも輸出されていたことが、確認されている[9]。ホップを原料とするビール醸造業は、19世紀を通じてフランケン地方の代表的な移出産業であった。当該産業が急激な発展を開始したのは1840年頃のことであって、当時多数の醸造業者が誕生し、また。レーデラー醸造所（Bierbrauer Christian Lederer）が蒸気機関を設置したのもこの頃のことである。1870年には、フランケン地方のビール産地であるニュールンベルク、クルムバッハ、エアランゲン、キッチンゲンから19万hlがバイエルン外へ移出され、ドイツ最大のビール産地へと成長したのであった。一方、ミュンヘンからバイエルン外への移出量は、当時わずか3万hlにすぎず、ビール産地としてのフランケン地方の意義は明白である[10]。フランケンビールの販路は鉄道の発展にともなってザクセン、ベルリン、シュレージエンへ拡大した[11]。しかしながら、1890年頃には、当地方からの移出が停滞し逆に、他の地域で生産されたビールも移入されるに至ったのである[12]。

　さて、次に機械工業を見てゆこう。ニュールンベルクの機械工業は、クラーマー＝クレット社によって始められた。書籍商フリードリヒ・クレットは1842年に、機械工場を設立し、とくに鉄道資材と蒸気機関を生産していたが、この工場は1875年には従業員1,000人を超えるニュールンベルク随一の工場にまで成長を遂げた。さらに1898年には、アウグスブルク製作所（Augusburger Werk）と合併してMANが誕生することとなった[13]。MANの前身であるクラーマー＝クレット社の拡張期である1865～67年は、鉄道建設の進展と密接な関連があり、1850年から70年にかけての同社の販売実績の70～87％が鉄道資材（客車、歯車など）であった。しかし70年代の鉄道ブームが一巡したのち、この比率は急激に低下し、同社は機械製造、とくに蒸気機関の生産に重点を移すに至ったのである[14]。一方、ニュールンベルクに電機工業の礎を築いたのは

ジークムント゠シュッカート（Siegmund Schuckert）である。彼は、アメリカで技術研修をした後、小さな町工場を作り、のちに機械販売業者ヴァッカー（A. Wacker）やケルン資本の参加のもとに大規模な電機工場を設立した。シュッカート社はアーク灯、投光機、路面電車、計測器を生産し、1903年にはジーメンスと共同でジーメンス゠シュッカート製造有限会社（Siemens-Schuckert Werke GmbH）を設立した[15]。

　上記2社に代表される機械工業のほかに、金属加工、化学、食品、製材、製糸等有力な産業部門が存在していたが[16]、そのうちでは化学工業、とくに染料工業が重要な位置を占めていた。群青染料をドイツ内のみならず、海外へも供給していたヨハネス・ツュルトナー社（Johannes Zeltner）は、1867年にすでに300人の従業員を有し、19世紀末には吸収・合併を通じて着実な発展を遂げたのである[17]。シュテットラー社（Staedtler）をはじめとする鉛筆工業は、そもそも手工業として成長してきた部門であるが、次第に工場制度へ移行を遂げ、ニュールンベルクの輸出品の一つに数えられるに至った。その原料である鉛が鉄道によって安価に安定供給されるに至り、斯業の生産規模は1861年に極大点を迎えたにもかかわらず、アメリカの保護関税によって輸出は次第に停滞を示したのである。しかしながら、19世紀後半には国内市場の開拓によって再び大きく成長し、1900年にニュールンベルクはドイツ産の鉛筆の95％を生産するに至ったのである[18]。第二帝制期に誕生した新しい部門に自転車生産がある。1886〜98年に自転車工場が続々と建設され、その中にはイギリス資本の支社として建設されたものもあった[19]。その他、ニュールンベルク産の商品は、一般に小間物（Kurzwaren）と称せられるものが多数存在しており、その内には前記の鉛筆をはじめとして鏡、銅線、銀線、ブラシ、クシ、ハケ、寝室用ランプ、光学製品、紙などが含まれている[20]。ニュールンベルク商品が、広範な市場を獲得していたことは、表4-1より看取されよう。

　こういったニュールンベルク産業の存続・発展にとって、原料の調達はとくに重要な問題であった[21]。一般に、産業革命期のニュールンベルク工業がベーメン産の石炭に依存していたことは、多くの研究者が等しく認めることで

表4-1 ニュールンベルク商品の移出先

(単位：トン)

| | ドイツ帝国* | 南バイエルン | 北バイエルン | 外国 | 計 | 移入量 |
|---|---|---|---|---|---|---|
| 電機機器 | 286 | — | 17 | 76 | 378 | 23 |
| 木綿製品 | 319 | — | 40 | 128 | 528 | 462 |
| 鉛筆 | 111 | 42 | 52 | 141 | 303 | 69 |
| フィラメント | 476 | — | — | 388 | 864 | — |
| ミルク製品 | 308 | 340 | 551 | 86 | 1,285 | 212 |
| 文房具 | 16 | 10 | 16 | 1 | 42 | — |
| 靴類 | 530 | 123 | 53 | 38 | 743 | 301 |
| 玩具 | 880 | 74 | 35 | 306 | 1,295 | 245 |

*バイエルン向けの移出を除く。

あるが、帝制期の石炭の需要先については、意見の別れるところである。この点について、従来の研究を総括すれば、およそ次のような見取り図を描くことができる。

① 1861年以前の時期には、ベーメンの運送業者が石炭を当地にもたらしており、この関係はザクセンに至る鉄道路線が敷設されても変化することはなかった[22]。
② 1862年以降、ベーメン炭の鉄道輸送が可能になり、この関係はいっそう強化されることとなった[23]。
③ 帝制期には、ベーメン炭の比重がかなり低下を示すが、その理由は価格競争力に求められる[24]。
④ その結果、石炭の調達先は分散化することになった[25]。
⑤ とはいえ、バイエルン全体としてみるなら、依然としてベーメン炭にかなり依存していた[26]、

ということである。

## 3　鉄道網の拡充

帝制期の商品流通の最大かつ決定的な担い手である鉄道について、次に見てゆく。ドイツ国内の商品流通を輸送重量を基準に分類すれば、すでに1870年に

表4-2　ニュールンベルクと各地の鉄道による連絡

| 路線完成年次 | | |
|---|---|---|
| 1848 | Nuernberg | → Bamberg → Hof → Plauen |
| 1849 | 〃 | → Gunzenhausen-Augsburg → Muenchen |
| 1851 | 〃 | → Hof → Leipzig → Berlin |
| | | → Nord- u. Westdeutschland |
| | | → Dresden, Schlesien, Wahrschau |
| 1853 | 〃 | → Neumarkt → Bayreuth |
| 1854 | 〃 | → Frankfurt a. M. |
| 1855 | 〃 | → Kiel → Daenemark |
| 1856 | 〃 | → Lindau/Bodensee → Zuerich |
| | 〃 | → Frankfurt → Kassel → Holland |
| 1858 | 〃 | → Innsbruck |
| | 〃 | → Aschaffenburg → Strassburg → Paris |
| 1859 | 〃 | → Coburg → Eisenach → Kassel |
| 1860 | 〃 | → Muenchen → Salzburg → Wien |
| 1861 | 〃 | → Passau → Wien |
| 1862 | 〃 | → Furth im Wald → Pilsen → Prag |
| 1863 | 〃 | → Noerdlingen → Aalen → Stuttgart |
| 1867 | 〃 | → Brenner → Venedig, Triest, Rom, Mailand, Genua |
| 1870 | 〃 | → Ingolstadt → Muenchen |
| 1875 | 〃 | → Crailsheim → Aalen → Stuttgart → Paris |
| 1877 | 〃 | → Schnabelwaid → Bayreuth |
| 1883 | 〃 | → Marktredwitz → Eger → Prag |

（典拠）　Stroessenreuther, H., Nuernbergs Eisenbahnverker seit 1835, in: Verkehrsentwicklung Nuernbergs im 19. und 20. Jahrhundert, Nuernberg, 1972, S. 95.

70％が鉄道によって実現されていた。1850年にそれが50％にすぎなかったことを考えると、当該時期には鉄道の意義は決定的といえる[27]。一般にバイエルンの鉄道は、旅客輸送用の幹線として建設され、貨物輸送収入が旅客輸送収入を凌駕したのはようやく1851年から52年にかけてのことであった[28]。バイエルンは他の領邦から工業製品とその原料を移入せざるをえず、また地域内の農産物の販路を確保するためにも、鉄道が不可欠であったばかりか、オーストリー、ハンガリー、ルーマニア産の穀物を西部に輸送する通過点でもあった[29]。

　ニュールンベルクはそもそも、バイエルンと北ドイツの商品を相互に流通させる古くからの通商路の重要な拠点であった（表4-2）。ニュールンベルクか

ら北へのびる通商路には2系統あり、その一つは、ライプツッヒを経由してマグデブルクに至り、さらにエルベ河を通じてハンブルクへと連絡するものであり、もう一つは、ヴェッラ河とヴェーザー河を通じてブレーメンに連絡していた[30]。19世紀初頭にはニュールンベルクを起点として舗装道路が建設されたが、それらはフュルト、レーゲンスブルク、プラインフェルト、ローテンブルク、バンベルク、ヴュルツブルクなど比較的近距離にある都市と連絡し、いわばフランケン地方内部の流通を担当するものであったところに特徴がある[31]。鉄道以外の交通手段として重要であったのは、ドナウ＝マイン運河 (Ludwig-Donau-Main Kanal) であった。これはバイエルン政府が強力に建設を推進し、資本金の4分の1に参加するとともに、ロートシルトの協力を得て株式会社として建設された。しかしながら、航行可能な船舶は120トン以下に制約され、また、マイン河とドナウ河の急流区間が航行不能であったため、輸送能力はかなり限定されていた。この運河の交通量は1850年に最大（19万6,000トン）となったものの、まもなく鉄道に取ってかわられた[32]。

ゲオルク・プラトナー (Georg Platner) とヨハネス・シャーラー (Johannes Scharrer) の尽力によって1835年に完成をみたルードヴィヒ鉄道（ニュールンベルク＝フュルト線）は、ニュールンベルクとフュルトの商人によって出資され、運営された旅客輸送中心の、いわば鉄道時代に先立って、したがって産業資本の要求に基づかない時期尚早の産物であった[33]。ニュールンベルクが鉄道を通じて各地と市場関係を形成するのは、19世紀中葉以降のことである。以下、表4-2を参考にされたい。1848〜49年に開通した路線は、ドナウ＝マイン運河と競合関係にあり、商品流通としての後者の敗北を決定的にしたのである。1851年には、ベルリン、北部ドイツ、西部ドイツ、シュレージエン方面への連絡が実現した。バイエルンと北ドイツのハンザ都市を結ぶ鉄道構想 (bayerisch-hanseatische Eisenbahn) は、旧くはF.リストによって提起されたが、この路線の開通によって南北を結ぶ旧い通商路が、近代的な交通手段によってカバーされることとなった[34]。また、オーバー・ザクセンの工業地帯との連絡によって、ビールの移出量が大幅に増大したことが確認されている[35]。

1854年にオーバーライン地方との鉄道の連絡が完成したほか、50年代にはデンマーク、スイス、オランダ、ベルギー、フランスなどとも鉄道による連絡が実現し、西ヨーロッパ諸国との商品流通の可能性が増大することとなったのである。60年代初頭には、オーストリー、チェコなどへ路線が連絡し、これによってベーメン炭の鉄道輸送が可能になった(36)。帝制期までにニュールンベルクは、放射線状にのびる鉄道網の地域的中心地となり、フランケン地方と各地との商品流通の結節点となったのである。ドイツにおける市場関係の特質は、生産地の分散性に対応する内部的分裂への傾向に求められているのであるが(37)、それに対応して商品流通の中心地が分散的であることから、鉄道の収束地点＝ターミナルがかなり分散的に存在していたのである(38)。

## 4　フランケン地方の商品流通構造

　個別商品の流通構造を明確にするにあたり、さしあたって大雑把な移出入の動向に目を向けたい。以下、表4-3を手懸かりに議論を進める。この表は、ニュールンベルクを起点とする鉄道貨物輸送を表わしたものである。
　木綿は、フランケン地方内部における流通は少なく、ほぼ完全に外部に依存している移入商品である。外国からの移入もかなり見られるが、これは、ベーメン産の綿糸と考えてよかろう。木綿（Baumwolle）という項目には、木綿工業の原料である原綿と生産物の一部である綿糸も含まれているので、その流通形態をもって性格を物語ることはできないが、最終生産物である綿布が統計に現れていないことから、斯業の原料および中間生産物を、当地の綿業が外部から移入し、地域的市場目当てに生産している可能性が強い。これに対して、ビールとホップは移出商品として特徴づけられる。このうち、ビールは主としてバイエルン外へ移出されていた。ホップは南バイエルンを筆頭にさまざまな地域から移入され、他方、バイエルン外へ移出されていることから、ニュールンベルクがホップの集散地であることを如実に示している。
　ニュールンベルクで消費される製パン用の穀物は、一般に近接地域で調達さ

第4章 フランケン地方の鉄道輸送と商品流通

表4-3 ニュールンベルクにおける商品移出入の地域別構成

| 商品 | 地域 | 移入 トン | 移入 累計(%) | 移出 トン | 移出 累計(%) | 商品 | 地域 | 移入 トン | 移入 累計(%) | 移出 トン | 移出 累計(%) | 商品 | 地域 | 移入 トン | 移入 累計(%) | 移出 トン | 移出 累計(%) |
|---|---|---|---|---|---|---|---|---|---|---|---|---|---|---|---|---|---|
| 木綿 | 1 | 52 | 19.5 | 17 | 70.8 | オート麦 | 1 | 10,028 | 81.8 | 404 | 100.0 | 果物、野菜 | 1 | 2,247 | 21.8 | 307 | 26.6 |
|  | 2 | 18 | 26.3 | — | 70.8 |  | 2 | 118 | 82.8 | — | 100.0 |  | 2 | 2,095 | 42.2 | 57 | 31.4 |
|  | 3 | 158 | 85.7 | 7 | 100.0 |  | 3 | 2,098 | 99.9 | — | 100.0 |  | 3 | 2,966 | 71.0 | 736 | 95.1 |
|  | 4 | 38 | 100.0 | — | 100.0 |  | 4 | 10 | 100.0 | — | 100.0 |  | 4 | 2,984 | 100.0 | 57 | 100.0 |
| ビール | 1 | 462 | 69.3 | 6,278 | 20.7 | 大麦 | 1 | 9,202 | 61.6 | 157 | 84.0 | 砂糖 | 1 | 1,043 | 9.9 | 140 | 87.5 |
|  | 2 | 118 | 87.0 | 23 | 20.8 |  | 2 | 1,781 | 73.5 | — | 84.0 |  | 2 | 212 | 11.9 | 17 | 98.1 |
|  | 3 | 10 | 88.3 | 22,675 | 95.5 |  | 3 | 443 | 76.5 | 30 | 100.0 |  | 3 | 2,276 | 100.0 | 3 | 100.0 |
|  | 4 | 78 | 100.0 | 1,358 | 100.0 |  | 4 | 3,514 | 100.0 | — | 100.0 |  | 4 | — | 100.0 | — | 100.0 |
| ホップ | 1 | 1,447 | 11.9 | 1,251 | 11.6 | 麦芽 | 1 | 4,607 | 49.2 | 1,321 | 88.0 | 塩 | 1 | 99 | 2.8 | 62 | 96.9 |
|  | 2 | 6,027 | 61.5 | 586 | 17.1 |  | 2 | 134 | 50.6 | 178 | 99.8 |  | 2 | 791 | 24.8 | 3 | 100.0 |
|  | 3 | 4,056 | 94.9 | 5,662 | 69.6 |  | 3 | 648 | 57.5 | 3 | 100.0 |  | 3 | 2,675 | 99.6 | — | 100.0 |
|  | 4 | 625 | 100.0 | 3,269 | 100.0 |  | 4 | 3,980 | 100.0 | — | 100.0 |  | 4 | 14 | 100.0 | — | 100.0 |
| 小麦 | 1 | 5,454 | 55.9 | 228 | 70.4 | じゃがいも | 1 | 3,830 | 62.7 | 85 | 63.9 | セメント | 1 | 12,712 | 62.6 | 1,295 | 97.0 |
|  | 2 | 3,669 | 93.6 | 47 | 84.9 |  | 2 | 1,382 | 85.4 | 1 | 64.7 |  | 2 | 512 | 65.1 | — | 97.0 |
|  | 3 | 627 | 100.0 | 47 | 99.1 |  | 3 | 101 | 87.0 | 48 | 100.0 |  | 3 | 6,960 | 99.4 | 39 | 99.9 |
|  | 4 | — | 100.0 | 3 | 100.0 |  | 4 | 793 | 100.0 | — | 100.0 |  | 4 | 120 | 100.0 | 2 | 100.0 |
| ライ麦 | 1 | 906 | 82.0 | 196 | 82.4 | 小麦粉 | 1 | 1,802 | 12.1 | 1,513 | 87.9 | 砂利、土 | 1 | 13,510 | 48.7 | 5,024 | 79.6 |
|  | 2 | 144 | 95.0 | — | 82.4 |  | 2 | 1,267 | 20.6 | 179 | 98.3 |  | 2 | 7,573 | 76.0 | 156 | 97.6 |
|  | 3 | 55 | 100.0 | 22 | 91.6 |  | 3 | 11,826 | 99.9 | 28 | 99.9 |  | 3 | 4,394 | 91.9 | 115 | 99.7 |
|  | 4 | — | 100.0 | 20 | 100.0 |  | 4 | 11 | 100.0 | 2 | 100.0 |  | 4 | 2,256 | 100.0 | 15 | 100.0 |

表 4-3 続き(1)

| 商品 | 地域 | 移入 トン | 累計(%) | 移出 トン | 累計(%) | 商品 | 地域 | 移入 トン | 累計(%) | 移出 トン | 累計(%) | 商品 | 地域 | 移入 トン | 累計(%) | 移出 トン | 累計(%) |
|---|---|---|---|---|---|---|---|---|---|---|---|---|---|---|---|---|---|
| 丸太 | 1 | 57,550 | 75.4 | 1,597 | 79.8 | 銑鉄 | 1 | 944 | 8.3 | 456 | 41.1 | 鉄管 | 1 | 376 | 5.5 | 699 | 54.1 |
|  | 2 | 13,542 | 93.1 | 21 | 80.8 |  | 2 | 335 | 11.2 | 61 | 46.6 |  | 2 | 98 | 7.0 | 231 | 72.0 |
|  | 3 | 1,095 | 94.5 | 364 | 99.0 |  | 3 | 9,329 | 93.2 | 161 | 61.0 |  | 3 | 6,523 | 99.0 | 334 | 97.8 |
|  | 4 | 4,164 | 100.0 | 20 | 100.0 |  | 4 | 760 | 100.0 | 432 | 100.0 |  | 4 | 71 | 100.0 | 28 | 100.0 |
| 木材 | 1 | 20,253 | 34.4 | 4,084 | 45.1 | くず鉄 | 1 | 18,220 | 51.7 | 11,756 | 46.2 | 針金 | 1 | 238 | 3.7 | 281 | 75.6 |
|  | 2 | 33,989 | 92.1 | 179 | 47.1 |  | 2 | 4,840 | 65.5 | 1,147 | 50.7 |  | 2 | 26 | 4.0 | 67 | 93.5 |
|  | 3 | 2,125 | 95.7 | 4,318 | 94.3 |  | 3 | 12,138 | 99.9 | 8,054 | 82.3 |  | 3 | 6,206 | 99.7 | 22 | 99.3 |
|  | 4 | 2,545 | 100.0 | 472 | 100.0 |  | 4 | 31 | 100.0 | 4,493 | 100.0 |  | 4 | 17 | 100.0 | 3 | 100.0 |
| 煉瓦 | 1 | 223,649 | 96.7 | 1,483 | 97.6 | 鉄鋼 | 1 | 18,401 | 30.2 | 9,362 | 41.2 | 鉄鋼製品 | 1 | 4,164 | 21.4 | 4,013 | 28.9 |
|  | 2 | 3,971 | 98.4 | 35 | 99.8 |  | 2 | 279 | 30.6 | 7,095 | 72.4 |  | 2 | 689 | 25 | 3,045 | 50.9 |
|  | 3 | 3,308 | 99.8 | 3 | 99.9 |  | 3 | 40,131 | 96.4 | 5,812 | 98.0 |  | 3 | 14,390 | 99 | 5,349 | 89.5 |
|  | 4 | 377 | 100.0 | 1 | 100.0 |  | 4 | 2,192 | 100.0 | 447 | 100.0 |  | 4 | 185 | 100.0 | 1,459 | 100.0 |
| 建設用木材 | 1 | 31,951 | 95.5 | 198 | 93.4 | レール | 1 | 1,961 | 59.1 | 4,578 | 56.9 | 薪 | 1 | 38,275 | 80.4 | 390 | 32.6 |
|  | 2 | 1,307 | 99.4 | 1 | 93.6 |  | 2 | 377 | 70.5 | 2,279 | 85.1 |  | 2 | 8,571 | 98.4 | 24 | 34.6 |
|  | 3 | 160 | 99.9 | 14 | 100.0 |  | 3 | 979 | 100.0 | 925 | 96.6 |  | 3 | 641 | 99.8 | 726 | 95.4 |
|  | 4 | 36 | 100.0 | – | 100.0 |  | 4 | – | 100.0 | 275 | 100.0 |  | 4 | 113 | 100.0 | 56 | 100.0 |
| 舗装用石材 | 1 | 68,336 | 92 | 699 | 98.0 | 車軸, 歯車 | 1 | 205 | 4.1 | 259 | 86.0 | 亜炭 | 1 | 2,494 | 2.7 | 312 | 100.0 |
|  | 2 | 5,842 | 99.9 | – | 98.0 |  | 2 | 150 | 7 | 17 | 91.4 |  | 2 | 9 | 2.7 | – | 100.0 |
|  | 3 | 75 | 99.9 | 14 | 100.0 |  | 3 | 4,635 | 99.1 | 26 | 100.0 |  | 3 | 251 | 3.0 | – | 100.0 |
|  | 4 | – | 100 | – | 100.0 |  | 4 | 47 | 100.0 | – | 100.0 |  | 4 | 88,825 | 100.0 | – | 100.0 |

## 表 4-3 続き(2)

| 商品 | 地域 | 移入 トン | 移入 累計(%) | 移出 トン | 移出 累計(%) | 商品 | 地域 | 移入 トン | 移入 累計(%) | 移出 トン | 移出 累計(%) | 商品 | 地域 | 移入 トン | 移入 累計(%) | 移出 トン | 移出 累計(%) |
|---|---|---|---|---|---|---|---|---|---|---|---|---|---|---|---|---|---|
| 亜炭錬炭 | 1 | 7,181 | 24.8 | 248 | 99.6 | タール、ピッチ、アスファルト | 1 | 263 | 4.4 | 6,561 | 71.3 | 蒸気機関 | 1 | 1,876 | 21.8 | 2,358 | 7.8 |
| | 2 | 71 | 25.0 | — | 99.6 | | 2 | 193 | 7.7 | 701 | 78.9 | | 2 | 871 | 32 | 1,520 | 12.8 |
| | 3 | 13,782 | 72.5 | 1 | 100.0 | | 3 | 4,549 | 84.0 | 1,669 | 97.0 | | 3 | 5,600 | 97.2 | 21,653 | 84.4 |
| | 4 | 7,968 | 100.0 | — | 100.0 | | 4 | 951 | 100.0 | 273 | 100.0 | | 4 | 242 | 100.0 | 4,711 | 100.0 |
| 石炭 | 1 | 8,317 | 2.2 | 1,312 | 98.9 | 化学製品、薬品 | 1 | 301 | 9.7 | 416 | 32.9 | 車両 | 1 | 2,468 | 62.1 | 4,542 | 62.1 |
| | 2 | 1,297 | 2.5 | 8 | 99.5 | | 2 | 318 | 20.0 | 105 | 41.2 | | 2 | 603 | 77.3 | 267 | 65.7 |
| | 3 | 330,254 | 88.1 | 6 | 100.0 | | 3 | 1,878 | 80.5 | 736 | 99.2 | | 3 | 778 | 96.9 | 1,214 | 82.3 |
| | 4 | 4,544 | 100.0 | — | 100.0 | | 4 | 605 | 100.0 | 10 | 100.0 | | 4 | 124 | 100.0 | 1,294 | 100.0 |
| 石炭コークス | 1 | 6,604 | 18.8 | 3,281 | 100.0 | 肥料 | 1 | 75 | 9.6 | 56,984 | 99.1 | 紙製品 | 1 | 3,009 | 13.4 | 2,035 | 37.3 |
| | 2 | 94 | 19.1 | — | 100.0 | | 2 | 6 | 10.5 | 59 | 99.2 | | 2 | 5,675 | 38.6 | 440 | 45.4 |
| | 3 | 28,247 | 99.7 | — | 100.0 | | 3 | 591 | 87.3 | 341 | 99.8 | | 3 | 13,665 | 99.5 | 2,338 | 88.3 |
| | 4 | 96 | 100.0 | — | 100.0 | | 4 | 98 | 100.0 | 129 | 100.0 | | 4 | 117 | 100.0 | 637 | 100.0 |
| 石油 | 1 | 1,421 | 12.6 | 1,662 | 64.0 | 生石灰 | 1 | 9,644 | 88.1 | 184 | 46.5 | ガラス製品 | 1 | 1,422 | 25.0 | 911 | 49.2 |
| | 2 | 383 | 16.0 | 404 | 79.5 | | 2 | 657 | 94.1 | — | 46.5 | | 2 | 194 | 28.4 | 265 | 63.4 |
| | 3 | 6,676 | 75.3 | 515 | 99.3 | | 3 | 642 | 100.0 | 15 | 90.9 | | 3 | 3,560 | 98.1 | 577 | 94.6 |
| | 4 | 2,784 | 100.0 | 18 | 100.0 | | 4 | — | 100.0 | 20 | 100.0 | | 4 | 109 | 100.0 | 101 | 100.0 |

(注) 各商品の項目中、1は北バイエルン─フランケン地方、2は南バイエルン地方、3はドイツ帝国内（但し、1、2を除く）、4は外国を示す。「木綿」は原綿の他に、綿糸、糸くずを含む。「肥料」には化学肥料も含まれている。「紙製品」は印刷物を除いたものである。「蒸気機関」には蒸気機関用のボイラーが含まれる。「車両」は鉄道用の車両の他に、自転車、荷車も含む。

れていた。ライ麦、オート麦は、フランケン地方産が総移入量の80％以上を占め、また大麦も62％が同地域で調達されていた。これに対して小麦は56％が同地域産であり、不足分は南バイエルンからの移入に仰いでいたことが分かる。麦芽の同地域内部における自給率は50％程度であり、外国への移入依存度がかなり高い。小麦粉は、バイエルン外から移入される比率が80％にものぼっており、また、果物、野菜はフランケン地方産、南バイエルン産、それ以外の地域で生産されたものが、ほぼ同量であった。このほか、砂糖と塩は完全な外部依存型の商品といえる。

建設用資材は、その大半がフランケン地方の内部で調達され、また同時に、同地方に若干移出されていることから、ニュールンベルクがこういった商品の集散地でもあったことが分かる。とりわけ、煉瓦、石材は95％以上がフランケン地方内部の流通である。

鉄については、原料、加工品ともに移入の割合が大きい。鉄工業の原料である銑鉄は、完全に外部依存商品であって、しかも80％がバイエルン外の地域から調達されていた。これに対して、くず鉄は移出入がほぼ相半ばする状態である。鉄鋼、車軸、歯車、鉄管、針金およびその他の鉄・鋼製品は、概ねバイエルン外から移入され、しかも一般に加工度の高い製品ほど外部へ依存していたことが分かる。このことは、、フランケン地方が鉄加工という点で、相対的に後進地域であったということである。しかしながら、レールは移出重量が多く、その85％がバイエルン向けであったことを考えると、ニュールンベルクがバイエルンで消費されるレールの生産拠点を形成していることになろう。

家庭暖房用の燃料では、薪がフランケン地方産で賄われていたが、練炭はまったく外部に依存していた。同様に、亜炭、石炭、コークス等の工業原料は、バイエルン内にその産地を見いだしえず、完全に外部に依存していたのである。フランケン地方の農業生産にとって重要な意味を有していた肥料についてみると、ニュールンベルク産のそれの99％が同地方へ移出されていることから、ニュールンベルクとその近郊農村地域が、肥料と穀物の交換を通じて不可分に結びついていたということが想起されよう。

第4章　フランケン地方の鉄道輸送と商品流通　115

表4-4　東部ドイツの農業地帯との商品流通

| 品名 | Prov. Ostpreussen 移入 | Prov. Ostpreussen 移出 | Prov. Ostpreussenの港 移入 | Prov. Ostpreussenの港 移出 | Prov. Westpreussen 移入 | Prov. Westpreussen 移出 | Prov. Westpreussenの港 移入 | Prov. Westpreussenの港 移出 | Prov. Posen 移入 | Prov. Posen 移出 | Prov. Pommern 移入 | Prov. Pommern 移出 | Prov. Pommernの港 移入 | Prov. Pommernの港 移出 |
|---|---|---|---|---|---|---|---|---|---|---|---|---|---|---|
| 全商品 | 82 | 701 | 48 | 112 | 149 | 163 | 74 | 273 | 1,461 | 342 | 1,166 | 1,222 | 662 | 838 |
| ビール |  |  |  |  |  | 105 |  | 71 |  | 135 |  | 1,063 |  | 532 |
| ホップ | 1 | 210 |  |  |  | 23 |  |  | 120 | 21 |  |  |  |  |
| 火酒 |  |  |  |  |  |  |  |  | 576 | 2 | 248 | 4 | 248 | 4 |
| 小麦粉 |  |  |  |  |  |  |  |  | 56 |  |  |  |  |  |
| 鉄鋼製品 | 13 | 45 |  |  | 15 | 1 |  |  |  |  | 50 | 10 |  |  |
| 蒸気機関 | 11 | 156 |  |  |  | 9 |  | 134 | 4 |  | 6 | 98 | 4 | 108 |
| 車両 |  | 150 |  |  |  |  |  |  |  | 85 |  |  |  |  |
| ガラス製品 |  |  |  |  |  |  |  |  | 59 |  |  |  |  |  |
| 紙製品 | 11 |  |  |  |  |  |  |  | 205 | 27 |  |  |  |  |
| 羊毛 |  |  |  |  |  |  |  |  |  |  |  |  |  |  |

(注)　Ostpreussen の港は Memel, Pillau, Koenigsberg
　　　Westpreussen の港は Elbing, Danzig, Neufahrwasser
　　　Pommern の港は Stolpmuende, Ruegenwalde, Kolberg, Stettin, Swinemuende, Wolgast, Stralsund である。

　蒸気機関と車両の生産は、産業革命の進展にともなって急激に成長したニュールンベルク機械工業によって実現されたが、このうち前者は、ドイツ全体を市場としてとらえていたのに対し、後者はむしろフランケン地方を主たる販路としていたことが読みとれる。

　その他の商品では、紙製品やガラス製品がバイエルン外から、また、生石灰がフランケン地方から移入されていた。

## 5　他の地域との市場連関

　次に、帝制ドイツの市場構造（商品流通構造）を解明するために、帝国内を暫定的に七地域に区分して分析を進める[39]。以下、表4-4から表4-12を参考にされたい。

表4-5 東部ドイツ工業地帯との商品流通

|  | Rgb. Oppeln | | Stadt Breslau | | Rgb. Brealau u. Liegnitz | |
|---|---|---|---|---|---|---|
|  | 移入 | 移出 | 移入 | 移出 | 移入 | 移出 |
| 全商品 | 12,841 | 6,763 | 1,074 | 889 | 4,089 | 978 |
| ビール |  |  |  | 149 |  | 138 |
| ホップ |  | 42 |  | 67 | 2 | 72 |
| 小麦粉 |  |  | 370 |  |  |  |
| 果物、野菜 |  |  |  | 78 |  |  |
| 油脂 |  |  |  | 82 | 82 | 7 |
| 食料品 |  |  | 3 | 48 |  |  |
| 火酒 | 120 | 5 | 110 | 32 | 100 | 6 |
| くず鉄 |  | 2,042 | 5 | 58 | 12 | 141 |
| 鉄鋼 | 2,893 | 17 |  |  |  |  |
| レール |  |  |  |  | 274 |  |
| 鉄鋼製品 | 1,010 | 75 | 6 | 66 | 697 | 44 |
| 蒸気機関 | 27 | 595 | 30 | 58 | 83 | 317 |
| 化学製品 |  |  |  |  | 221 |  |
| 肥料 |  |  |  |  | 66 |  |
| 亜鉛 | 788 |  |  |  |  |  |
| 石炭 | 6,732 |  |  |  | 353 |  |
| 石炭コークス | 190 |  |  |  | 1,006 |  |
| 紙製品 | 355 |  |  |  | 125 |  |

## 5．1　東部ドイツ地域[40]

　東部ドイツとの関係は、石炭の産地を有する工業地帯＝シュレージエンとの関係と農業地帯とのそれが、まったく別の性格を持つ。シュレージエンとの市場関係は、石炭、コークス、亜鉛、鉄鋼および鉄鋼製品の移入によって特徴づけられているほか、ブレスラウから小麦粉が移入されている一方、移出品はくず鉄、蒸気機関以外には見るべきものは少なく、フランケン地方は一方的にこの地方に依存していることが分かる。また、東部4州の農業地帯との関係では、火酒が若干移入されている程度で、ほとんど無視しうるものであった。

## 5．2　首都経済圏[41]

　この地域との関係は概して希薄であって、地域間分業はほとんど見られない。

第4章 フランケン地方の鉄道輸送と商品流通

表4-6 首都経済圏との商品流通

|  | Berlin 市部 | | Berlin 郡部 | | Prov. Brandenburg | |
|---|---|---|---|---|---|---|
|  | 移入 | 移出 | 移入 | 移出 | 移入 | 移出 |
| 全商品 | 7,285 | 9,172 | 684 | 569 | 2,455 | 1,388 |
| ビール |  | 4,522 |  |  |  | 387 |
| ホップ |  | 418 |  |  | 2 | 61 |
| 小麦粉 | 90 |  |  |  | 200 |  |
| 果物・野菜 |  |  |  |  | 44 |  |
| 食料品 | 15 | 130 |  |  |  |  |
| 木材 | 60 | 16 |  |  | 91 |  |
| 鉄鋼 | 74 | 5 |  |  |  |  |
| 鉄鋼製品 | 164 | 265 | 95 | 66 | 249 | 100 |
| 蒸気機関 | 552 | 789 | 47 | 215 | 375 | 283 |
| 肥料 | 66 |  |  |  |  |  |
| 化学製品 |  |  | 16 | 40 |  |  |
| タール、ピッチ | 280 | 481 |  |  |  |  |
| 銅鉱 |  |  | 90 | 19 |  |  |
| 紙製品 |  |  |  |  | 218 | 2 |
| ガラス製品 |  |  |  |  | 97 | 1 |
| 革製品 | 100 |  | 20 |  | 70 | 7 |
| 陶磁器 | 22 | 42 |  |  | 101 |  |
| 火酒 | 235 | 235 |  |  | 273 | 4 |

(注) Prov. Brandenburg は Berlin を含まない。

ベルリンに対する移出重量が移入重量をオーバーしているが、これは重量の大きいビールの移出に起因している[42]。移入商品のうちでは、火酒、小麦粉が比較的大きな値を示している程度で、目立ったものはない。

## 5．3 北部ドイツ地域[43]

表4-7を見ると、この地域との間に行われた流通商品が多岐にわたっていることが分かる。そこでは、フランケン地方産のビール、ホップ、蒸気機関が当地域に市場を見いだし、逆に北部ドイツの魚、野菜、果物、油脂、革製品等がフランケン地方に市場を見いだしていたのである。とはいえ、この地域は港を有しており、実際には外国貿易の中継地の機能を果たしている可能性があることから、純粋に北部ドイツとの市場関係を云々することはむずかしい。例え

表4-7 北部ドイツとの商品流通

| | Ghzm. Mecklenburg-Schwerin u. Strelitz | | Mecklenburg と Schleswig-Holstein 内のバルト海岸の港 | | Prov. Schleswig-Holstein, Fsm. Luebeck | | Elbe の河の港 | | Weser 河の港 | | Prov. Hannover, Kr. Rinteln des Rgb. Kassel, Hzm. Braunschweig, Ghzm Oldenburg, Fsm. Scumburg Lippe, von den Fst. Waldeck Kr. Pyrmont | |
|---|---|---|---|---|---|---|---|---|---|---|---|---|
| | 移入 | 移出 | 移入 | 移出 | 移入 | 移出 | 移入 | 移出 | 移入 | 移出 | 移入 | 移出 |
| 全商品 | 167 | 245 | 619 | 1,199 | 1,762 | 328 | 8,117 | 10,983 | 2,031 | 3,909 | 4,544 | 3,107 |
| ビール | | | | 272 | | | 4 | 1,031 | | 390 | | 799 |
| ホップ | | | | 308 | | 113 | | 723 | | | 2 | 186 |
| 火酒 | | | | | | | | | | | 41 | 20 |
| 魚 | | | 218 | | | | 175 | 1 | 196 | | | |
| 野菜、果物 | | | 101 | 1 | 674 | 1 | 82 | 9 | | | | |
| 油脂 | | | | | | | 1,259 | 62 | 121 | | | |
| 米 | | | | | | | | | 434 | | | |
| キビ | | | | | | | | | | | 174 | |
| 小麦粉 | | | | | | | | | | | 56 | |
| 食料品 | | | | | | | 205 | 16 | | | | |
| 砂糖 | | | | | | | | | | | 87 | |
| コーヒー、カカオ、紅茶 | | | | | | | 239 | 1 | | | | |
| 鉄鋼 | | | | | | | 2 | 429 | | 144 | 269 | 161 |
| レール | | | | | | | | | | | 152 | 5 |
| 鉄鋼製品 | | | | 198 | | 22 | 50 | 528 | 2 | 269 | 704 | 199 |
| 蒸気機関 | | | | 1 | | 129 | 226 | 3,177 | 9 | 319 | 130 | 1,096 |
| 非ヨーロッパ木材 | 52 | | | 496 | | | 293 | | 41 | | | |
| 車両 | | 171 | | | | | | | | 97 | | |
| れんが | | | | | | | | | | 64 | | |
| 銅鉱 | | | | | | | | | | | 95 | 1 |
| タール | | | | | | | | | | | 313 | 25 |
| 化学製品 | | | | | | | | | | 108 | | |
| ガラス製品 | | | | | | | | | | | 150 | 1 |
| 紙製品 | | | | | | | 8 | 49 | | | 205 | 27 |
| 皮製品 | | | | | 178 | 11 | 189 | 11 | | | | |
| 石油 | | | | | 104 | | | | 265 | | | |
| 羊毛 | | | | | | | | | | | 27 | 1 |
| タバコ | | | | | | | 70 | | | | | |

(注) Mecklenburg と Schleswig-Holstein 内のバルト海の港は、Rostock, Wismar, Luebeck, Kiel, Flensburg.
Elbe 河の港は、Hamburg, Altona, Glueckstadt, Harburg, Stade, Cuxhafen.
Weser 河の港は、Bremen, Vegesack, Seestemuende, Bremerhafen, Nordenham, Brake, Elsfleth, Blexen, Einswarden.

第4章 フランケン地方の鉄道輸送と商品流通

表4-8 西部ドイツとの商品流通

| | Ruhrrevier | | | | Prov. Westfalen | | Rheinprovinz | | | | Rhein 河の港 | |
| | Prov. Westfalen | | Rheinprovinz | | | | ライン右岸地域 | | ライン左岸地域 | | | |
| | 移入 | 移出 | 移入 | 移出 | 移入 | 移出 | 移入 | 移出 | 移入 | 移出 | 移入 | 移出 |
|---|---|---|---|---|---|---|---|---|---|---|---|---|
| 全商品 | 64,644 | 2,893 | 30,292 | 2,597 | 8,610 | 2,286 | 19,932 | 6,387 | 16,091 | 3,764 | 2,144 | 1,036 |
| ビール | | | | | | 60 | | | | 396 | | |
| ホップ | 16 | 296 | | 216 | 7 | 77 | 2 | 37 | 8 | 796 | | 25 |
| 麦芽 | | | | | | | | | 115 | | | |
| 野菜,果物 | | | | | 60 | | | | | | | |
| 食料品 | | | | | | | 104 | 6 | 197 | 58 | | |
| セメント | | | | | | | 356 | | 52 | | | |
| 鉄鉱 | | | | | 1,622 | | 780 | | | | 101 | |
| くず鉄 | 39 | 97 | 83 | 487 | 18 | 959 | 43 | 953 | 92 | 45 | | |
| 鉄鋼 | 4,260 | 18 | 1,425 | 7 | 3,002 | 55 | 4,293 | 14 | 376 | 12 | 501 | 1 |
| レール | | | | | | | | | | | 281 | |
| 鉄鋼製品 | 4,209 | 257 | 4,524 | 401 | 1,262 | 38 | 1,242 | 34 | 1,917 | 120 | 257 | 53 |
| 蒸気機関 | 89 | 896 | 140 | 538 | 187 | 1,094 | 30 | 410 | 187 | 1,096 | 35 | 759 |
| 化学製品 | | | | | | | 63 | 12 | 75 | 168 | 12 | 189 |
| 石灰岩 | 1,187 | | 200 | | | | | | 10 | 110 | | |
| タール、ピッチ | | 215 | | | | | | | | | | |
| 石炭 | 40,086 | | 19,268 | | | | | | 6,415 | | | |
| 石炭コークス | 12,260 | | 2,905 | | | | 114 | | 1,502 | | | |
| 石炭練炭 | 991 | | 111 | | | | | | 1,185 | | | |
| 紙製品 | 230 | 6 | 171 | 2 | 1,007 | | | 45 | 210 | 14 | | |
| ガラス製品 | | | | | 529 | 3 | 79 | | 150 | 72 | | |

(注) Prov. Westfalen, Rheinprovinz のうち、ルール地域は特に別個に集計した。
Rhein 河の港は、Duisburg, Rhurort である。

ば、移入品のなかに、米、コーヒー、カカオ、非ヨーロッパ木材（チーク、ラワン）、羊毛、タバコが含まれていることが、こういった事情を説明している。また、エルベ川の港への最大の移出品目である蒸気機関は、外国向けと考えられる。

5.4 西部ドイツ地域[44]

　ライン・ヴェストファーレンとの関係は、距離の遠さにもかかわらず大きな値を示しているが、その一因は重量の大きな石炭が移入されていることによる。

表 4-8 では石炭、コークスおよびそれを原料とする鉄鋼、鉄鋼製品の生産地であるライン・ヴェストファーレンとホップ、蒸気機関の供給地であるニュールンベルクの関係がはっきりと示されている。このほかにも、同地域から調達させていた商品がいくつか見られる。例えば、銑鉄はヴェストファーレン州およびライン州右岸地域から、石灰岩はルール地域（ヴェストファーレン）から、また紙製品とガラス製品はヴェストファーレン州から移入されていたのである。

## 5.5　中部ドイツ地域[45]

　中部ドイツとの市場関係は、相当緊密なものであったことが表 4-9 から観察される。フランケン地方に市場を見いだしていた当該地域産の商品は、製パン用穀物、小麦粉、果物、野菜等の食料品、塩、砂糖、建設用の各種資材、鉄鋼および鉄鋼製品などのほか、地域は限られるがヘッセン=ナサウ産の銑鉄、ザクセン炭、ザクセン産の鉛――これはニュールンベルクの特産品である鉛筆の原料に供せられていたと推察される――、紙製品、ガラス製品など多岐にわたっていた。このことはフランケン地方が食料、工業原料、工業製品など多くの商品を獲得するにあたって、中部ドイツに依存していたことを示している。他方、移出商品は、ビール、ホップ、くず鉄、蒸気機関等に限られていた。

## 5.6　西南ドイツ地域[46]

　西南ドイツとの関係は、中部ドイツのそれと同様、広範な商品にわたり、しかも流通量がきわめて大きい。ヘッセン炭をはじめとして、この地域の鉄鋼および鉄鋼製品、木綿等の工業製品がフランケン地方に市場を見いだしていたのである。中部ドイツとの関係との大きな差異は、製パン用穀物の移入が少ないかわりに、小麦粉、油脂、コーヒー、カカオなどある程度加工された食料品が多く移入されているという点である。また、バーデン、ヴュルテンベルク産のホップがニュールンベルク市場を通じて販路を求めていたことが分かる。マンハイム、ルードヴィヒスハーフェンなどの港町から輸送されていた銑鉄、石炭、石油の原産地は確定できないが、ライン川を遡行して下流域から運ばれたと推

第4章 フランケン地方の鉄道輸送と商品流通

表4-9 中部ドイツとの商品流通

| | Rgb. Magdeburg, Hzm. Anhalt | | Rgb. Merseburg, Rgb. Erfurt, Kr. Schmalkalden des Rgb. Kassel, Thueringische Staaten | | Kgr. Sachsen | | Leipzig | | Prov. Hessen-Nassau, Kr. Wetzlar, hessische Prov. Oberhessen | |
|---|---|---|---|---|---|---|---|---|---|---|
| | 移入 | 移出 | 移入 | 移出 | 移入 | 移出 | 移入 | 移出 | 移入 | 移出 |
| 全　　商　　品 | 7,890 | 2,369 | 40,598 | 8,628 | 91,738 | 14,672 | 9,760 | 3,069 | 31,905 | 9,089 |
| ビ　　ー　　ル | | 920 | | 1,636 | | 7,615 | 1 | 1,585 | | 632 |
| ホ　　ッ　　プ | 4 | 110 | 31 | 321 | 11 | 239 | | | 23 | 248 |
| 小　　　麦 | | | | | | | | | 210 | |
| 大　　　麦 | | | 238 | | | | | | | |
| オ　ー　ト　麦 | | | 1,302 | | 636 | | | | | |
| キビ、アワ | 135 | | 71 | | | | | | | |
| 小麦粉 | 877 | | 1,966 | | 11 | 1,796 | | | 352 | |
| 果物、野菜 | 556 | | 201 | 96 | 46 | 464 | | | 199 | 5 |
| 魚 | | | | | | | | | 137 | |
| 米 | | | | | | | | | | |
| 食　料　品 | | | | | 75 | 103 | | | 363 | 121 |
| 油　　　脂 | | | | | 60 | 172 | | | 288 | 68 |
| 塩 | 948 | | 41 | | | | | | | |
| 砂　　　糖 | 1,261 | | 7,046 | | | | | | | |
| セ　メ　ン　ト | | | 365 | 38 | | | | | 5,113 | |
| 砂　　　利 | 82 | | 1,140 | 43 | | | | | | |
| 土　　管 | | | 190 | 716 | | | | | | |
| 木　　材 | | | | | 197 | 621 | | | 268 | 1,530 |
| れ　ん　が | | | 980 | | 340 | 1 | | | 3,333 | |
| 銑　　　鉄 | | | | | | | | | | |
| く　　ず　鉄 | 146 | | 1,938 | 95 | 364 | 466 | 23 | 55 | 936 | 1,052 |
| 鉄　　　鋼 | 501 | 51 | 546 | 1,665 | 2,308 | 1,785 | 30 | 103 | 811 | 71 |
| レ　　ー　　ル | | | | | 205 | 10 | | | | 63 |
| 鉄　鋼　製　品 | 946 | 31 | 817 | 301 | 1,909 | 166 | 91 | 45 | 2,614 | 674 |
| 蒸　気　機　関 | 73 | 722 | 546 | 1,075 | 699 | 764 | 184 | 110 | 512 | 715 |
| 車　　両 | | | | | 289 | 8 | | | 16 | 77 |
| 化　学　製　品 | 111 | | 139 | 5 | | | | | | |
| 肥　　料 | 152 | | 20 | 91 | | | | | | |
| 石　　炭 | | | | | 62,646 | 6 | 137 | | 45 | |
| 石炭コークス | | | | | 821 | | 4,222 | | 3,616 | |
| 亜　炭　練　炭 | | | 13,712 | | | | | | | |
| 石　　油 | | | 448 | 89 | 501 | 12 | | | 862 | 5 |
| 亜　　鉛 | | | | | 512 | 15 | | | | |
| 鉛 | | | | | | | | | 1,315 | 61 |
| 紙　製　品 | 233 | 49 | 1,649 | 283 | 3,718 | 108 | 364 | 6 | 844 | 201 |
| ガラス製品 | | | | | 1,925 | 1 | | | | |
| 革　製　品 | 86 | 19 | 304 | 336 | 427 | | | | | |
| 陶　磁　器 | | | | 405 | 12 | 1,126 | 17 | | | |
| 非ヨーロッパ木材 | | | | | | | | | 2,055 | |
| 木　　綿 | | | | | 58 | | | | | |
| 紡　　糸 | | | | | 112 | | | | | |
| ジュート | | | | | 452 | | | | | |
| 火　　酒 | | | | | 277 | 20 | | | | |
| タール、ピッチ | | | | | | | | | 2192 | 163 |

表4-10 西南ドイツとの商品流通

| | Ghzm. Hessen (Prov. Oberhessenを除く) | | Ghzm. Baden | | Kgr. Wuerttemberg, hohenzollersche Lande | | Mannheim, Lucwigshafen | | bayerische Pfalz | |
|---|---|---|---|---|---|---|---|---|---|---|
| | 移入 | 移出 | 移入 | 移出 | 移入 | 移出 | 移入 | 移出 | 移入 | 移出 |
| 全 商 品 | 152,000 | 5,804 | 9,624 | 3,042 | 27,668 | 7,665 | 17,318 | 1,653 | 7,429 | 778 |
| ホ ッ プ | 53 | 224 | 667 | 148 | 1,781 | 38 | 5 | 101 | 15 | 34 |
| 小 麦 | | | 21 | 1 | | | 216 | | 60 | |
| 大 麦 | | | 80 | | | | 60 | | | |
| オート麦 | | | | | 100 | | | | | |
| 麦 芽 | | | 492 | 1 | | | | | | |
| じゃがいも | | | | | | | | | 78 | |
| 小 麦 粉 | 567 | | 1,897 | | 1,091 | 11 | 2,317 | 5 | 114 | |
| 果物、野菜 | | | 153 | 7 | 341 | 18 | 74 | 4 | 241 | 2 |
| 魚 | 367 | | | | | | | | | |
| 米 | 72 | | | | | | | | | |
| 油 脂 | 1,751 | 175 | 41 | 52 | 1,587 | 9 | 1,009 | 60 | | |
| コーヒー、カカオ | | | 85 | 3 | 1,049 | | | | | |
| 砂 糖 | | | | | | | | | 748 | |
| セメント | 127 | 29 | 100 | | 644 | 1 | 150 | | | |
| 丸 太 | | | | | 529 | 16 | | | | |
| 木 材 | 178 | 1,581 | | | 508 | 114 | 279 | 13 | | |
| れ ん が | | | 138 | | 745 | | | | | |
| 銑 鉄 | 506 | 92 | 102 | 17 | 25 | 52 | 1,335 | | | |
| くず鉄 | 230 | 519 | 1,175 | 170 | 5,896 | 351 | 461 | 168 | | |
| 鉄 鋼 | 574 | 346 | 271 | 275 | 848 | 340 | 1,322 | 50 | 536 | 2 |
| レール | | | 3 | 86 | 11 | 239 | | | | |
| 鉄鋼製品 | 1,083 | 206 | 473 | 330 | 697 | 761 | 812 | 75 | 2,908 | 129 |
| 蒸気機関 | 395 | 571 | 82 | 334 | 379 | 1,116 | 88 | 235 | 78 | 136 |
| 車 両 | 62 | 46 | 174 | 29 | 25 | 161 | | | | |
| 化学製品 | | | 34 | 129 | 441 | 24 | 153 | 4 | | |
| 薪 | | | | | 486 | | | | | |
| 石 炭 | 135,168 | | 389 | | | | 2,565 | | | |
| 石炭コークス | 1,378 | 3 | | | | | | | | |
| 石 油 | 403 | 17 | 43 | 10 | 47 | 96 | 2,241 | | | |
| タール、ピッチ | 1,185 | 3 | | | | | | | | |
| 鉛 | 183 | | | | | | | | | |
| 紙 製 品 | 818 | 8 | 700 | ? | 1,905 | 1,071 | 213 | 86 | | |
| 非ヨーロッパ木材 | 892 | | | | | | | | | |
| 木 綿 | | | | | 55 | 7 | | | | |
| 塩 | 870 | | 81 | | 721 | | | | | |

察できる。

5．7 ザール、ロートリンゲン、エルザス[47]

上記3地方との市場関係は、鉄鋼および鉄鋼製品、ザール炭、ロートリンゲ

表4-11 ザール、エルザス、ロートリンゲンとの商品流通

|  | Saarrevier | | Lothringen | | Elsass | |
|---|---|---|---|---|---|---|
|  | 移入 | 移出 | 移入 | 移出 | 移入 | 移出 |
| 全商品 | 66,515 | 774 | 10,013 | 2,339 | 4,316 | 2,246 |
| ホップ |  |  | 33 | 66 | 1,258 | 69 |
| 果物、野菜 |  |  |  |  | 92 | 1 |
| 銑鉄 |  |  | 1,235 |  | 110 |  |
| 鉄鋼 | 7,311 | 49 | 7,216 | 165 | 749 | 38 |
| レール |  |  |  |  |  | 459 |
| 鉄鋼製品 | 1,136 | 34 | 367 | 43 | ? | 201 |
| 蒸気機関 | 25 | 410 | 97 | 1,127 | 69 | 498 |
| 車両 |  |  |  |  | 2 | 252 |
| 化学製品 |  |  | 12 | 189 | 6 | 77 |
| タール、ピッチ |  |  |  |  | 123 | 13 |
| 石油 |  |  |  |  | 41 | 123 |
| 石炭 | 56,320 |  |  |  |  |  |
| ガラス製品 | 400 |  |  |  |  |  |
| 紙製品 |  |  |  |  | 148 | 11 |
| 陶磁器 |  | 54 |  |  | 217 | 24 |
| 煉瓦 | 400 |  |  |  |  |  |

ン産銑鉄の移入によって特徴づけられる。また、ニュールンベルク最大の移出品であるホップが、逆にエルザスから移入されており、ニュールンベルクのホップ市場が遠隔地で生産されたホップも扱っていたことが分かる。

　以上、帝国内を7地域に区分して、フランケン地方から見た国内市場のあり方を、流通構造に即して明らかにしてきたが、同地方の再生産を考える上でなお重要と思われる国境を越えた商品流通、すなわち、外国市場というよりもむしろ隣接市場の性格を有していたオーストリーとの連関を付け加えたい。

　表4-12に見るように、亜炭、石炭の産地、ベーメンとの連関は工業原料であるベーメン炭の移入にとどまらず、さらに工業製品である木綿、建設用の各種資材、穀物をはじめとする農産物など、多くの商品の移入のうちに、その性格を見ることができる。穀物の調達先をオーストリーに求めるという現象は、フランケン地方に限定されたものではなく、帝国内においてかなり一般的に認められることである[48]。

表4-12　オーストリーとの商品流通

|  | Boehmen | | uebrige Oesterreich | |
|---|---|---|---|---|
|  | 移入 | 移出 | 移入 | 移出 |
| 全商品 | 155,197 | 3,395 | 10,950 | 4,425 |
| ホップ | 530 | 35 | 15 | 57 |
| 大麦 | 3,018 |  | 102 |  |
| 麦芽 | 3,299 |  | 681 |  |
| 油脂 | 385 | 29 | 232 | 76 |
| 果物、野菜 | 99 |  | 1,169 |  |
| ジャガイモ |  |  | 689 |  |
| 食料品 | 368 | 1 | 168 |  |
| 銑鉄 |  | 169 |  | 127 |
| くず鉄 | 1 | 1,593 | 20 | 1,630 |
| 鉄鋼 | 145 | 100 | 4 | 70 |
| レール |  | 275 |  |  |
| 鉄鋼製品 | 45 | 183 | 29 | 119 |
| 蒸気機関 | 44 | 54 | 22 | 225 |
| 車両 | 17 | 4 | 53 | 27 |
| 丸太 | 1,015 |  | 3,002 | 1 |
| 木材 | 428 | 15 | 1,339 | 146 |
| 煉瓦 | 277 | 1 | 44 |  |
| セメント |  | 2 | 115 |  |
| 砂利 | 1,624 |  | 388 | 3 |
| 亜炭 | 88,826 |  |  |  |
| 亜炭コークス | 6,765 |  |  |  |
| 石炭 | 14,154 |  |  |  |
| タール | 826 | 32 | 38 | 188 |
| 石油 | 777 | 2 | 1,213 | 2 |
| 亜鉛 | 90 | 52 | 5 | 23 |
| 肥料 |  | 76 | 6 | 30 |
| 木綿 |  | 37 |  |  |

## 6　小　　括

　以上、フランケン地方を中心とする商品流通を地域間連関という面から考察してきた。以下、表4-13および表4-14をも参照しつつ、同地方の市場構造を確定しよう。

　当地方は内部に炭田を持たないために、工業原料である石炭およびコークスをほぼ全面的に、外部に依存しなければならなかった。こういった商品は、ベーメン、ヘッセン、ザクセン、シュレージエン、ザール、ルールなどの炭田地帯に供給を仰いでいたのであるが、どの地域との関係も相対化しうるほど、移入先が分散的であった。石炭産地との関係は、単に工業原料の調達先として重要であるばかりでなく、工業製品である鉄鋼や鉄鋼製品の移入先としての意義をも有していた。

　他方、消費資料生産部門における市場連関は、これと異なり、比較的近接した地域に限定されている。例えば、木綿の移入先を見ると、中部ドイツのザクセン、西南ドイツのヴュルテンベルク、ベーメンなどを指摘できる。

　飲・食料部門のうちでは、ビールが最大の移出品に数えられる。この商品の地域内における流通比率は20％にすぎず、中部ドイツを筆頭に、ベルリン、北

第 4 章　フランケン地方の鉄道輸送と商品流通　125

表 4-13　ニュールンベルクにおける主要商品の移出入先

|  | 移入先 | 移出先 |  | 移入先 | 移出先 |
|---|---|---|---|---|---|
| 木綿 | 中部ドイツ、西南ドイツ、フランケン、ベーメン |  | セメント 煉瓦 | フランケン、中部ドイツ、フランケン、南バイエルン |  |
| ビール |  | 中部ドイツ、フランケン、ベルリン、北部ドイツ、フランス | 石炭 | 西南ドイツ、西部ドイツ、中部ドイツ、ザール |  |
| ホップ | 南バイエルン、西南ドイツ、エルザス、ベーメン | 帝国内全域 | 亜炭 銑鉄 | ベーメン 中部ドイツ、西部ドイツ、西南ドイツ |  |
| 大麦 | フランケン、ベーメン、南バイエルン |  | くず鉄 | フランケン、西南ドイツ、中部ドイツ | フランケン、南バイエルン、オーストリー、西部ドイツ、シュレージエン |
| 小麦 | フランケン、南バイエルン |  |  |  |  |
| オート麦 | フランケン、中部ドイツ |  | 鉄鋼 | フランケン、西南ドイツ、ザール、ロートリンゲン | フランケン、南バイエルン |
| 小麦粉 | 西南ドイツ、中部ドイツ、フランケン | フランケン | レール | フランケン | フランケン、南バイエルン、エルザス |
| 麦芽 | フランケン、ベーメン | フランケン |  |  |  |
| じゃがいも | フランケン、南バイエルン |  | 鉄鋼製品 | 西部ドイツ、西南ドイツ、フランケン | 中部ドイツ、フランケン、南バイエルン |
| 果物、野菜 | フランケン、南バイエルン、中部ドイツ、イタリー、オーストリー |  | 蒸気機関 | 中部ドイツ | 北部ドイツ、西部ドイツ、中部ドイツ、西南ドイツ |
|  |  |  | 車両 | フランケン | フランケン |
| 油脂 | 中部ドイツ |  | 紙製品 | 中部ドイツ、フランケン | フランケン |
| 塩 | 中部ドイツ、西南ドイツ |  |  |  |  |
| 砂糖 | 西南ドイツ、中部ドイツ |  | 肥料 |  | フランケン |
| 木材 | 南バイエルン、フランケン、西南ドイツ、オーストリー |  | 薪 生石灰 | フランケン フランケン |  |
| 砂利 | フランケン、南バイエルン、中部ドイツ |  |  |  |  |

　部ドイツなど地場産業としてビール部門がほとんど存在しないか、あっても生産量が限られている地域へ移出されていたのである。ビールの原料となるホップは、ほぼドイツ全体を射程に入れる一方、ホップ生産地をも商業活動の対象下に収めていた。ここに、南バイエルンをはじめとして、西南ドイツ、エルザス、ベーメンなどと結びついたニュールンベルク商人の活躍を想起すべきであろう。

　製パン用穀物は全体として、かなりの程度まで、フランケン地方内部、もしくはせいぜいバイエルン内部で賄うことが可能であった。例えばライ麦、オート麦は同地方内部の流通が支配的であり、また、小麦についてはバイエルン全体まで地域を広げてみれば、自給率はかなり高くなる。しかしながら、バイエ

表4-14 バイエルン内部の商品流通

|  | 南バイエルン | | フランケン | |
|---|---|---|---|---|
|  | 移入 | 移出 | 移入 | 移出 |
| 全商品 | 126,483 | 28,811 | 643,034 | 160,649 |
| ビール | 118 | 23 | 462 | 6,278 |
| ホップ | 6,027 | 586 | 1,447 | 1,251 |
| 小麦 | 3,669 | 47 | 4,545 | 228 |
| ライ麦 | 144 | — | 906 | 196 |
| オート麦 | 118 | — | 10,028 | 404 |
| 大麦 | 1,781 | — | 9,202 | 157 |
| 麦芽 | 134 | 178 | 4,607 | 1,321 |
| 小麦粉 | 1,267 | 179 | 1,802 | 1,513 |
| ジャガイモ | 1,382 | 1 | 3,830 | 85 |
| 果物、野菜 | 2,095 | 57 | 2,247 | 307 |
| 食料品 | 2,012 | 248 | 547 | 436 |
| 砂糖 | 212 | 17 | 1,043 | 140 |
| 塩 | 791 | 3 | 99 | 62 |
| セメント | 512 | — | 12,712 | 1,295 |
| 砂利、土、粘土 | 7,573 | 156 | 13,510 | 5,025 |
| 丸太 | 13,542 | 21 | 57,550 | 1,597 |
| 木材 | 33,989 | 179 | 20,253 | 4,084 |
| 煉瓦 | 3,971 | 35 | 223,649 | 1,483 |
| くず鉄 | 4,840 | 1,147 | 18,220 | 11,756 |
| レール | 377 | 2,279 | 1,961 | 4,578 |
| 鉄鋼 | 279 | 7,095 | 18,401 | 9,362 |
| 鉄鋼製品 | 689 | 3,045 | 4,164 | 4,013 |
| 蒸気機関 | 871 | 1,520 | 1,876 | 2,358 |
| 肥料 | 6 | 59 | 75 | 56,984 |
| 生石灰 | 657 | — | 9,644 | 184 |
| 車両 | 603 | 267 | 2,468 | 4,542 |
| タール、ピッチ | 193 | 701 | 263 | 6,561 |
| 薪 | 8,571 | 24 | 38,275 | 390 |
| 亜炭 |  |  | 2,494 | 312 |
| 亜炭練炭 | 71 | — | 7,181 | 248 |
| 石炭 | 1,297 | 8 | 8,317 | 1,312 |
| 石炭コークス | 94 | — | 6,604 | 3,281 |

ルン外の比較的近接した穀物産地との連関が見られるケースも若干あった。例えば、大麦、麦芽はベーメンへの、また小麦粉は西南ドイツおよび中部ドイツへの依存度が高い。

その他、果物、野菜、油脂（主としてマーガリンでありバターも若干含まれる）、塩、砂糖といった商品も、中部ドイツや西南ドイツ、あるいはオーストリーとの関係を認めることができる。

こういった傾向は建設資材にも見られる。煉瓦は地域内でほぼ自給しえたが、建設用木材、砂利はバイエルン内部での流通が支配的であるとはいえ、前者は西南ドイツ、オーストリーからの移入によって、また後者は中部ドイツからの移入によって補填された。また、セメントは自給率が6割強であったが、中部ドイツ、とくにヘッセン＝ナサウとの連関もかなり大きかった。

次に、ニュールンベルク機械工業の市場関係を検討すると、2系列の関係が観察できる。一つは、帝国全域を市場としてとらえていた蒸気機関生産であり、もう一つは、フランケン地方内をもっぱら販路とする車両生産である。とりわ

け前者が、ライン・ヴェストファーレンやシュレージエンなどの工業地帯をも射程に入れていたことは、注目に値しよう。

　上記2商品を除けば、工業製品は全般に、地域外への依存度が高い。例えば化学製品は西南ドイツ、中部ドイツから、紙製品は中部ドイツ、西南ドイツ、西部ドイツから、またガラス製品は中部ドイツ、西部ドイツから移入されていた。

　さて、このような市場関係によって規定されるフランケン地方の性格はいかなるものであろうか。

　同地方の中心地であるニュールンベルクは、工業製品や穀物を移入する消費都市としての側面を有していたのであるが、それと同時に、ホップ取扱い商人の活動に典型的にあらわれている流通過程の担い手としての機能は、同市を商業都市たらしめていたのである。こういった二つの側面と比べれば、生産過程としての働きは副次的とはいえ、産業革命を経過して急激に成長してきた機械工業の意義は過小評価されてはならない。消費都市としての性格を有しつつ機械工業が急速な発展を示しているという点に、われわれは首都ベルリンとの類似性を見ることができる。首都経済圏との市場関係が希薄であったのは、相互に補完しあう商品が存在しないからであろう。

　ニュールンベルクとフランケン地方の農村地域との関係は、農村における穀物生産、都市における肥料および工業製品の生産を通じて、相互補完的な分業関係が成立していた。一般に、ミュンヘン、ニュールンベルクのような都市を中心として放射線状に鉄道が形成された地域は、周辺の農村部が都市を中心とする市場のうちに再編される傾向があった[49]。こうした都市と農村との関係を背景として、フランケン地方の商品流通構造は、当該地方内部の流通比率が高いのが特徴である。しかしながら、同地方と隣接した地域、すなわち中部ドイツ、西南ドイツ、南バイエルンとの市場関係、とりわけ、南バイエルンの穀物および中部ドイツの工業製品に見られる市場関係は、この地方の再生産を考慮する上で重要である（図4-1）。

　このことはまた、フランケン地方を隣接したいずれかの経済単位に帰属させ

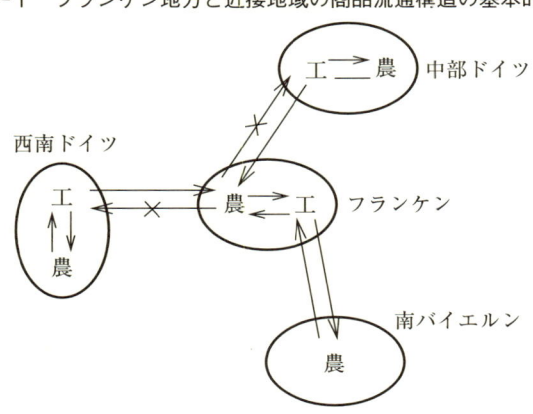

図4-1 フランケン地方と近接地域の商品流通構造の基本的方向

ることが可能であるのか、という問題を生じるのである。例えば、ティプトンの記述をみると、ニュールンベルクを南部ドイツに帰属させる箇所と中部ドイツに帰属させる箇所とがあり(50)、同地方の性格確定のむずかしさを看取できる。われわれの分析においてもその帰属を明確する積極的な根拠に乏しく、この問題は依然として未解決である。むしろ中部ドイツ、南バイエルン、西南ドイツの市場形成力がこの地方において重なり合い、衝突する（と同時に相互に打ち消し合う）という緊張関係が、同地方内の分業関係を豊かに育成せしめ、流通の収束地点としてのニュールンベルクの地位を規定していると考える方が自然であろう。

ところで、ライン・ヴェストファーレンに関する前章の分析では、フランケン地方との市場関係が顕在化していない。にもかかわらず、本章においては、フランケン地方は西部ドイツと一定の市場関係が見られるのは、どのように説明したらよいのであろうか？　考えうるのは、①フランケンから見たライン地方の市場的ウエイトが高く、逆にラインからみたフランケンの市場的比重が小さい可能性が十分にある、②ラインに関する統計の時期（1870年）とフランケンに関する統計の時期（1907年）にはズレがあり、その間に2地方間の流通が進んだ可能性がある、ことを指摘しておきたい。

以上の事情を考慮して、同地方の市場構造を要約すれば次のようになる。①ニュールンベルクと周辺農村地域の間に農・工分業関係が成立し、それが同地方の再生産の基底をなしている。しかしこうした再生産構造は、完全に地域内で実現しうるものではなく、②工業原料の調達にあたっては、国境を越えたベーメンをも含めた広範な地域と市場関係を結び、その関係は工業製品の移入先と一致する。農村地域としてのフランケン地方の意義を強調すれば、中部ドイツ（あるいは西南ドイツ）との市場連関→市場的包摂という可能性も生じうる。③穀物の地域内自給率は高く、これを補足するのが南バイエルンを中心とする近接地域であって、それに対しては逆に工業製品を供給する関係にある。したがってニュールンベルクと周辺農村地域との間にみられるような分業関係は、規模は限定されるにせよ、フランケンと南バイエルンとの間にもみられ、（仮に工業地域としてのフランケン地方の意義を強調すれば）フランケン地方の再生産構造の延長線に「大バイエルン市場」という展望をも看取できる。地域内分業に基づくこうした二面性が、同地方をして隣接市場相互の緊張関係のうえに均衡せしめると同時に、そうした結果が逆に地域内分業を深化させる原因ともなっているのである。

　ところで鉄道は商品流通にどのような作用を及ぼしたのであろうか。まず第一に工業原料、とりわけ石炭調達上の輸送費の問題は交通の結節点（フランケン地方にあってはニュールンベルク・フュルト地域）への産業立地の移動を引き起こしたことがあげられる[51]。第二に、鉄道は二つのまったく正反対の作用を及ぼした。地域間あるいは遠隔地を結ぶ幹線鉄道建設は、市場圏相互間の流通を促進し、ドイツ経済を統合へと導いたのに対し、地域内の（とくに工業生産の中心地とその周辺を結ぶ）鉄道は、周辺部を経済的に過疎化しつつ、（両者を工業地域と農業地域への特化させることによって）地域的経済循環を強めることになったと考えられる[52]。第三に、鉄道の敷設が地域経済に影響を及ぼすのはせいぜい路線の左右３〜５kmの地域に限定され[53]、「駅から３kmも離れると工業化は、もう止まってしまった」[54]といわれるほど、微妙なものであった。ここにわれわれは流通の結節点となり、また生産の地域的中

心地となったニュールンベルクとそれになりえなかったアウグスブルクの相違を見ることができる。

注
(1) 渡辺尚は、四つの「原経済圏」を構想する際、「4 地域が漸移帯で重なり合う一方では、どの地域にも属さない間隙が生じうることもありうる」としたうえで「いずれの地域にも属さない独自の都市圏」の可能性を指摘しつつ、慎重に「ライヒを相似的産業編成を持つ地域に分解してみることができる」という可能性を模索している(渡辺尚『ラインの産業革命』、前掲、27-29ページ)。
(2) 領邦間、あるいは地域間の商品流通を明らかにする資料は、石炭輸送統計が最も整備されているが、他の商品についての統計資料は概して乏しい。われわれが利用しうるものの一つに、個別鉄道企業の「営業報告書」があるが、それすらも、商品別かつ輸送先別に整理されているものは少ない。ザクセンの邦有鉄道統計は1854年以降の商品の移動を詳細に示しているが、これはむしろ例外に属するものである。さてここで扱うニュールンベルク地域からの貨物の移動状況については、ルードヴィッヒ鉄道開通以降、19世紀後半に至る時期の統計をニュールンベルク市文書館 (Stadtarchiv in Nuernberg) の資料に見ることができるが、これは商品別に分類されることがなく、また、ニュールンベルクとフュルトの間の輸送に関するものが中心である。この地域の商品流通を包括的に表わす資料が登場するのは、ようやく帝制期に入ってからである。帝制期の資料のうちでも、商品の移動を詳細に伝え、かつ最も早い時期に相当する1907年の統計をここでは用いて、分析を進める (Mitteilungen des Statistischen Amtes der Stadt Nuernberg, Heft 5, Nuernberg, 1914)。以下、表4-1、表4-3～表4-12および表4-14はこれによる。
(3) 1907年において、なお農業人口が就業人口の50%を超えていたのは、Ostpreussen (58.3%)、Westpreussen (54.6%)、Posen (51.0%)、Pommern (51.5%)、の東部4州とBayern (51.9%) であった (Tipton, a. a. O.)。
(4) Ebenda, S. 135.
(5) Schultheiss, W., Die politische, wirtschaftliche und kulturelle Situation Mittelfrankens um 1843, in: 125 Jahre Industrie und Handelskammer Nuernberg 1843-1968, Nuernberg, 1968, S. 41.
(6) Jegel, A., Die wirtschaftliche Entwicklung von Nuernberg-Fuerth, Stein und des Nuernberger Raum seit 1806, Nuernberg, 1951, S. 60-61.
(7) Eibert, G., Unternehmenspolitik Nuernberger Maschinenbauer 1835-1914, Nuernberg, 1970.
(8) Goemmel, R., Wachstum und Konjunktur der Nuernberger Wirtschaft 1825-1914,

第4章　フランケン地方の鉄道輸送と商品流通　131

Nuernberg, 1978.
( 9 ) 　Nuernberg. Geschichte einer europaeischen Stadt, Muenchen, 1971, S. 401, 403 u. 407. ニュールンベルクの遠隔地商業は、ブレーメン、ハンブルク経由アメリカ向けの輸出に典型的にあらわれていた。ホップの対米輸出は、1895年に頂点に達したが、イギリス、ベルギー、カリフォルニア産との競争にあって以後減少するに至った（Nuernberg, a. a. O., S. 401, u. 407）。しかしながら、ホップの場合を除けば、一般にニュールンベルク製品の輸出が1890年以降振るわなくなった一因は、アメリカの保護関税に求められる。例えば、1897年の輸出量を1890年のそれと比較すると、半減したことがわかる（Goemmel, a. a. O., S. 77）。
(10) 　Goemmel, a. a. O., S. 78-80; Schultheiss, a. a. O., S. 38; Zorn, Zwischenstaatliche wirtschaftliche Integration im Deutschen Zollverein 1867-1870, a. a. O., S. 59. ニュールンベルクのみを考えても、1869年のバイエルン外への移出量が77,480hlであったのに対し、ミュンヘンからのそれは28,292hlにすぎなかった。
(11) 　Zorn, Die wirtschaftliche Integration Keindeutschlands in den 1860er Jahre und die Reichsgruendung, a. a O., S. 329.
(12) 　Goemmel, a. a. O., S. 83.
(13) 　Schultheiss, a. a. O., S. 37 詳細は Buchner, F., Hundert Jahre Geschichte der MAN, Augusburg, 1940.
(14) 　Goemmel, a. a. O., S. 83.
(15) 　Eibert, a. a. O., S. 182f; Weiher, S. v. u. Goetzeler, H., Weg und Wirken der Siemens-Werke im Fortschritt der Elektrotechnik 1847-1972, Muenchen, 1972, S. 97.
(16) 　Nuernberg, a. a. O., S. 408.
(17) 　Schultheiss, a. a. O., S. 37f; Goemmel, a. a. O., S. 53-4.
(18) 　Tipton, a. a. O., S. 137; Goemmel, a. a. O., S. 53.
(19) 　Nuernberg, a. a. O., S. 409.
(20) 　Jegel, a. a. O., S. 101. こういったニュールンベルク産品の大半は、19世紀中葉にヴュルツブルク経由でフランクフルト方面へ移出されていたことが確認されている（Zorn, Zwischenstaatliche wirtschaftliche Integration im Deutschen Zollverein 1867-1870, a. a. O., S. 59）。また、Baten, J., Ernaehrung und wirtschaftliche Entwicklung in Bayern 1730-1880, Stuttgart, 1999, S. 43, をも参照。
(21) 　ニュールンベルクは、工業原料である石炭や鉄鉱石の産地を周辺に有していなかった（Kellenbenz, H., Die Wirtschaft Frankens im 19. Jahrhundert, in: Fuerther Heimatblaetter, 5/Ⅳ, 1959）。
(22) 　Goemmel, a. a. O., S. 149-151. バンベルク、ホフを経由して、ザクセン炭を鉄道によって輸送する可能性が生まれたのは、1848年のことであった。

(23) Ebenda; Jegel, a. a. O., S. 153; Schultheiss, a. a. O., S. 36-7.
(24) Goemmel, a. a. O., S. 151. 1870年代初頭には、ベーメン炭がザクセン炭よりも10％程度廉価であったが、それ以降、この関係は逆転した。
(25) ニュールンベルクの機械工業、クラマー゠クレットは、1871年当時、石炭をオーバーフランケンのシュトックハイム（消費量の38％）、ベーメン（同34％）、ザクセン（同14％）、ザールおよびルールから調達していた (Zorn, Die wirtschaftliche Integration Kleindeutschlands in den 1860er Jahre und die Reichsgruendung, a. a. O., S. 313)。
(26) 1906年に「バイエルンは、ベーメンから亜炭の（総需要量の）39.9％、石炭の（同）6.5％を調達しているのに対し、ルール地域からは必要な石炭の27.4％を調達している」(Jegel, a. a. O., S. 53) にすぎなかった。
(27) ドイツ国内の商品流通を、輸送手段別にみると、以下のようになる。

|  | 1860年 |  | 1870年 |  |
| --- | --- | --- | --- | --- |
| 鉄道 | 50％ | （ 9百万トン） | 70％ | （31.9百万トン） |
| 海上交通 | 14％ | （ 1.7百万トン） | 8％ | （ 1.8百万トン） |
| 内国水運 | 36％ | （ 6.4百万トン） | 22％ | （ 7.0百万トン） |

(Zorn, Die wirtschaftliche Integration Kleindeutschlands in den 1860er Jahre und die Reichsgruendung, a. a. O., S. 308-9)
(28) Leonhardy, H., Die Anfaenge des Eisenbahnwesens in Bayern, Nuernberg, 1911, S. 111.
(29) Loewenstein, T., Die bayerische Eisenbahnpolitik bis zum Eintritt Deutschlands in die Weltwirtschaft, in: AfE 1927, S. 909.
(30) Bayer, P., Leipzig und die Anfaenge des Deutschen Eisenbahnbaus, Weimar, 1978, S. 174-5.
(31) Jegel, a. a. O., S. 49.
(32) Schultheiss, F., Der Ludwig-Kanal. Seine Entstehung und Bedeutung als Handels-Strasse, Nuernberg, 1847.
(33) Popp, W., Gruendung und Verwaltung der ersten deutschen Eisenbahn, Erlangen, 1943, S. 71.
(34) F. リストは「北米通信」(Mitteilungen aus Nordamerika, 1829, in: Werke, Bd. Ⅲ, S. 89f) においてバイエルン＝ハンザ鉄道構想を明らかにした。リストの構想は

```
Hamburg  \                    / Frankfurt a. M
           Gotha（またはEisenach）
Bremen   /                    \ Bamberg-Nuernberg-Augsburg-Bodensee
```

というものであり、この鉄道の開通によって、①バイエルン産の穀物がスイス、

第4章　フランケン地方の鉄道輸送と商品流通　133

ライン、マイン地方に販路をみいだす（S. 89）ばかりでなく、②従来の輸送費の1/3ないし1/4でハンザ都市にもたらされ、また③粗糖および原綿がバイエルンの製糖業と紡績業に供給される（S. 105, 124, 126）ほか、銑鉄や石炭などの工業原料が容易にバイエルンへ輸送される（S. 124, 126）ことを指摘している。

(35)　Schultheiss, W., a. a. O., S. 38.
(36)　1861年9月20日、ベーメン産の石炭が初めて鉄道を通じてニュールンベルクに輸送され、工業原料に供された（Jegel, a. a. O., S. 153）。
(37)　松田智雄「ドイツ資本主義構造論によせて」前掲、501ページ。
(38)　フランスの場合、首都であるパリがすべての幹線鉄道の結節点となり、地方市場圏を統合・再編することによって、「全国的規模で再編成された農・工循環構造の中枢」となったのに対し、ドイツではベルリンがかなり大きな比重を有したターミナルとなったにせよ、かかる役割を全うするほどの地位とはなりえず、むしろ複数の商品流通の中枢の一つであった、と考えられる。フランスについては中木康夫「第二帝制＝ボナパルティズムとフランス資本主義」『国民経済の諸類型』前掲書、405ページ。パリを中心に六方向に路線を延ばす6大私鉄については、原輝史『フランス資本主義——成立と展開』日本経済評論社、1986年、132ページ注37および135ページ注19を参照。
(39)　この地域区分は、渡辺尚（「『ドイツ』資本主義と地帯構造」前掲）、肥前栄一（『ドイツ経済政策史序説』前掲、序章）の地帯構造に関するそれぞれの視角を踏まえつつも、フランケン地方の商品流通構造に基づき、独自に分類したものであって、生産構造に従った総体的な市場関係の地帯別構造とは若干のズレがあることを確認しておきたい。
(40)　東部ドイツ地域には、オストプロイセン、ヴェストプロイセン、ポーゼン、シュレージエンを含める。
(41)　首都経済圏には、ベルリンを中心とするブランデンブルク州全体が含まれている。
(42)　ベルリンがビールをバイエルンから移入する一方で、ブランデンブルクに移出していたことは、すでに研究史の示すところである（Tipton, a. a. O., S. 108）。
(43)　北部ドイツには、いわゆるハンザ都市をはじめとして、北海岸とバルト海岸の一部、エルベ川とヴェーザー川の下流域の港町が多く含まれている（すなわち、Mecklenburg-Schwerin, Mecklenburg-Strelitz, Hannover, Oldenburg, Braunschweig, Schumburg-Lippe とハンザ都市である）。したがって、この地域との関係を表わす表4-7には、外国との市場関係の可能性が潜在している。
(44)　西部ドイツ地域は、ライン・ヴェストファーレンに相当する。表4-8中、Prov. Westfalen は Fst. Lippe-Detmold, Waldeck（Arolsen）を含む。Rheinprovinz の右岸地域には Kr. Wetzlar は含まれていない。Ruhrrevier は Hamm-Holtern-

Dorsten, Dinslaken-Homberg-Duesseldorf-Burscheid-Meinerzhagen-Hemer-Hamm によって区切られる地域である。ただし、Holern 自体に含まない。

(45) 中部ドイツに区分した地域は、ザクセン王国、ヘッセン・ナサウ州（ただし、カッセル県の Rinteln 郡は北部ドイツに含めた）、オーバーヘッセン、マグデブルク、アンハルト公国、メルセブルク、エアフルト、テューリンゲン等である。

(46) 西南ドイツに含めた地域は、バーデン大公国、ヴュルテンブルク王国、ヘッセン大公国（ただし、オーバーヘッセン州を除く）、バイエリッシェ・プファルツおよびホーエンツォレルンである。

(47) フランスとの国境に位置するこの地域は他の地域に帰属させずに、ひとまず独立して集計した。

(48) 例えば、ライン・ヴェストファーレンやザクセンでさえ、オーストリーの穀物との市場関係を見ることができる（本書、第3章および Zorn, Die wirtschaftliche Integration Kleindeutschlands in den 1860er Jahre und die Reichsgruendung, a. a. O.)。

(49) Tipton, a. a. O., S. 135.

(50) Ebenda, S. 135 u. 137.

(51) Scheu, E., Die Stellung Nordbayerns in wirtschaftsgeographischer Sicht, in: Die Nuernberger Hochschule im fraenkischen Raum, Nuernberg, 1955, S. 83f; Voigt, F., Die volkswirtschaftliche Bedeutung des Verkehrssystems, Berlin, 1960（フォークト著、岡田清・池田浩太郎訳『交通体系論』千倉書房、217-8 ページ）。

(52) こうした着想はフォークトの所論に触発された。彼は、交通が経済発展に及ぼす影響に従って①交通が成長に積極的に寄与する「発展地域」(Entwicklungsbereich)、②交通が発展に対して負の影響を及ぼす「過疎化地域」(Entleerungsbereich)、③交通の影響がニュートラルである「無影響地域」(Indifferensbereich)に分類している（フォークト、訳書、23ページ）のであるが、①の発展は②から資本や労働力の流入を前提としてのみ考えられうるのであって、①と②の関係は相互連関的であろう。

(53) Voigt, F., Die Einwirkungen des Verkehrsmittel auf die wirtschaftliche Struktur eines Raums, dargesellt am Beispiel Nordbayerns, in: Die Nuernberger Hochschule im fraenkischen Raum.

(54) フォークト、訳書、325ページ。

## 第5章

## ドイツの領邦鉄道網と政策
——ドイツ鉄道史の解体と再構築——

### 1 問題の所在

　第二帝制期ドイツの鉄道史研究の大前提として、ワイマール期以前にはドイツ帝国の主権の及ぶ鉄道がエルザス・ロートリンゲン鉄道に限られていた、ということをまず指摘しておきたい。したがって、19世紀のドイツ鉄道史研究の多くは、プロイセン鉄道史研究であるか、プロイセン的視角からドイツ鉄道を研究するのが一般的であった[1]。例えば、ビスマルクによるプロイセンの鉄道国有化が、ドイツの鉄道を制覇したという見解[2]が、わが国のドイツ鉄道史観を代表するものであろう。「国有化」（Verstaatlichung）が実は、領邦政府による「邦有化」であり、ドイツの鉄道制度を統一するどころか分裂させるモメントになりうることを考慮する必要がある[3]。

　本章では、Reich（帝国）内でのStaat（領邦）レベルの鉄道政策の錯綜した関係を可能なかぎり明らかにすると同時に、ビスマルクによる国有化の覇権が及んだ範囲を検討し、鉄道史の観点から第二帝制の構造にメスを入れる。

### 2 領邦の鉄道主権と鉄道網

　ドイツ国内に領邦「国有鉄道」の地理的分布を表5-1により確認しておこう。ここでは、ビスマルクによる国有化を経過した以降の1889年を基準年度とした。鉄道総延長の示す順位（プロイセン、バイエルン、ザクセンの順）は、

表5-1　ドイツにおける

| | 面積<br>(qkm) | 人口<br>(千人) | 鉄道<br>総延長<br>(km) | 鉄道密度<br>(km/100qkm) | プロイセン<br>国鉄 | バーデン<br>国鉄 |
|---|---|---|---|---|---|---|
| ① Herzogtum Anhalt | 2,347 | 254 | 265.07 | 11.29 | 247.57 | |
| ② Grossherzogtum Baden | 15,081 | 1,615 | 1,413.57 | 9.37 | | 1,169.21 |
| ③ Koenigreich Bayern | 75,860 | 5,476 | 5,350.70 | 7.05 | | |
| ④ Herzogtum Braunschweig | 3,690 | 381 | 429.95 | 11.65 | 352.89 | |
| ⑤ Freie u. Hansestadt Bremen | 256 | 168 | 44.99 | 17.57 | 37.28 | |
| ⑥ Reichslande Elsass-Lothringen | 14,509 | 1,569 | 1,456.65 | 10.03 | | |
| ⑦ Freie u. Hansestadt Hamburg | 410 | 535 | 37.91 | 9.25 | 21.48 | |
| ⑧ Grossherzogtum Hessen | 7,682 | 968 | 918.70 | 11.96 | 111.38 | 22.17 |
| ⑨ Fuerstentum Lippe-Detmold | 1,215 | 125 | 29.30 | 2.41 | | |
| ⑩ Freie u. Hansestadt Luebeck | 298 | 69 | 46.90 | 15.75 | | |
| ⑪ Grossherzogtum Mecklenburg-Schwerin | 13,304 | 579 | 895.59 | 6.73 | 96.75 | |
| ⑫ Grossherzogtum Mecklenburg-Strelitz | 2,390 | 99 | 182.32 | 6.22 | 72.94 | |
| ⑬ Grossherzogtum Oldenburg | 6,423 | 345 | 406.05 | 6.32 | 51.74 | |
| ⑭ Koenigreich Preussen | 48,347 | 28,762 | 24,359.80 | 6.99 | 21,610.24 | 20.96 |
| ⑮ Fuerstentum Reuss aelt. L. (Greiz) | 316 | 58 | 35.35 | 11.17 | | |
| ⑯ Fuerstentum Reuss j. L. (Schleiz-Gera) | 826 | 114 | 56.96 | 6.90 | 16.86 | |
| ⑰ Koenigreich Sachsen | 14,993 | 3,254 | 2,344.85 | 15.64 | 142.04 | |
| ⑱ Herzogtum Sachsen-Altenburg | 1,324 | 163 | 164.63 | 12.44 | 0.93 | |
| ⑲ Herzogtum Sachsen-Coburg-Gotha | 1,957 | 201 | 174.33 | 8.91 | 126.65 | |
| ⑳ Herzogtum Sachsen-Meiningen | 2,468 | 219 | 231.00 | 9.35 | 33.21 | |
| ㉑ Herzugtum Sachsen-Weimar-Eisenach | 3,595 | 317 | 399.88 | 11.12 | 155.95 | |
| ㉒ Fuerstentum Schaumburg-Lippe | 340 | 38 | 24.32 | 7.16 | | |
| ㉓ Fuerstentum Schwarzburg-Rudolstadt | 940 | 85 | 30.29 | 3.22 | 14.84 | |
| ㉔ Fuerstentum Schwarzburg-Sonderhausen | 862 | 75 | 78.65 | 9.12 | 49.46 | |
| ㉕ Fuerstentum Waldeck | 1,121 | 57 | 11.96 | 1.07 | 9.90 | |
| ㉖ Koenigreich Wuerttemburg | 19,504 | 2,015 | 1,460.79 | 7.49 | | 24.17 |

(典拠)　Meyer, A. v., a. a. O., より作成。

領邦の面積の順位と一致するが、鉄道密度では、ブレーメン、リューベックなどの小邦と並んでザクセンがかなり高位にある。この表から、各領邦に自邦以外の国有鉄道が浸透している様子が明らかになる。すなわち、

　①プロイセン国鉄の浸透は、帝国全体としては、きわめて限られた範囲であること、

　②プロイセン国鉄が存在しない領邦＝プロイセンによる鉄道主権が浸透していない領邦は、バーデン、バイエルン、ヴュルテンベルクであり、人口、面積規模が大きい領邦であること、

　③プロイセン国鉄の比重が、全体の鉄道網のうちで小さいのは、ザクセンで

## 鉄道の地域分布（1889年）

(各国鉄の延長単位：km)

| ヴュルテンベルク国鉄 | バイエルン国鉄 | オルデンブルク国鉄 | 帝国鉄道 | ザクセン国鉄 | ロイス(弟)国鉄 | ザクセン=アルテンブルク国鉄 | ザクセン=マイニンゲン国鉄 | ザクセン=ヴァイマール=アイゼナッハ国鉄 |
|---|---|---|---|---|---|---|---|---|
| 80.79 | | | | | | | | |
| 8.08 | 4,436.56 | | | | | | | |
| | | 5.61 | | | | | | |
| | | | 1,301.72 | | | | | |
| | | 222.06 | | | | | | |
| 59.61 | | 82.29 | 16.98 | 12.61 | | | | |
| | | | | 16.18 | | | | |
| | | | | 2,178.39 | | | | |
| | | | | 72.67 | | | | |
| | | | | | 8.88 | | | |
| | | | | | | 25.41 | | |
| | | | | 0.83 | | | | |
| | | | | 40.02 | | | | |
| | | | | | | | 52.50 | |
| | | | | | | | | 69.86 |
| 1,419.93 | | | | | | | | |

あること（6％程度）、

④鉄道総延長に占めるプロイセン国鉄の比重が大きく、プロイセンによる鉄道主権が浸透しているのは、ブラウンシュヴァイク、アンハルト、ブレーメン、ハンブルクなど小邦に限られること、

⑤他方、プロイセン内にはバーデン、ヴュルテンベルク、オルデンブルク、ザクセンの各国鉄が存在していること、

⑥また、ドイツ帝国の主権化が実現しているのは事実上エルザス、ロートリンゲンのみであること、

以上を確認できる。

表5-2 ドイツにおける国有鉄道

| 開通年次 | Braunschweig | Baden | Hannover | Bayern | Wuerttemberg | Hessen | Hessen Frankfurt |
|---|---|---|---|---|---|---|---|
| 1838 | 11.75 | | | | | | |
| 1840 | 16.36 | 18.46 | | | | | |
| 1843 | 53.90 | 54.14 | 41.97 | 103.20 | | | |
| 1844 | 18.60 | 85.71 | | | | | |
| 1845 | | 67.12 | 27.92 | | 9.80 | | |
| 1846 | | 1.09 | 23.79 | 74.36 | 26.39 | 74.13 | 10.10 |
| 1847 | | 29.00 | 185.52 | 60.19 | 37.04 | | |
| 1848 | | 15.13 | | 65.91 | 29.19 | | 4.66 |
| 1849 | | | | 129.32 | 57.79 | | |
| 1850 | | | | 70.02 | | 21.70 | 30.91 |
| 1851 | | 6.02 | | | | 8.47 | |
| 1852 | | | | 99.33 | | 9.43 | |
| 1853 | | | 62.00 | 154.52 | 55.13 | | |
| 1854 | | | 100.83 | 178.88 | 0.90 | | |
| 1855 | | 5.77 | | | | | |
| 1856 | 60.54 | 23.24 | 155.29 | | | | |
| 1857 | | | | 62.92 | | | |
| 1858 | 22.07 | | | 31.87 | | | |
| 1859 | | 14.17 | | 20.79 | 34.72 | | |
| 1860 | | | | 82.76 | | | |
| 1861 | | 0.33 | | | 74.21 | | |
| 1862 | | 54.49 | 71.22 | 7.67 | 53.83 | | |
| 1863 | | 101.36 | | 3.75 | 33.57 | | |
| 1864 | 4.22 | | 16.38 | 88.84 | 35.09 | | |
| 1865 | 46.73 | 0.83 | | 86.62 | | | |
| 1866 | | 129.31 | 12.80 | 39.36 | 71.98 | | |
| 1867 | | 30.97 | | 80.99 | 70.92 | | |
| 1868 | 23.20 | 81.70 | | | 53.34 | | |
| 1869 | | 30.93 | | 49.16 | 226.15 | | |
| 1870 | | 20.42 | | 55.78 | 88.38 | | |

(典拠) Handbuch der deutschen Eisenbahnstrecken, a. a. O., より作成。

　次に、表5-2によって国有鉄道の開通状況を見てゆきたい。「国有鉄道」(Staatsbahn) の定義は「領邦政府が建設・経営を行う鉄道」とする。建設・経営の認可を与えられた企業体がどの領邦の「国有鉄道」であるかを基準とするので、必ずしもその領邦内にすべての路線が存在しているとは限らない[4]。この表から確認できるのは

　①国有鉄道が小邦であるブラウンシュヴァイクに始まったこと、

第5章　ドイツの領邦鉄道網と政策　139

の開通（建設・経営主体による分類）

(単位：km)

| Frankfurt | Sachsen | Kurhessen | Hessen / Kurhessen | Preussen | Nassau | Oldenburg | Bremen |
|---|---|---|---|---|---|---|---|
| 4.84 | 17.04 | 33.87 | | | | | |
| | 24.25 | 70.38 | 21.63 | 85.64 | | | |
| | 9.34 | | | 4.87 | | | |
| | 3.43 | | | 273.52 | | | |
| | | | | 116.42 | | | |
| | 4.08 | | | | | | |
| | 0.39 | | | 87.05 | | | |
| | | | | 150.83 | | | |
| 7.48 | 94.88 | | | 40.19 | | | |
| | 5.15 | | | 203.21 | | | |
| | | | | 60.95 | | | |
| | 26.30 | | | 14.85 | | | |
| | | | | 35.93 | 1.89 | | |
| | 100.97 | | | 99.34 | | | |
| | 56.03 | 56.01 | | 30.98 | | | |
| | | 9.94 | | 187.89 | | 41.64 | 2.07 |
| | 7.36 | 55.76 | | 31.92 | | | |
| | 44.76 | | | 18.73 | | 55.01 | |
| | | | | 53.71 | | | |

②比較的早い時期に国有鉄道の建設が始まったのはバーデン、バイエルン、ヴュルテンベルクであるが、表5-1とあわせて検討することによって、この三領邦には、1889年に至ってもプロイセンの鉄道主権が及んでいないこと、

③ザクセンとプロイセンが国有鉄道では後発であること、

以上である。

140

表5-3　ドイツにおける私有鉄

| 開通年次 | Bayern | Sachsen | Preussen | Frankfurt Hessen Nassau | Preussen Sachsen | Hamburg Luebeck | Daenemark |
|---|---|---|---|---|---|---|---|
| 1835 | 6.04 | | | | | | |
| 1837 | | 14.9 | | | | | |
| 1838 | | 50.08 | 56.87 | | | | |
| 1839 | 31.54 | 24.48 | 34.51 | 10.45 | | | |
| 1840 | 72.89 | | 46.38 | 27.84 | 37.63 | | |
| 1841 | | | 219.10 | | | | |
| 1842 | | 38.52 | 197.43 | | | 15.65 | |
| 1843 | | | 225.16 | | | | |
| 1844 | | 24.33 | 106.45 | | | | 109.43 |
| 1845 | | 28.02 | 184.44 | | | | 50.36 |
| 1846 | | 17.13 | 507.82 | | | | |
| 1847 | 38.39 | 28.96 | 403.66 | | | | 2.98 |
| 1848 | 50.94 | 69.71 | 250.01 | | 41.84 | | |
| 1849 | 26.61 | | 150.36 | | | | |
| 1850 | | | | | | | |
| 1851 | | 25.15 | 20.98 | | | | |
| 1852 | | 37.06 | 53.45 | | | | |
| 1853 | 18.48 | | 58.21 | | | | |
| 1854 | | 4.08 | 54.90 | | | | 20.08 |
| 1855 | 44.59 | 13.75 | 222.70 | | | | |
| 1856 | | 21.94 | 390.44 | | | | |
| 1857 | 11.13 | 1.06 | 190.75 | | | | 17.52 |
| 1858 | 102.79 | 10.75 | 197.65 | | | | |
| 1859 | 282.54 | 26.61 | 504.37 | | | | |
| 1860 | 76.8 | 7.37 | 111.83 | | | | |
| 1861 | 92.76 | | 136.82 | | | | |
| 1862 | | 5.03 | 134.81 | | | | |
| 1863 | 97.75 | | 329.06 | | | | |
| 1864 | 68.38 | | 46.23 | | | | 58.35 |
| 1865 | 40.05 | | 232.26 | | | | |
| 1866 | 14.03 | 19.24 | 179.35 | | | | 116.98 |
| 1867 | 5.30 | 22.22 | 306.18 | | | | 26.72 |
| 1868 | 28.69 | 53.81 | 328.96 | | | | 6.74 |
| 1869 | | 0.33 | 77.53 | | | | 36.92 |
| 1970 | | 28.38 | 815.71 | | 79.71 | | |

　私有鉄道の開通と領邦間の分布を示したのが表5-3である。ここではどの領邦が建設の認可を与えたかを基準とする。複数の領邦にまたがる路線は、複数の領邦が認可を与えるか、「領邦間条約」によって解決されているが、帝国が路線認可に関与するケースは皆無であった。この表から、以下の点が看取できる。すなわち、

道の開通（認可主体による分類）

| Preussen<br>Sachs-Weimar<br>Sachs-Coburg-Gotha | Preussen, Meckle.,<br>Hamburg, Luebeck,<br>Daenemark | Mecklenburg | Nassau | Hessen | Hessen<br>Frankfurt | Lauenburg<br>Luebeck,<br>Daenemark |
|---|---|---|---|---|---|---|
| 132.36<br>78.41<br>24.05 | 191.02 | 28.31<br>32.07<br>84.94 | 6.60 | 88.53<br>40.09 | 16.04 | |
| | | | | 47.29 | 8.86 | 47.21 |
| | | | 30.20<br>13.00<br>21.57 | 81.87<br>30.58 | | |
| | | 87.62 | 113.08<br>23.03 | 26.88<br>11.55 | | |
| | | 28.71<br><br>59.32 | | 18.48<br>60.05<br>68.59 | | |

①私有鉄道はバイエルンに始まり、ザクセン、プロイセンに波及していったが、いずれも経済単位としては規模の大きい領邦であったこと、

②バーデン、ヴュルテンブルクの私有鉄道は、ほとんど無視しうる存在であったこと、

③中小規模の領邦が認可した私有鉄道は概して少ないこと、

表 5-3

| | Sachs-Main Sachs-Weimar Sachs-Coburg-Gohta | Preussen Reuss jL Sachs-Altenburg | Baden | Wuerttemberg | Luebeck Hamburg Daenemark | Hannover | Sachs-Altenburg Reuss |
|---|---|---|---|---|---|---|---|
| 1835 | | | | | | | |
| 1837 | | | | | | | |
| 1838 | | | | | | | |
| 1839 | | | | | | | |
| 1840 | | | | | | | |
| 1841 | | | | | | | |
| 1842 | | | | | | | |
| 1843 | | | | | | | |
| 1844 | | | | | | | |
| 1845 | | | | | | | |
| 1846 | | | | | | | |
| 1847 | | | | | | | |
| 1848 | | | | | | | |
| 1849 | | | | | | | |
| 1850 | | | | | | | |
| 1851 | | | | | | | |
| 1852 | | | | | | | |
| 1853 | | | | | | | |
| 1854 | | | | | | | |
| 1855 | | | | | | | |
| 1856 | | | | | | | |
| 1857 | | | | | | | |
| 1858 | 149.60 | | | | | | |
| 1859 | | 59.45 | | | | | |
| 1860 | | | | | | | |
| 1861 | | | | | | | |
| 1862 | | | 22.19 | | | | |
| 1863 | | | | | | | |
| 1864 | | | | 6.11 | | | |
| 1865 | | | 3.28 | | 63.48 | 22.06 | 35.03 |
| 1866 | | | | | 7.91 | | |
| 1867 | | | | 5.74 | | | |
| 1868 | | | | | | | |
| 1869 | | | | 15.55 | | | |
| 1870 | | | | | | | |

(典拠) Ebenda

④デンマーク政府が単独で認可したり、ドイツ内の領邦と共同認可した私鉄が帝国内に存在していたこと、

等である。さてここでバイエルン、プロイセン、ザクセンに関して、表5-2と対象させることによって、私有鉄道建設が盛んであった時期には、国有鉄道

続き

| Preussen Hannover Anhalt | Hamburg | Daenemark Hamburg | Preussen Sachsen Schwarzburg-Sonderhausen | Preussen Schwarzburg-Sonderhausen | Preussen Hessen | Preussen Sachs-Coburg-Gotha |
|---|---|---|---|---|---|---|
|  |  |  |  |  |  |  |
|  |  |  |  |  |  |  |
|  |  |  |  |  |  |  |
|  |  |  |  |  |  |  |
|  |  |  |  |  |  |  |
|  |  |  |  |  |  |  |
| 67.78 | 0.34 | 3.98 |  |  |  |  |
|  |  |  | 9.94 |  |  |  |
| 13.86 |  |  |  |  |  |  |
| 36.78 |  |  |  | 71.15 | 45.13 |  |
|  |  |  |  |  | 110.70 | 58.97 |

建設が後退していることが分かる。また、プロイセンとザクセンは私有鉄道が圧倒的に優位であった。

　ところで、バーデン、ヴュルテンベルクがほぼ全面的に国有鉄道に依存していたのはなぜであろうか。民間企業の萌芽は見られなかったのであろうか。さ

しあたり、ヴュルテンベルクの事例を検討しよう。

ヴュルテンベルクでは、1830年代初頭に内務官僚・大蔵官僚からなる委員会において、ネッカー、ドナウ、ボーデンゼーを連絡する運河構想の一環として鉄道建設計画が論じられていた。一方、民間レベルにおいても、鉄道建設のための株式会社が、1835年に2件設立されている。シュトゥットガルトとウルムに本拠を置くこの2社は翌年合併し「ヴュルテンベルク鉄道会社」の名のもとにハイルブロン→シュトゥットガルト→ウルム→フリードリッヒスハーフェン線の実現をめざした。同社は1838年に解散となったが、その理由は政府が建設認可を与えなかったこと、また、建設資金が不足していたことの2点である。この間、議会・政府レベルで鉄道建設の準備が進行していった[5]。

1843年に「鉄道建設法」が施行され、同法は、第1条において幹線鉄道は国費で建設されること、第5条において建設資金は公債によって調達すること、また第6条において支線建設は民間企業に認可を与えることを定めている[6]。ここで建設が具体化した路線は、前述した「ヴュルテンベルク鉄道会社」の路線構想と完全に一致し、領邦間交通の一環となりうるルートを政府が管理下に置いたことになる。

バーデンについては、次項で述べるが、私有鉄道から出発したバイエルンが、国有鉄道を有するに至った経緯に触れる。

バイエルンにおける鉄道行政は、内務省のもとに置かれた「鉄道建設委員会」において展開された。同委員会の本部は1841年にニュールンベルクに置かれたが、48年以降、ミュンヘンに移されている。国有鉄道構想は、ニュールンベルク＝ライプツィヒ線建設に際して浮上した。同路線は、ニュールンベルクからホフに至り、「領邦国境」（Landesgrenze）を越えてザクセン内に接続することから、1841年にザクセン・アルテンブルクと条約を結ぶことになる。バイエルンの「領邦利害」に関わることが考慮され、1843年に国有鉄道建設に関する最初の立法が施行され、ホフ→ニュールンベルク→アウグスブルク→リンダウ線の建設が決定されたのである[7]。

ヴュルテンベルク、バイエルンの事例に共通するのは、領邦間交通に関与す

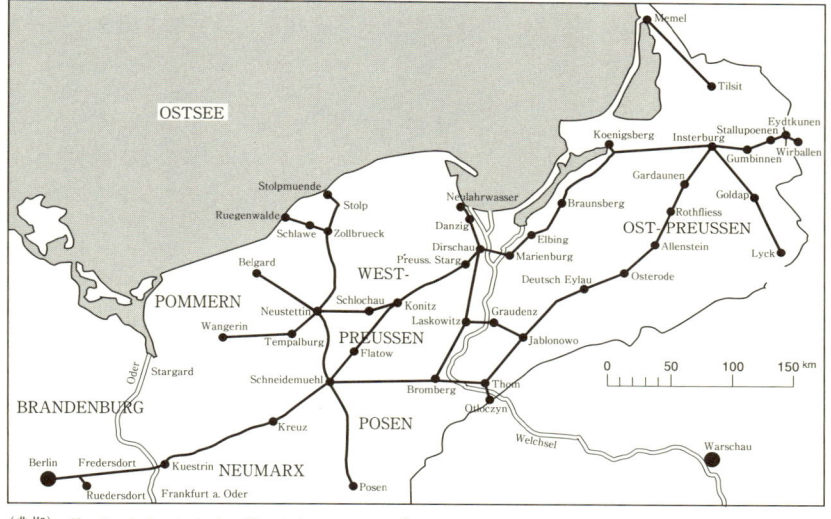

第5章　ドイツの領邦鉄道網と政策　145

図5-1　プロセイン東部鉄道の路線

（典拠）　Handbuch der deutschen Eisenbahnwesen, a. a. O.

る幹線は国有鉄道の形態をとるということであった。

## 3　領邦における鉄道政策

　プロイセンにおいては、ビスマルクによる国有化が実現する以前に「西部における私有鉄道の優位」と「東部における国有鉄道の優位」という図式が暗黙のうちに受け入れられてきた[8]。しかしながら、表5-2および表5-3から看取できるように、プロイセン全体としては、明らかに私有鉄道王国であり、また、ベルリンを中心とする鉄道網でさえ、すべて私有鉄道によって放射線状のネットワークが完成していた[9]。「東部における国有鉄道の優位」という印象を与えるのは、総延長の大きい国有東部鉄道（Ostbahn）の存在によるところ大であり、東部鉄道の事例はむしろ例外として扱われなければならない。東部鉄道の路線が、（図5-1から明らかなように）プロイセンとロシアの交通と関わるという点、また、これに先立って建設された国有鉄道が短距離の支線

（ザールブリュッケン鉄道）であるにもかかわらず、フランスとの交通に関与するものであった点から、鉄道の国有形態と国家利害とは密接な関係があったことを指摘しておきたい[10]。

プロイセンの鉄道建設は、私有鉄道として出発し、1848年以降、国鉄・私鉄の併存を図る「混合鉄道制度」へと移行した。v. d. ハイトの主導のもとに、一部の私有鉄道の「国営化」（「国有化」ではない）がすすめられた。「国営私有鉄道」は、株主の利益を保持しつつ、経営権のみを政府が掌握する形態であったことは、すでに第1章で指摘した。1860年代前半には、国有鉄道がほとんど建設されず、政府の所有する私鉄株の一部も売却されるが、やがて70年代に再び国有化問題が浮上してくる[11]。こうした鉄道政策の振幅を考える際に、次の点は見落とすことができないであろう。すなわち、私有鉄道が優位である時期は、政府が鉄道建設の財源を持つ余裕がなかったということである[12]。

ライン・ヴェストファーレンと並ぶ産業革命の主導地域を含むザクセン王国は、プロイセンの鉄道政策と相似な展開を示した。ライプツィヒ・ドレスデン鉄道の建設をめぐってプロイセンとの間に展開された「鉄道戦争」[13]に代表されるように、プロイセンとの対立のうちに類似した政策が生み出される。すなわち、私有鉄道政策を出発点とし、国鉄私鉄の併存体制を経験したのち、再び私有鉄道への傾斜を強めた後、国有化を推進してゆくことになる[14]。1876年に、73年恐慌によって経営的に破綻していた7私鉄、641kmを買収するが、その際、自邦内の鉄道に対する「外国」の影響を排除することに眼目が置かれていた[15]。ここで「外国」というのは、ドイツの他の領邦、とりわけプロイセンを意識していることを想起すべきであろう。

こういったザクセン王国の政策展開は、同領邦がプロイセンと対抗しうる経済構造、つまり経済的に自立性を持ちうる単位であることを示していると思われる。

これに対して、国有鉄道政策が一貫して維持されたのは、ブラウンシュヴァイク、バーデン、ハノーファー、オルデンブルクなどの中小邦であった。ブラウンシュヴァイクは、プロイセンとハノーファーの中継点という地理的な意義

を有し、ブラウンシュヴァイク→ヴォルフェンビュテル区間に、ドイツ最初の国有鉄道を開通させた。ブラウンシュヴァイクが経済的にも、地理的にも自立性を持ちえないことは、同鉄道のその後の経緯が明らかにしてくれる。1870年、ブラウンシュヴァイク政府は、鉄道をダルムシュタット商工業銀行に売却後、ベルリン・ポツダム・マグデブルク鉄道とベルク・マルク鉄道を株主として新たに設立された「ブラウンシュヴァイク（私有）鉄道」のもとに再編されることとなった(16)。このことは、ブラウンシュヴァイクの国有鉄道がプロイセンの私有鉄道の軍門に下ることを意味し、また、プロイセンにとっては東部と西部の商品流通を確立することでもあった。ハノーファー公国の事情もこれと類似していた。ハノーファーはベルリンからライン下流域に至る通商路の一環であると同時に、ハンブルク、ブレーメンから南部に至るルートを形成し、他邦との連絡の重要性に鑑み、概ね国有鉄道として建設が進行したのち、1866年にプロイセン国有鉄道に併合された(17)。

　一般に中小邦においては他領邦との連絡の重要性が強調され、国有鉄道政策が採用される傾向にあり、このことは逆に、経済的自立性の可能性がある限り、鉄道を民間企業に任せうる余地が存在することになろう。

　次に、面積・人口規模が比較的大であるにもかかわらず、私鉄がまったく発展をみないバーデン大公国をとりあげる。

　バーデンの経済地理的な位置は、鉄道にとって収益が期待できない状況にあり、とりわけライン河、ネッカー河輸送との競合は民間企業の成長を阻むものであった。1838年には、国家による鉄道建設の立法が成立し、40年には、マンハイム→ハイデルベルク間（のちにフライブルク→バーゼルへと延長）を開通させた。また1842年に政府の一般会計から鉄道部門が分離されたことは、国有鉄道の経済的基盤が確立したことを意味する。その結果、バーデンの鉄道は、国鉄が全面的に優位となり、短区間の私鉄でさえ国営形態（「国営私有鉄道」）をとった。バーデンの鉄道輸送は、ドイツでは希有なことに旅客輸送が主体であったが、河川輸送との競合を考えれば理解できるであろう。一方、貨物輸送の相手先はヴュルテンブルク、ロートリンゲン、バイエルン、スイス、フラン

ス等、東西の流通関係に見いだされる。なお、同邦の国鉄は広軌で出発したが、多大な犠牲を払って標準軌に変更されるに至ったが、このことはバーデンにとって邦間交通がいかに重要であるか、したがって、商品流通において自立する基盤がいかに脆弱であるかを示すものであろう[18]。

南ドイツでは、私有鉄道にほとんど発展が見られないうちに国有鉄道政策が採用されることになる。ヴュルテンベルクの政策は、国務大臣フォン・シュライヤーの議会における答弁（1842年）──「鉄道制度の実現は国家行政が担うべき任務であろうし、しかも国家事業（Staatsunternehmen）の形態で行うべきであろう」[19]──に端的にあらわれている。

一方、バイエルン政府の政策は、内務大臣フォン・アーベルの議会答弁（1846年）に基本的立場が見られる。すなわち、「鉄道の所有者は、ある程度領邦の商業・流通を支配することになるので、鉄道の管理を民間の手にわたすことはどうしてもできない」[20]と。ところがその後10年足らずで財政上の理由から政府がイニシアティヴをとることがむずかしくなった。

図5-2で19世紀中葉（1853年）段階のバイエルンにおける路線網をみると、ミュンヘン→ニュールンベルク→バンベルク→ホフより東側の地域（ニーダーバイエルン、オーバープファルツ）には鉄道が形成されていない。政府はミュンヘン→レーゲンスブルク→ニュールンベルクを結ぶ路線およびそこから分岐する二つの路線（パッサウから南下する路線とフルトへ北上する路線）の建設を計画したものの、国家財政の逼迫を理由に国費での建設を放棄し、民間企業に建設の認可を与えるとともに、35年間4.5％の利子保証を与えることを決定した。ここに、総延長450kmを誇る当時ドイツ最大の私鉄「バイエルン東部鉄道」（Koeniglich privilegierte Actiengesellschaft der bayerischen Ostbahn）が誕生することとなった。この東部鉄道は、ミュンヘン→ニュールンベルク間でバイエルン国鉄のミュンヘン→アウグスブルク→ニュールンベルク線より70km短く、しかも支線のパッサウ線はオーストリーのパッサウ→ウィーン線と、また、フルト線はベーメンのフルト→プラハ線と連絡することから、国有鉄道との競合関係、バイエルンの領邦利害が無視できない問題であった。政府

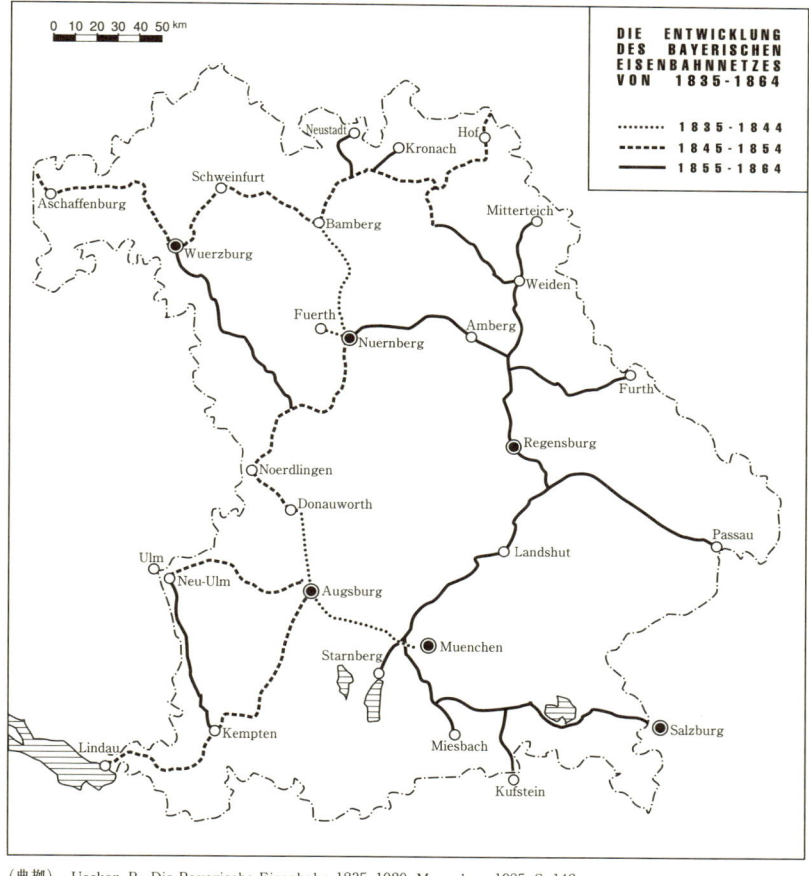

第5章　ドイツの領邦鉄道網と政策　149

図5-2　バイエルンにおける鉄道網

（典拠）Uecker, B., Die Bayerische Eisenbahn 1835-1920, Muenchen, 1985, S. 142

は1875年に同鉄道の国有化に着手し、株式総額1億6,700万マルクのうち、700万マルクを現金で買い取り、残額は国債と交換すると同時に、優先社債（46,49万8,100マルク）を国有鉄道債に転換した[21]。

　以上、領邦の鉄道政策に共通して見られる特徴は、次の点である。鉄道国有化もしくは国有鉄道の建設は、「領邦利害」（Landesinteresse）を基盤に鉄道主権を確立する過程と考えることができる。また、国有鉄道原理を保持しつつ、

私有鉄道に傾斜する場合は、財政上の理由を考える必要があること、以上である。さらに付け加えると、領邦利害の対抗する対象は、ドイツ内の領邦であるかドイツ外の「外国」であるかは無差別であったのではなかろうか。

## 4 ドイツ帝国と鉄道

ドイツの鉄道制度には共通基盤が存在せず、多くの鉄道企業体を結ぶ絆は、1846年に「プロイセン鉄道管理協会」として発足し、翌年には「ドイツ鉄道管理同盟」へと拡大されたドイツ内の国鉄・私鉄の連合体にとどまっていた。これはごく限られた範囲でトランジット輸送を行うための直通賃率を実現したにすぎない[22]。

一方、1849年にドイツ国民会議が立案した憲法草案には、次のような内容の鉄道条項が含まれていた。

①帝国当局は鉄道およびその経営について帝国の保護ないしは公共的な交通の利益が必要とされる限り、総監督権および立法権を持つこと、

②帝国当局は、帝国の保護ないしは公共輸送の利益が必要とされる限り、鉄道の計画に認可を与えること、

③その計画を実行すべき領邦が、これを拒否するときは、帝国自らが鉄道を敷設する権利を有すること[23]、

以上である。

領邦レベルで展開される鉄道政策をドイツ全体に及ぶ統一的な政策に転換しようとするいっそう具体的な試みを、北ドイツ連邦の鉄道条項（41条〜47条）、またこれを引き継いだ帝国憲法の鉄道条項（資料5-1）に見ることができる。われわれにとって興味深いのは、鉄道に対する監督権を連邦（帝国）に帰属させ、プロイセン主導の軍事輸送に十分な配慮を加えつつも、バイエルンに留保権を与え、統一と支邦の独自性の妥協の産物という性格が見られることである。

こうしたプロイセン主導の鉄道構想と対立する形でバイエルン主導の構想がみられた。1867〜69年のドイツ関税議会（Zollparlament）において、当時バイ

第5章　ドイツの領邦鉄道網と政策　151

---

**資料5-1　帝国憲法における鉄道条項**

第41条

　ドイツの防衛または相互の交通にとって不可欠と考えられる鉄道は、その領域に鉄道が通ることになる邦が反対しても、帝国法律により、邦の主権を侵害しない範囲で、帝国の負担でこれを建設するか、または民間企業にその敷設の特許を与え、収用権を授けることができる。

第42条

　〔連邦を構成する〕各邦の政府は、ドイツ鉄道を相互の交通のために統一的な鉄道網として管理する義務を負い、この目的のために、新しく敷設される路線についても、統一的な基準に従って建設し、設備を整える義務を負う。

第43条

　それゆえ、できるだけ速やかに統一的な経営組織が作られなければならず、とくに、同一の鉄道警察規則が作られなければならない。

第45条

　帝国は、運賃を統制する権限を有する。

第46条

　緊急事態が発生した場合、とくに食料品の価値が異常に上昇した場合には、鉄道行政は、とくに穀物、穀粉、豆類、および馬鈴薯の輸送のために、一時的に、需要に応じ、かつ連邦参議院の当該委員会の提案に基づいて、皇帝が定めた低額の特別運賃を実施する義務を負う。ただしこの運賃は、当該路線における現行の原料品のための最低料金を下回るものであってはならない。

　前項の規定および第42条ないし第45条に規定は、バイエルンには適用されない。

第47条

　ドイツ防衛のための鉄道使用に関し、帝国の諸官庁が要請する事項については、すべての鉄道行政機関が、無条件に従わなければならない。とくに軍隊とすべての軍需品は、同じ割引料金で運送されるものとする。

---

エルンの首相であったクロードヴィヒ・ホーエンローエは、南部ドイツ四邦（バイエルン、バーデン、ヴュルテンベルク、ヘッセン）の鉄道を南ドイツ連邦に総括し、北ドイツ連邦と連合することによって鉄道を統一する計画を提案した。ホーエンローエは、領邦による鉄道の買収とドイツ鉄道同盟への領邦の参加を最初の課題と考えた[24]。ドイツ鉄道同盟の設立に関する条約は、次の

ように指摘している。

「領邦政府は、その領土にありトランジット輸送にとって必要と認められる鉄道をすべて買収することを義務づけられる。個々の領邦は鉄道の経営を共通の規則、同一の経営規定、旅客および貨物輸送についての共通の賃率のもとで維持する。官庁、会計制度、計算制度の管理および組織は、あらゆる条約項目において同一基盤の上に行われ、あらゆる鉄道業務の指導および最高監督権は、関税議会と連絡の上で、鉄道評議会（Eisenbahnrat）によって行われる。邦境を越えて行われる輸送に関わるすべての収益は、同盟金庫に繰り入れられ、邦内交通によって生ずる運賃は、個々の領邦によって経営される鉄道の延長に比例して配分される」[25]。

このバイエルン主導の鉄道統一構想は、ドイツ帝国の成立に続いて行われたバイエルンの鉄道国有化（それは、領邦分立主義をめざしていた）によって挫折する。一方、北ドイツ連邦の鉄道条項はそっくりそのまま、ドイツ帝国憲法に受け継がれた[26]。

1871年に成立したドイツ帝国内では、領邦に独自の憲法と政府を許し、南ドイツ諸邦にはいくつかの独自の権限を認める「連邦制」が維持されていた[27]。帝国憲法における鉄道条項（第4条8項および第41〜47条）を整理すると次のようになる[28]。第4条8項および第41条は、国防上の観点と公共性という視点から、鉄道を帝国の監督と立法の下に置いた。この二つの利害の少なくとも一つでも関わりがある限り、当該地域の領邦の反対があっても、帝国自らが新しい路線を建設・認可し、強制収用権を発動できた。第47条によって、軍事利用に関する帝国官庁の要求に鉄道が従うべき義務を定め、軍隊および軍需物資が低廉な賃率で輸送されることが保証された。第42条は、領邦政府の義務として、公共輸送および統一的鉄道網のためにドイツの鉄道を管理し、そのために統一的基準に従って鉄道を新設し、整備しうることを定めた。第44条はトランジット輸送と運行に関する規定、第45条、46条は運賃に関するものであった。

ところが、憲法規定自体に強制力がなく、違法にも処罰規定がないこと、領邦の主権を侵害しないようにあいまいな規定となっていること、バイエルンに

留保権が与えられていること、また何よりも憲法規定を具体化する下位の法律がないことにより、領邦は鉄道制度上、憲法規定からまぬがれることができたのである(29)。憲法規定にもかかわらず、ではなく憲法規定ゆえに。

帝国憲法に立脚した鉄道立法を実現しようとする試みは、ドイツ帝国議会において繰り返し議論された。議会は、ドイツ宰相に帝国鉄道法を定め鉄道制度のための帝国機関を設立する決議を再三行っている。こういった要求は産業界にも見られた。ドイツ商業会議（der deutsche Handelstag）も同様の決議を繰り返し、ことに総括的委託権をもった帝国機関の設立を支持したほか、1873年には企業家ロートシルトが、帝国による鉄道の買収を議会に請願した(30)。けれども、帝国に併合されることにさえ難色を示したバイエルンが、自邦の鉄道を帝国に提供するのに反対するのは明らかであった。ビスマルクは当面「帝国鉄道庁」（Reichseisenbahnamt）の設立のみに甘んじたのである(31)。ヴュルテンベルク選出の帝国議会議員エルベンは1873年3月に超党派130名の議員の支持を得て、帝国鉄道設立に関する法案を帝国議会に提出した。その内容とするところは、同庁が鉄道に関する情報、賃率、ダイヤグラムなどを集中管理し、苦情を裁定し、邦監督官庁と同等の権利を各私鉄に行使し、憲法にのっとって鉄道政策を行うというものであった(32)。

同法案は採択されたにもかかわらず、連邦主義的な原理が維持されているのは明白である。帝国鉄道庁に対する期待、とりわけ産業界からの期待は賃率問題の解決であった。1871年に帝国の所有となったエルザス・ロートリンゲン鉄道は容積に基づく賃率制度を実施していた。ところが西南ドイツでは車両容積賃率、東南部では混合賃率、北部では正味価値賃率が支配的で混乱をきわめていた上に、商品の賃率分類基準が不統一であったばかりでなく、差別賃率、例外賃率が存在していた(33)。

このことを雄弁に語っているのは、1867年に『プロイセン年報』（Preussische Jahrbuecher）に掲載された論文である。それは、

「中小邦の存在およびプロイセン行政の弱体のために、残念ながらわが国ほど鉄道制度が内部混乱している大国はない。ベルリンからカールスルーエ

に旅行するのに、六つの独立した鉄道制度を通過しなければならないし、鉄道職員の誰一人として、いわんや民間鉄道員の誰一人として1357の賃率を正しく区別できないし、ドイツの一方の端から他方の端へ送られる貨物の輸送費を正確に計算できない。……こういった障害は一定の賠償とひきかえに帝国がすべての鉄道所有を獲得することによってのみ解決される」[34]
と主張する。さらにドイツの商・工・農業の競争力に触れ

「60〜70年代にフランスの鉄道所有はまったく賠償もなしに、民間企業から国家に移管された。ベルギーでは1869年以来、私鉄の買収が始まり、もはや主要路線には認可が与えられず、非常に安価な貨物および旅客運賃が保証されている」[35]

と指摘して、帝国による安い賃率によってドイツ商品が国際競争力を高めることを提案した。賃率問題に関する帝国鉄道庁の貢献は、1876〜77年に統一的なドイツ貨物等級を実現し、改正貨物賃率が制定されたにとどまった[36]。

一方、鉄道立法実現の最初の試みがなされたのは、1874年に帝国鉄道庁総裁シェーレの起草による。この帝国鉄道法第1次草案の究極的目標は、帝国による監督権の独占であったが、当面帝国監督官庁である帝国鉄道庁と領邦監督官庁の併存を許していた。同法案は商業会議所などの経済団体にとって不十分な内容であり、各種経済団体は帝国による強力な監督権を要求した。一方、中小の領邦にとっては極端なものであったので、危惧を感じた領邦政府は鉄道に対する監督権を手放そうとはせず、結局、この法案は秘密裡に取り下げられる運命にあった[37]。

帝国鉄道庁の次の総裁マイバッハ（のちのプロイセン鉄道大臣）は、1875年に帝国鉄道法の第2次草案を起草した。この法案は帝国監督権と領邦監督権を明確に区別している。第2条において「鉄道制度に対する直接的監督権は帝国に属す」と明確に規定し、新規の鉄道建設、駅の整備、停車場の設立、ダイヤグラムおよび賃率制度も帝国の監督下に置かれた。特に連邦参議院に管理、財政状態、経営指導に関する広範な権利が容認され、もっぱら鉄道の認可と所有だけが領邦にまかされた。しかしこの法案も多くの反対にあった。まず、ドイ

ツ鉄道同盟が取引所を動員し、鉄道債券が無価値になると宣伝した[38]。さらに、帝国権力の強大化を嫌うものがこれに加わった。われわれはその例として南ドイツの反対を指摘することができるであろう[39]。

1875年6月、プロイセン政府は連邦諸政府と協議を行った結果、帝国の監督権が削減されることになった。ここに至って骨抜きとなった法案はマイバッハによって取り下げられることとなる[40]。

## 5　ビスマルクの帝国鉄道計画と領邦

帝国鉄道法案は二度にわたって挫折し、ビスマルクは法的解決を断念するとともに、帝国がドイツの鉄道を直接買収する計画が浮上した。当時ビスマルクの手足となって活躍していたマイバッハは、1875年に「帝国のための鉄道の買収」と題する論文をBerliner Aktionaerに発表したが、これには帝国宰相にドイツの鉄道を買収する権利を与える内容が含まれていた。一方、ビスマルクはプロイセン政府がすべての鉄道を帝国に移管する用意があることを明らかにした[40]。

帝国鉄道構想に対する領邦の強い反対を前に、プロイセンは法案を帝国議会に提出することを断念し、これにかえて、1876年3月24日、プロイセン下院に『鉄道に関する国家の所有権およびその他の権利をドイツ帝国に移管することに関する法案』を提出した。その論点は以下の通りである[41]。

①国有鉄道ばかりでなく、私有鉄道も含めたプロイセンの鉄道主権の帝国移管を意味していたこと、

②プロイセンの私鉄の中には自邦を越えて路線を有しているケースもあり、事実上北ドイツの鉄道網全体が帝国の支配下に置かれること、

③中小邦からの国有鉄道＝国有財産の没収を意味していること、

④連邦諸政府の鉄道政策が帝国に継承される展望を含み、帝国の連邦主義原理が失われかねないこと、

以上である。同法案に対する反対論は、上院では主に連邦主義的右翼から、下

院では中央党および左翼から出されたが、5月2日、両院で可決されるに至った[42]。

次に帝国鉄道構想に対する領邦議会の対応を見てゆこう。

バイエルンでは、すでに1876年の議会において、「政府はこの新たな鉄道に基づく統一の試みに対して断固とした抗議をしないのではないか、政府は留保権が与えられていない連邦諸国を助けようとしないのではないか」という質問が出された[43]。これに対して、フォン・プフレッチュナー首相は次のような答弁をしている。「王国政府はこの事態のこれからの課題を二重の意味で認識している。政府はバイエルンの鉄道については留保権を守り、帝国への譲渡は考えていない。政府はまた、帝国憲法に命じられたやり方で、バイエルン以外の領邦が帝国の手中に集中されるのにも反対するであろう」[44]。

帝国鉄道計画に断固反対する姿勢はザクセンにもみられる。帝国鉄道庁が連邦政府に対して、全ドイツにおいて客車の等級と切符の色を統一する提案を行ったときでさえ、ザクセン政府は拒んできた。1876年2月5日、ザクセンの商業会議所、工業会議所の代表がドレスデンに集まり、帝国によるドイツの鉄道の接収に反対することを決議した。議会においては、二つの動議が下院に提出された。一つは、保守党と進歩党によるもので、ドイツの鉄道が帝国によって買収されることに反対するもの、もう一つは、国民自由党の支持のもとに提出された帝国鉄道計画の早期実現をめざすという動議であった。結局、第一の動議が、66対7で可決され、ザクセンにおいても連邦主義原理が確認された[45]。

比較的、冷静な受け止め方をしたのはバーデンであった。領邦議会における商務大臣の答弁は、明確な回答を控え、次のような考えを述べた。ベルリンからの提案はその詳細を知らされていないので意見を述べることはできないし、将来の態度決定についても言うことはできない。政府が同意しようと拒否しようと、一つのことだけは確実である。すなわち、政府は鉄道の所有と経営がバーデンにどの程度許されるのか、という点だけは見のがさないつもりである[46]。こうしたバーデンの姿勢を規定したのは、すでに指摘したように他の領邦への商品流通依存度の高さではなかろうか。

表5-4　ヘッセン北部鉄道の輸送状況（1870年）

|  | 域内交通 | 同盟賃率輸送 | | 合　計 |
|---|---|---|---|---|
|  |  | 他鉄道との直通輸送 | トランジット輸送 |  |
| 貨物輸送（t） | 57,863 | 152,199 | 487,309 | 697,370 |
| 同比率（％） | 8.30 | 21.82 | 69.87 | 100.00 |
| 旅客輸送（人） | 576,173 | 83,146 | 67,171 | 726,480 |

（典拠）　BME Jb 1970.

表5-5　ヘッセン北部鉄道の同盟賃率貨物輸送（1870年）

(単位：トン)

|  | 他鉄道との直通輸送 | トランジット輸送 |
|---|---|---|
| ベブラ・ハナウ鉄道 | 6,468 |  |
| テューリンゲン鉄道 | 23,128 |  |
| 中部ドイツ賃率同盟 | 2,189 | 100,167 |
| ハノーファー＝バイエルン同盟 | 5,121 | 28,022 |
| ハノーファー＝テューリンゲン同盟 | 8,335 | 16,705 |
| ライン＝テューリンゲン同盟 | 100,990 | 170,563 |
| ライン＝テューリンゲン＝ザクセン同盟 | 1,947 | 42,301 |
| ライン＝テューリンゲン＝オーストリー同盟 | 1,290 | 74,767 |
| 西部ドイツ同盟 | 1,724 |  |
| ドイツ＝オランダ同盟 | 172 |  |
| ドイツ＝フランス同盟（Mastricht 経由） | 52 | 895 |
| ドイツ＝ベルギー同盟 |  | 2,501 |
| ドイツ＝フランス同盟 |  | 962 |
| ザクセン＝ライン同盟 |  | 35,379 |
| ベルク・マルク鉄道、ハッレ・アレンスハウゼン鉄道間 |  | 14,285 |

（典拠）　Ebenda.

　ヴュルテンベルクにおいては、少数ではあるが、有力な議員がビスマルクの計画を支持し、その先頭に立っていたのが帝国議会議員のエルベンであった。議会では三つの動議が提出される混乱を招いている。一つは、シュミット、サルヴァイをはじめとし、国民自由党および与党の30名の議員が提出したもので、帝国鉄道の拒否および帝国鉄道法の免除を主張する動議。第二の動議はエルベンを中心に4人の国民自由党、ドイツ党員の提出したドイツ鉄道網の帝国による買収を認めるもの、第三にエスターレンおよび15人の中央党員によるもので、ビスマルクの計画に反対し、政府の監督を要求するものであった。このうち、

表5-6　ヴュルテンベルク国鉄における蒸気機関車の調達先

(単位：台数)

| 製造年 | Norris, Philadelphia | Baldwin, Philadelphia | Kessler, Karlsruhe | Maffei, Muenchen | Maschinen-fabrik, Esslingen | Krauss, Muenchen |
|---|---|---|---|---|---|---|
| 1845 | 3 | 3 | | | | |
| 1846 | | | 6 | | | |
| 1847 | | | | 22 | 3 | |
| 1848 | | | | | 6 | |
| 1849 | | | | | 8 | |
| 1850 | | | | | 4 | |
| 1851 | | | | | 3 | |
| 1852 | | | | | 7 | |
| 1853 | | | | | 6 | |
| 1854 | | | | | 6 | |
| 1855 | | | | | 5 | |
| 1856 | | | | | 5 | |
| 1857 | | | | | 5 | |
| 1858 | | | | | 4 | |
| 1859 | | | | | 10 | |
| 1860 | | | | | 22 | |
| 1861 | | | | | 2 | |
| 1862 | | | | | 11 | |
| 1863 | | | | | 7 | |
| 1864 | | | | | 10 | |
| 1865 | | | | | 10 | |
| 1866 | | | | | 10 | |
| 1867 | | | | | 12 | 3 |
| 1868 | | | | | 18 | 2 |
| 1869 | | | | | 56 | |
| 1870 | | | | | 6 | |

(典拠)　Supper, a. a. O., S.

　第一の動議が圧倒的多数（87対8）で可決され、ヴュルテンベルクにおいても連邦主義原理が確認された[47]。

　こういった動向とは異なる姿勢をヘッセンに見ることができる。ヘッセン議会では下院議員フォン・ラベナウを中心に、ビスマルクの政策を支持する動議提出され、32対8で可決された[48]。

　ここでヘッセンの経済地理的位置を確認するために、ヘッセン北部鉄道の貨物輸送統計を用いる[49]。表5-4は、他地域との流通関係と比較して、地域内

第5章　ドイツの領邦鉄道網と政策　159

表5-7　ヴュルテンベルク国有鉄道の輸送内容

(単位：％)

|  | 域内交通 | 直通輸送 | トランジット輸送 |  |
|---|---|---|---|---|
| 旅客輸送 | 96.05 | 3.62 | 0.33 | Personnenkilometerを基準 |
| 貨物輸送 | 43.40 | 41.10 | 15.50 | Tonnenkilometerを基準 |

(典拠)　Ebenda.

表5-8　バイエルンの貨物輸送（1888年）

| トランジット輸送 | 780,000 t | (7％) |
|---|---|---|
| 域内輸送 | 4,980,000 t | (46％) |
| 直通輸送 | 4,950,000 t | (46％) |

(典拠)　Mayer, A. v., a. a. O., S. 588-9.

表5-9　バイエルンの地域連関

|  | 移入先 | 移出先 |
|---|---|---|
| 石炭 | ベーメン、ザクセン、ルール、ザール |  |
| 褐炭 | ベーメン |  |
| 大麦 | ハンガリー、ベーメン、オーストリー西南部 | ヴュルテンベルク |
| 小麦 |  | スイス、ヴュルテンベルク |
| 鉄・鋼 | ザール、テューリンゲン、ヴェストファーレン |  |
| ビール |  | ザクセン、テューリンゲン、ベルリン、エルベ河の各地の港、スイス、フランス |
| 木材 | ヴュルテンベルク、ザクセン、ヘッセン、ナサウ |  |
| 石材 | ザクセン、ヘッセン、ナサウ、オーストリー、テューリンゲン |  |

(典拠)　Meyer, A. v., a. a. O., S. 589fより作成。

流通がきわめて小さいことを示している。また、商品が同地域を通過するトランジット輸送がほぼ70％を占めており、地域間流通の通過点としての特徴も見られる。表5-5より、ヘッセンはライン・ヴェストファーレンとテューリンゲン、ザクセン、オーストリーを結ぶルートの一部であると同時に、ハノーフ

ァー、バイエルンを結ぶ南北のルートの一部でもあることが分かる。

このことから、ヘッセンは商品流通における外部依存度がきわめて高く、経済的自立性をもちうる単位とはなりえず、したがって政治的にもプロイセンに依存せざるをえないと判断できる。

ヘッセンとの比較でヴュルテンベルク、バイエルンの経済地理的位置を確定しておこう。表5－6は、ヴュルンベルクが鉄道資材を領邦内で調達しうることを示している。また、表5－7より、ヴュルテンベルクでは域内の商品流通のウエイトが、ヘッセンとは比較にならないほど大きいことが分かる。このことと、貨物輸送の直通輸送相手先が、バーデン、バイエルンであること[50]を、併せて考えると北ドイツへの経済的依存度、とくにプロイセンへの依存度が小さいことが想起されるのである。

同様の傾向はバイエルンにもあてはまる。表5－8は、バイエルン国鉄の輸送実績であるが、領域内の商品流通比率はヴュルテンベルクと同程度の大きさであることを示している[51]。バイエルンがプロイセンに対して経済的連関をもたないことは、表5－9からあきらかであろう。むしろ工業原料である石炭のドイツ外への依存、また食料である大麦のドイツ外への依存に注目すきである。

## 6　小　括

ビスマルクによる鉄道国有化自体の進行過程については、次章に譲るが、彼は連邦分立主義を前にして、プロイセン単独の国有化に向かわざるえないことに、十分な認識を示していた。1876年の「帝国鉄道法案」の起草に際し、ビスマルクは次のように記している。

「もしも、プロイセンの鉄道所有の帝国への移行のためのプロイセン政府の努力が帝国の人々の反対の前に挫折したら、そのときにはプロイセン自らの国有鉄道の拡大と整理統合が、プロイセン鉄道政策の次の目標と考えられるのは疑いもないだろう」[52]。

第5章　ドイツの領邦鉄道網と政策　161

　また同年6月、ビスマルクは次のような書簡を商務大臣アーヒェンバッハに送っている。

　「一刻の猶予もなく、次のプロイセン議会に主要な路線の買収協定に関する提案を用意しなければならないほど、事態が切迫しているように思われる。……たとえそれが帝国で困難にぶつかろうとも、少なくともプロイセンの範囲内で鉄道制度が徹底して整備されることになろう」[53]。

　ビスマルクによる鉄道国有化は、一面、非プロイセンドイツに対する影響力の行使を意図した部分もあるが[54]、その実効性を再び表5-1で確認すると、限られた範囲であったことがわかるであろう。すなわち、プロイセン鉄道主権が及んでいたブラウンシュヴァイク、アンハルト、ヘッセン、ザクセン=コブルク=ゴータ、ザクセン=ヴァイマール=アイゼナッハなどはいずれも、商品流通構造において経済的自立性が希薄であり、そのほとんどが中部ドイツ以北の領域である。

　一方、市場構造においてプロイセン依存度がほとんどないバイエルン、ヴュルテンベルクでは領邦利害を求める中で国有鉄道が建設されてきた。この南部ドイツの国有鉄道志向をプロイセンの国有化と対峙させると、国有化は南北の分裂を深める契機となりうるのである。

　以上のことから、領邦の市場構造と鉄道政策には連関を見いだすことができる。


　注
（1）　この点については、拙稿「ドイツ資本主義と鉄道史研究」『鉄道史学』8巻71-9ページ参照。
（2）　池田博行『ドイツ鉄道小史』時潮社、1978年、まえがき。
（3）　厳密な意味で、ドイツにおける鉄道制度の統一は、領邦主権下にある鉄道の帝国有化であり、その実現は1920年、第1次大戦による敗北の結果として、外圧的に行われた。
（4）　例えばブラウンシュヴァイク国鉄は、他の領邦にまたがる路線の建設にあたって、1837年にはハノーファーとの間に、また1841年にはハノーファー、プロイセンとの間に「領邦間条約」（Staatsvertrag）を締結している（Handbuch der deuts-

chen Eisenbahnnstrecken, a. a. O.)。

(5) Supper, O., Die Entwicklung des Eisenbahnwesens im Koenigreich Wuerttemberg, Stuttgart, 1895, S. 4f.

(6) Gesetz vom 18. April 1843, betreffend den Bau von Eisenbahnen in: Regierungsblatt fuer das Koenigreich Wuerttemberg, den. 22. April 1843.

(7) Meyer, A. von., a. a. O., S. 570-1; Uecker, B., Die Bayerische Eisenbahn 1835-1920, Muenchen, 1985. こういった計画と平行して、1846年にはミュンヘン・アウグスブルク鉄道が政府によって買収された。発行済株式（総額440万グルデン）は、額面価格で買い取り、または3.5％利付き国債との交換によって行われ、500グルデン額面株、一株あたり33．3グルデンのプレミアが支払われた (Meyer, a. a. O., S. 571)。

(8) Jagtiani, H. N., The Role of the State in the Provision of Railways, 1924, pp 88-9, Appendix F.

(9) Meyer, a. a. O., S. 706.

(10) derselbe, S. 704.

(11) 拙稿「ドイツ産業革命期におけるプロイセン鉄道政策の展開」『社会経済史学』39-4、同「プロイセンにおける鉄道と国家」『経営史学』16-4

(12) Jagtiani, op. cit., pp 48-9; Henderson, W. O., The State and the Industrial Revolution in Prussia, Liverpool, 1967, p. 187.

(13) Gisevius, H. F., Zur Vorgeschichte der Preussisch-Saechsischen Eisenbahnkrieges, Berlin, 1971.

(14) Kech, E., Geschichte der deustchen Eisenbahnpolitik, Leipzig, 1911, S. 100; Meyor, a. a. O., S. 134f.

(15) 池田博行、前掲書、147ページ。

(16) Meyer, a. a. O., S. 284; Jahresbericht ueber die Verwaltung der Bergisch-Maerkischen Eisenbahn fuer das Jahr 1875, S. 112-3 und fuer das Jahr 1871.

(17) Meyer, a. a. O., S. 346f; Clapham, J. H., Economic Development of France and Germany, 1914, p. 153.

(18) Wiedenfeld, K., Deutsche Eisenbahngestalter aus Staatsverwaltung und Wirtschaftsleben im 19en Jahrhundert in: AfE 1940, S. 52-3; Meyer, a. a. O., S. 17f, u. 543f.

(19) Kech, a. a. O., S. 64.

(20) Wiedenfeld, a. a. O., S. 56.

(21) Meyer, a. a. O., S. 23f, u. 222f.

(22) Kech, a. a. O., S. 101-2; Ritter, P., Zur Frage der deutschen Eisenbahngemeinschaft, 1913, S. 7; Henderson, op. cit, p 166, 180.

(23) Kech, a. a. O., S. 103.
(24) derselbe, S. 104; Ritter, a. a. O., S. 7.
(25) Kech, a. a. O., S. 104-5.
(26) ドイツの鉄道政策の「統一化」には、プロイセン→北ドイツ連邦→ドイツ帝国へと連なる基本線と、南ドイツ側からの対抗軸（バイエルン→南ドイツ連邦→ドイツ帝国）が存在していたことが確認できる。
(27) 例えば、バイエルンやヴュルテンベルクには郵便、電信および軍隊の管理に関して独自の権限が認められていた（村瀬興雄『ドイツ現代史』東京大学出版会、101-3ページ）。
(28) 高田敏、初宿正典編訳『ドイツ憲法集』信出社、96-7ページ。
(29) Kech, a. a. O., S. 105-8.
(30) derselbe, S. 108-9; Alberty, Der Uebergang zum Staatsbahnsystem in Preussen- Jena, o. J., S. 11.
(31) Ritter, a. a. O., S. 26; Clapham, op. cit., p 346.
(32) Alberty, a. a. O., S. 8; Kech, a. a. O, S. 109.
(33) Bloemers, K., Der Eisenbahntarifkampf, hrsg. von Born, K. E., Moderne Wirtschaftsgeschichte, Koeln u. Berlin, 1966, S. 151f; Ritter, a. a. O., S. 28f; Clapham, op. cit., p 346. 石井彰次郎「ビスマルク的国有について——プロシャの鉄道国有——」『経済理論』41、39-40ページ。
(34) Alberty, a. a. O., S. 13.
(35) derselbe, S. 13-4.
(36) 鉄道省運輸局『独逸鉄道概観』（1928年）10ページ。
(37) Alberty, a. a. O., S. 9-10; Kech, a. a. O., S. 110-1.
(38) Kech, a. a. O., S.111-2.
(39) 例えば、ヴュルテンベルク議会の議員であったモーリツ・モールは当時の最も熱心な分権主義者で、帝国権力の介入に反対する論文を発表して、諸邦に大きな影響を与えた（Alberty, a. a. O., S. 10-1）。
(40) derselbe, S. 12; Kech, a. a. O., S. 113.
(41) 同法案の全文は Kech, a. a. O., S. 114参照。
(42) Alberty, a. a. O., S. 18-21.
(43) Kech, a. a. O., S. 116.
(44) Alberty, a. a. O., S. 26.
(45) derselbe, S. 22-3; Kech, a. a. O., S. 116-7.
(46) Kech, a. a. O., S. 117; Alberty, a. a. O., S. 26-7.
(47) Kech, a. a. O., S. 117-8; Alberty, a. a. O., S. 25-6.
(48) Alberty, a. a. O., S. 27.

(49) ヘッセン北部鉄道については、拙稿「プロイセンにおける鉄道会社の資本調達」跡見学園女子大学『研究報告』1号、22-3ページ。
(50) Supper, a. a. O., S. 173.
(51) ただし、バイエルンには、ミュンヘンを中心とする南バイエルン（穀物流通がミュンヘン市場を中心に展開されていた）と、ニュールンベルクを中心とするフランケンという二つの市場の軸があり、後者はザクセンとの連関がかなり強いことから、ヴュルテンベルクほど域内流通は大きくならない。フランケン地方を除外すれば、バイエルンの経済的自立性は高まると考えられる（本書第4章および鳩澤歩「『鉄道による市場統合』の検証──19世紀バイエルンの穀物流通を中心に──）阪大『経済学』41-1を参照）。
(52) Kech, a. a. O., S. 122-3.
(53) Schreiben an den Handelsminister Dr. Aachenbah, Juni 12. 1876 in: Aktenstuecke zur Wirtschaftspolitik Fuersten Bismarck, hrsg. von H. V. Posehinger, Berlin, 1890, S. 232.
(54) 本書、次章参照。

## 第6章

## ビスマルクと鉄道
―― 連邦制国家「ドイツ帝国」 ――

　前章においてビスマルクがプロイセン単独で鉄道の国有化に向かわざるをえない経緯を説明した。これを踏まえ、本章ではビスマルク体制下で行われた鉄道国有化自体を採り上げ、その性格づけを行う。

### 1　問題の所在

　ドイツの鉄道政策を論じる際、帝国レベルの政策展開と支邦レベルのそれを厳密に区別する必要性があることは、すでに指摘した通りである。以下においては、支邦の経済政策にすぎないはずのプロイセンの鉄道政策が、いかなる意味で、また、どの程度まで全ドイツ的問題と関わりを持っていたかを論じよう。また、それと同時にわが国の学界において、「ビスマルク的国有」をめぐって論争がかつて展開されていた点について、その概念規定に立ち戻って論点の整理を試みる。

　ビスマルクが帝国鉄道の構想を実現しようとした時、その第一の動機は、基軸的交通手段の支配による帝国の強化であった。このことは、逆に、支邦の独自性の前にプロイセン政府が制約を感じていたことにもなる。その一例として、ベルリン・ドレスデン鉄道をめぐるプロイセンとザクセンの確執を挙げることができる。プロイセン政府が経営困難に陥った同鉄道の経営権を掌握しようとした際、鉄道の通過するザクセン政府が強い抵抗を示し、連邦参議院が仲裁に入るという一幕もあった[1]。ビスマルクが、プロイセンの鉄道政策の次の可能性を展望する一方で、ヴュルテンベルクのエルベンは、非プロイセンの立場か

ら警告を発する。1876年3月のヴュルテンベルク議会において彼は、ビスマルクの帝国鉄道計画を弁護しつつ、次のような演説を行った。すなわち、帝国鉄道計画による改革か、さもなくば純プロイセン鉄道政策による改革か、言い換えると、ドイツ鉄道制度に関する連邦参議院による正当な支配か、さもなくばプロイセン鉄道省による多かれ少なかれ苦痛に感じられる支配か[2]、という可能性を論じ、前者の挫折による後者の展望を見いだしていたのである。

ビスマルクとは立場こそ違うものの、エルベンも来るべき10年間のドイツ鉄道史を予見し、非プロイセンの立場からプロイセン単独の国有化を懸念していた。

こういった状況下で、1876～78年にプロイセンの私有鉄道の多くの路線が、国有化（→国鉄への移行）もしくは国営化（→経営管理権のみ国家に委譲）されたが、のちに行われた計画的国有化とは連関を持たず、単に経営難にある私鉄の救済と国家による保護・管理の強化を目的としていた[3]。したがって、この時期は本格的国有化に先行する「準備期」[4]あるいは「プレリュード」[5]と指摘されてきた。

私有鉄道の本格的国有化の始まる1879年4月時点のプロイセンの鉄道の内訳は、

| | |
|---|---|
| 国有鉄道 | 5,255km |
| 国営私有鉄道 | 3,852km |
| 私営私有鉄道 | 9,430km |

となっており、国有鉄道は有機的な繋がりを持たず、私鉄の間に散在していた[6]。

私鉄の計画的国有化を遂行する直接的契機となったのは、1878年3月に所轄官庁の担当大臣に国有鉄道論者が就任したことであった。商務大臣の椅子は、混合鉄道論者アーヘンバッハから、前帝国鉄道庁長官マイバッハへとバトンタッチされ、国有鉄道信奉者の登場は、ビスマルクの計画実現を強力に押し進めることになった[7]。

以下、国有化法案の内容を検討しつつ、「ビスマルク的国有」の性格を検討

する。

## 2　鉄道の本格的国有化

　1789年に始まるプロイセンの私鉄国有化は、複数の立法をもって実現されるが、それには共通した原則が確認できる。

　私鉄各社との協定の締結にあたって、二つの原則が存在した。まず第一に、私鉄の買収は株式の買い戻しによって行われるので、取引所における投機を回避するために政府は慎重な対応を行った。内閣で決定された入札値は秘密が保たれ、取引所相場が適当と判断された時点で初めて、入札が公にされ、企業と協議に入ったのであった。

　第二に、政府は買収する鉄道に対する支配力をできる限る早期に獲得するために、さしあたって資金援助と引き換えに経営権だけを手中に収めた。従来から高収益で、配当が期待できる鉄道の場合、国家は直ちに経営・管理権を手に入れ、随時鉄道の所有権を獲得し会社を解散する権利を留保するとともに、経営権の引き渡し時点から、旧株主に配当にかわる恒常的な利子を、政府は毎年支払うこととしたのである。他方、収益の乏しい、したがって配当に期待できない鉄道の場合は、買収するまでの期間、政府はとりあえず会社の決算の責任を負い、現金や国債によって短期間に株式の買収が行われた[8]。

### 2．1　第１次計画的国有化（1879年）

　プロイセンが本格的に国有化に乗りだした1879年に実施された下院選挙に際して、ビスマルクはブリジョワジー勢力、自由主義勢力からの訣別を決意した結果、ビスマルクを支持する保守党が115議席（解散時、42議席）を獲得し、第一党に躍進したが、国有化政策に反対の立場をとる自由保守派も、15議席増やし50議席獲得した。従来ビスマルク与党であり、ブルジョワジーの利害を代表する国民自由党が105議席（解散時、168議席）となったほか、中央党が7議席増の96議席、進歩党が19議席（解散時、15議席）、ポーランド党が19議席

(解散時、15議席)となった。政府の鉄道政策を遂行するには、保守党と中央党の獲得議席では不十分であったことから、ビスマルクは国民自由党との連繋を進め、その結果中央党が野党にまわることとなった[9]。

1879年10月28日、「なんとかしてうまく、鉄道問題で諸君たちの同意がえられるように」という勅語をもって新議会が開催され、翌29日には私鉄4社の買収に関する法案が提出された[10]。この法案には、プロイセンの鉄道の現状および私有鉄道に対する賛否両論が併記され、純粋の国有鉄道体系のみが、鉄道制度の発展を導くと結論された覚書が添えられている[11]。

この法案によって買収される路線は、以下のようになっていた[12]。

　　　　ベルリン・シュテッティン鉄道　　　　　　961.64km
　　　　　　(本線　　805.79km　　支線　　155.96km)
　　　　マグデブルク・ハルバーシュタット鉄道　　1,025.59km
　　　　　　(本線　　970.56km　　支線　　55.03km)
　　　　ハノーファー・アルテンベケン鉄道　　　　268.05km
　　　　　　(本線　　239.32km　　支線　　28.73km)
　　　　ケルン・ミンデン鉄道　　　　　　　　　　1,108.46km
　　　　　　(本線　　1,091.18km　　支線　　17.28km)

当時、プロイセンの鉄道総延長が18,754km、また国鉄が5,255kmであったことを考えると、買収規模が桁外れに大きかったことが分かる。また、図6-1～6-4から判断すればプロイセン邦内の幹線を手中に収め、都市間交通を政府のもとに掌握し、国有鉄道体系の実現に向けて大きく前進するものであった。

政府は法案の審議を急いだ。というのは政府と解散予定の会社にかわされた協定は、1880年1月1日をもって効力を失うことになっていたからである。議会の第一読会においては右派勢力である保守党および国民自由党が法案の支持にまわった[13]。

国有化に反対の立場をとる自由保守派のリヒターは「この計画の基礎にある考え方の実現は、その考えを持っているものが意識している以上に、社会主義

第6章　ビスマルクと鉄道　169

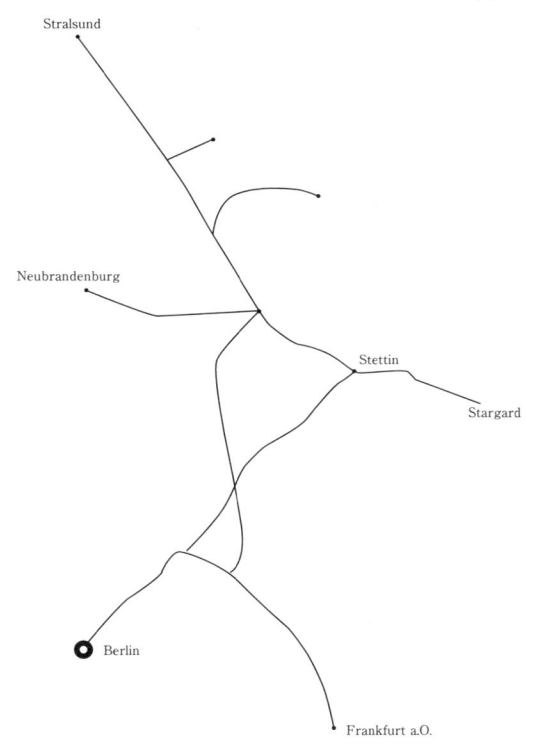

図6-1　ベルリン・シュテッティン鉄道の路線網

のために利用される」[14]と論陣をはったのである。

　年の瀬も押し迫った12月4日、下院議員ハムマッヒャーによって提出された委員会報告書は、今国会が遅くとも次の会期までに「財政的・経済的保証に関する」（ueber finanzielle und wirtschaftliche Garantien）法案を提出することを条件に、法案を議会が承認することを勧告した[15]。公共事業大臣はこれを約束し、12月12日、下院は256票対155票で国有化法案を可決し、17日には上院を通過する運びとなる。そして12月29日、この年もあと2日を残した時点で、法律が公布され、協定に盛り込まれていた条項が辛うじて満たされることとなった[16]。

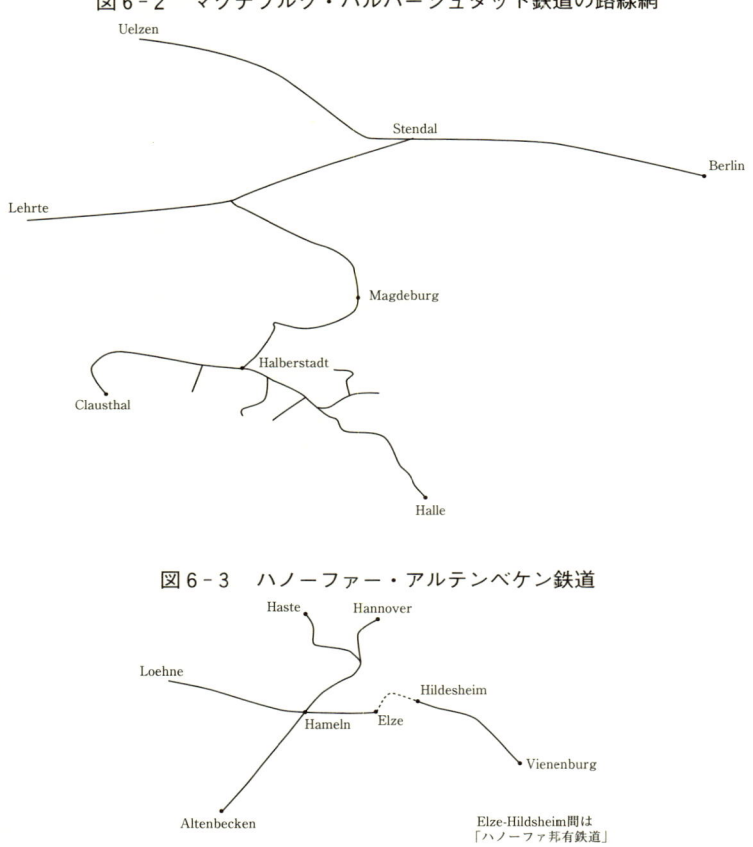

図6-2 マグデブルク・ハルバーシュタット鉄道の路線網

図6-3 ハノーファー・アルテンベケン鉄道

Elze-Hildsheim間は
「ハノーファ邦有鉄道」

## 2．2　財政的・経済的保証

　国有化法案の承認に際して、議会が条件として提示した「財政的・経済的保証」とは、いかなる内容であったのだろうか。国有化によって強大化する政府の権限に対して、議会は一定の影響力を鉄道行政に対して及ぼすことを意図したのである[17]。

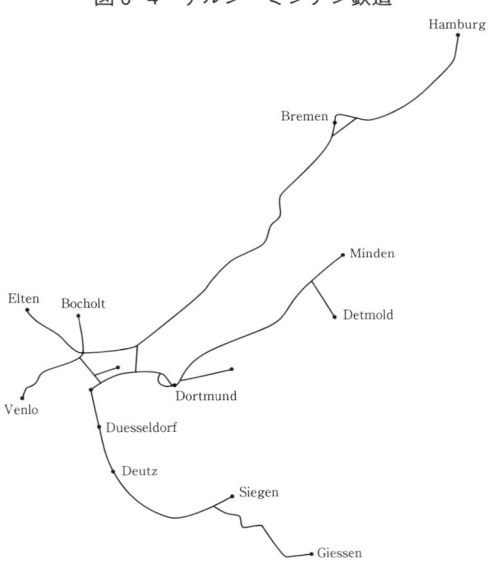

図6-4 ケルン・ミンデン鉄道

財政的保証に関しては、1880年12月15日に、『鉄道業務管理の年間余剰金の利用に関する法案』が議会に提出され、翌年1月8日に審議が開始された。同法案の骨子は次のようになっていた。国有化の実施に必要とされる鉄道債は、鉄道部門の歳入超過から定期的に償還されること。つまり、鉄道を一般会計から独立させて扱うということである。同法案の長所は、不安定な鉄道部門の収支から一般会計を守ることであるが、一方、鉄道債の償還が不安定となる欠点があった。こうした点を考慮し、議会の提示した解決策は次のようなものであった。当該年度の鉄道部門における黒字は、その金額に応じて、鉄道債の利子支払い→鉄道債の償還→一般会計の赤字補填という段階を踏んで使途を拡大するものである[18]。当時、政府の一般会計が大幅な赤字を示し、他方鉄道部門が多額の黒字を計上していたために、大蔵省が鉄道を一般会計から独立させることに難色を示したのも当然である[19]。

とはいっても、同法案は鉄道部門が政府の一般会計と間接的な関連を有し

つつ、鉄道債の償還を保証するものであった。同法案の改正案が再提出された1882年に、進歩党、自由主義連合などの反対があったものの、議会を無事通過するに至った[20]。

ところで、この立法の実行性はどうであったのであろうか？ なるほど、当面国鉄は黒字を生じていたが、一般会計は恒常的な赤字に悩まされていた。しかも、国有鉄道網の拡充のために絶えず公債が新規に発行され、鉄道債の償還は一向に進まなかった[21]。こういった事態の解決は、1897年にすべての公債の効果的な償還が立法化され、1903年に鉄道財政が一般会計から完全に分離されて初めて実現した[22]。

国有化法案の通過に際して、条件とされていたもう一つの点、すなわち経済的保証と称せられていたのは、賃率の決定とその変更および鉄道行政のための諮問機関の設立という問題である。

その第一点は、賃率政策が全面的に国会の承認によって行われるべきか、あるいは少なくとも賃率の引き上げに関しては州議会に共同決定権を与えるべきかが争点であった。結局、行政措置による賃率の引き上げに規制を加える形で、後者の考え方が反映されることになった。第二の点は、鉄道行政に経済団体の利害をいかなる程度に、またいかなる形で反映させるかということであった。この点の解決は、1882年の『国有鉄道と行政のための地方鉄道評議委員会および州鉄道評議委員会の設立に関する法』に委ねられた。同委員会の構成員は、一部は政府から任命され、また一部は商業会議所、農業経営者団体、工業経営者団体など利害代表から選出され、任期は3年であった。彼らは、年間計画、賃率問題あるいは交通業者の利害に直接関係ある問題に対して大きな発言権をもち、随時政府に報告を求めることができたのである[23]。

## 2．3　第2次計画的国有化（1882年）

第1次国有化がプロイセン内秩序の形成を目的としていたのに対して、1882年の法案による国有化の主眼は、国境・邦境を越えて隣接鉄道と連絡する路線やトランジット輸送の一部として重要な路線の獲得にその意義があった。

第 6 章　ビスマルクと鉄道　173

図 6-5　ベルリン・アンハルト鉄道

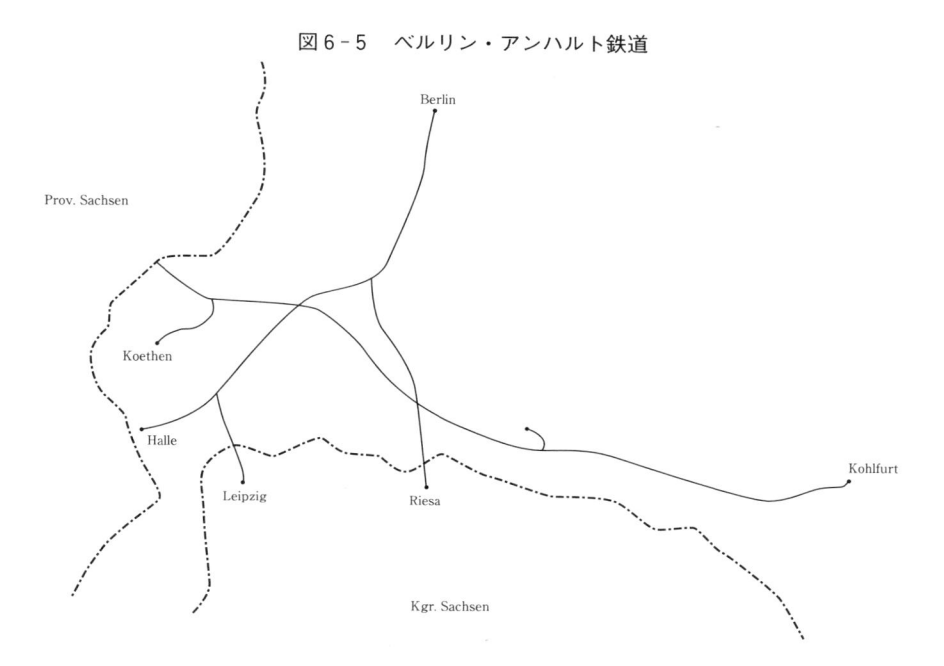

　この計画に含まれていた私有鉄道は、総延長3,145kmにのぼる七つの企業で、東部では、ベルリン・アンハルト鉄道、テューリンゲン鉄道、コットブス・グローセンハイン鉄道、ベルリン・ゲルリッツ鉄道、マルク・ポーゼン鉄道、また西部ではライン・ナーエ鉄道、ベルク・マルク鉄道が含まれていた[24]。ここではまず、路線地図を概観しつつ、おおまかな特徴を指摘しておきたい。

　図6-5～図6-10は、この国有化が非プロイセン邦、ドイツ外を意識した計画であること、とくにプロイセン東部の国有化に重点が置かれていることを示している。

　ベルリン・アンハルト鉄道はザクセン、バイエルンとの交通に与り、中部ドイツからフランクフルト・アム・マインに至るルートの一部としても重要な位置にあった。ベルリン・ゲルリッツ鉄道はベルリンとドレスデン、さらにテューリンゲンを結ぶ交通網の一環である[25]。テューリンゲン鉄道はドイツ鉄

図6-6 テューリンゲン鉄道

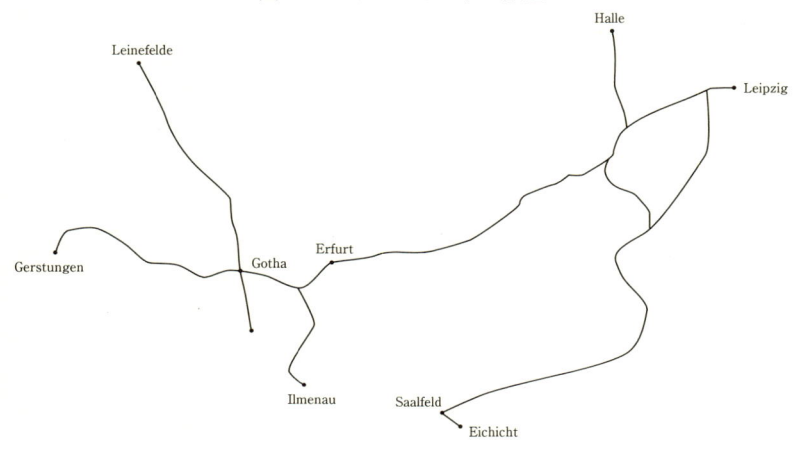

図6-7 コットブス・グローセンハイン鉄道およびベルリン・ゲルリッツ鉄道

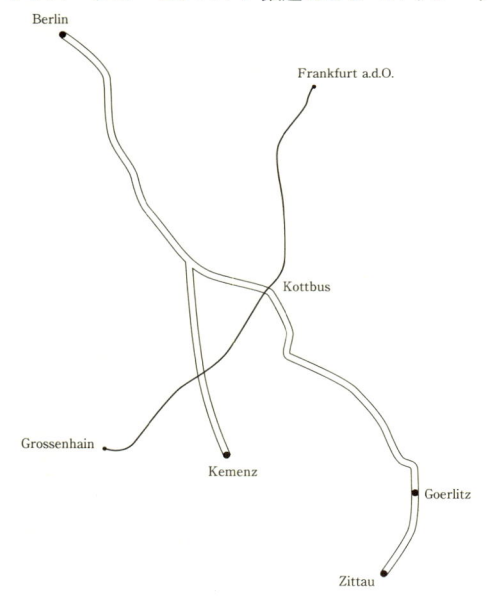

―――― コットブス・グローセンハイン鉄道
==== ベルリン・ゲルリッツ鉄道

第6章　ビスマルクと鉄道　175

図6-8　マルク・ポーゼン鉄道

図6-9　ライン・ナーエ鉄道

図6-10　ベルク・マルク鉄道

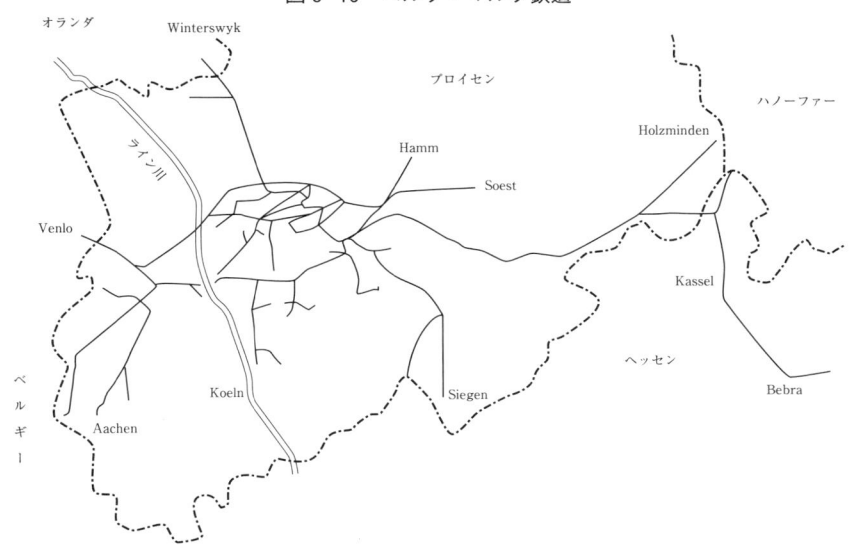

(典拠)　図6-1から図6-10は Streckenatlas der deutschen Eisenbahnen, a. a. O.

表 6-1　プロイセンの鉄道の内訳

（単位：km）

| 年次 | 国　鉄 | 国営私有鉄道 | 私　鉄 |
|---|---|---|---|
| 1879/80 | 6,198 | 3,525 | 10,033 |
| 1880/81 | 11,392 | 3,525 | 5,032 |
| 1882 | 15,305 | 2,142 | 3,850 |

道網のいわば心臓部であるにもかかわらず、その路線の大半がプロイセン領内に存在していなかった。しかもテューリンゲン政府が同鉄道に株式の配当保証を通じて経営参加していたために、買収には多額の補償を必要としたのである[26]。

西部ドイツにおいては、ニーダーライン・ヴェストファーレン工業地帯を縦横に走るベルク・マルク鉄道[27]、およびフランスとの国境に隣接したライン・ナーエ鉄道が対象となっている。

以上の路線のうち、高収益を誇ったベルリン・アンハルト鉄道とは協議にとどまり、議会の承認は次の会期に持ち越されることになったが、上記の私鉄は結局すべて国有化されるに至った。この間の経過は、表6-1が雄弁に語っている。

## 2．4　国有化の進展

プロイセン議会の次の会期（1883～84年）においては、ベルリン・アンハルト鉄道のほか、シュレージエン地域の鉄道とシュレスヴィヒ・ホルシュタインの鉄道が獲得の対象となった。シュレージエン地域では、とりわけオーバーシュレージエン鉄道が重要であり、同鉄道は鉱工業地帯をカバーするとともに、隣接した諸国との交通の媒体となっていた。同鉄道とともに、異常に高い石炭運賃によって利益を得ていたのがブレスラウ・シュヴァイドニツ・フライブルク鉄道であった。（地図6-11、6-12参照）この2鉄道に加えて、レヒテ・オーダーウーファー鉄道は、いずれも同地域にあって高配当を維持していたが、いずれも国有化の対象になった[28]。これによってシュレージエンにあった高収益の路線はすべて政府のもとに置かれたのである。

シュレスヴィヒ・ホルシュタイン地域の鉄道の国有化は、むしろ軍事的色彩が強い。とくにアルトナ・キール鉄道は、キール軍港をかかえ、シュレスヴ

図 6-11　オーバーシュレージエン鉄道

ヒ・ホルシュタイン地域からドイツ全土へ行くルートの一部となっていた[29]。

同会期において承認された鉄道国有化はほかにも多数見られたが、なかでもベルリン・ハンブルク鉄道との協議は難航した。というのも、企業の設立に関与していた者が株主として大きな発言力を有しているうえに、路線の多くがプロイセン領外にあったからである[30]。

これ以降の時期においても、プロイセン政府は積極的に国有化を推進し、1909年には

　　国有鉄道　　　　　37,400km
　　国営私有鉄道　　　　0km
　　私有鉄道　　　　　2,900km[31]

となり、国鉄が圧倒的優位の体制が確立するに至った。

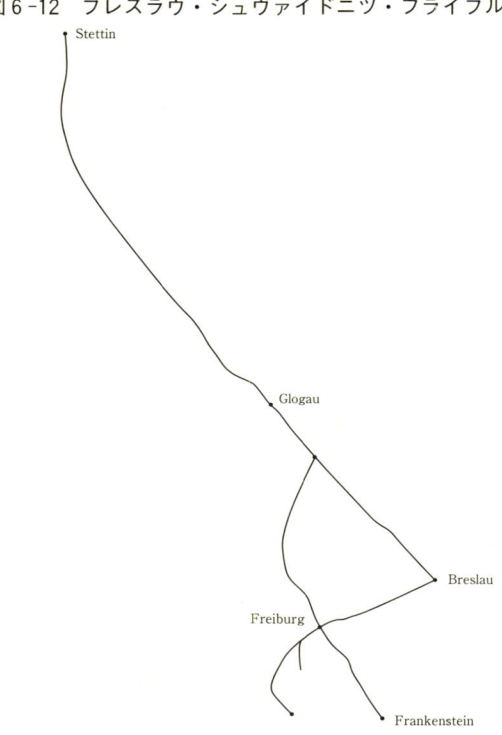

図6-12　ブレスラウ・シュヴァイドニツ・フライブルク鉄道

Stettin

Glogau

Breslau

Freiburg

Frankenstein

## 2．5　ローカル線と軽便鉄道

　プロイセン政府による鉄道への介入は、幹線（Hauptlinie）およびその支線（Nebenlinie）の買収にとどまらなかった。

　1880年3月9日の立法によって、政府はローカル線の新規建設を助成する決定を行った。当然のことながらローカル線の収益の可能性は小さいために、民間資本の参加見透しは限定されている。とはいえ、ローカル線の建設は地方の企業家、土地所有者に利益を与えるばかりでなく、政府もそれによって幹線の育成というメリットを享受できたのである[32]。

　この法律によって、政府はローカル線の建設、経営および資金調達に参画し、

また地方の鉄道に利害をもつ人々に協力を仰ぐともしばしばあった。かくして、わずか7年のうちに、3,870kmのローカル線が国家の手によって建設されたが、これは同時期に国家によって建設された幹線延長（118km）をはるかに凌ぐものである(33)。

「幹線からほとんどしめだされ、地方鉄道の大半をも国家に掌握された私的資本にたいして、プロイセン国家が保証してやった吐口は軽便鉄道であった」(34)と指摘されているが、その軽便鉄道にすらも、政府は介入の姿勢を示した。軽便鉄道の資金調達を容易にし、国家の不必要な支出をおさえるために、1892年に「軽便鉄道に関する法律」が施行されたのである。これに基づいて、半官半民の会社が設立され、国家、州、郡および民間の利害関係者（土地所有者、森林所有者）が参加する例がしばしば見られた。こういった方法で20年のうちに1万キロメートルの軽便鉄道が建設され、そのために8億5千万マルクが投下されている。その内訳は、2億マルクが政府によって、1億マルクが州によって、同じく1億マルクが利害関係者によって、1億8千万マルクが地元によって、残りは一般投資家によって調達されたのである(35)。

表6-2　ライヒ・シュタート財政と鉄道

（単位：マルク）

|  | 1879年 | 1900年 |
|---|---|---|
| 支出 | | |
| ライヒ | | |
| 　総額 | 691,742 | 2,197,350 |
| 　普通経費 | | |
| 　　うち鉄道 | 25,936 | 73,321 |
| 　特別経費 | | |
| 　　うち鉄道 | 20,922 | 10,664 |
| シュタート | | |
| 　総額 | 836,007,876 | 2,696,726,573 |
| 　普通経費 | | |
| 　　うち鉄道 | 136,780,657 | 926,089,806 |
| 　特別経費 | | |
| 　　うち鉄道 | 93,253,769 | 63,850,394 |
| 収入 | | |
| ライヒ | | |
| 　総額 | 725,617 | 2,097,234 |
| 　経常収入 | | |
| 　　うち鉄道 | 37,519 | 89,743 |
| シュタート | | |
| 　総額 | 913,823,908 | 2,893,202,970 |
| 　経常収入 | | |
| 　　うち鉄道 | 194,991,772 | 1,398,513,639 |
| 　臨時収入 | | |
| 　　うち鉄道公債 | 50,228,610 | 60,487,670 |

（典拠）　加藤栄一・林健久編『ドイツ財政統計［1872-1913］』東京大学出版会、1983年。

## 3 ライヒとシュタートの鉄道財政

プロイセンの鉄道国有化は、いかなる財政的効果をもたらしたのであろうか[36]。表6-2は、計画的国有化の始まる1879年と、国有化が進展し、かつ公債償還が制度的に確立しつつも鉄道財政が一般会計から分離されるに至らない年次（1900年）を選び、ライヒ（ドイツ帝国）とシュタート（プロイセン邦）の鉄道財政を比較するものである。支出項目中、普通経費は収入項目中の経常収支によって賄われ、また同様に特別経費は公債（つまり臨時収入）によって賄われるのが原則である。

ライヒに対するシュタートの圧倒的優位は明白である。ここでヴュルテンベルク議会におけるエルベンの演説が想起されるであろう。彼の言葉を借りれば「ドイツ鉄道制度に関する連邦参議院の正当な支配」ではなく「プロイセン鉄道省の多かれ少なかれ苦痛に感じられる支配」が実現しつつあるということである。つまり、ドイツの（厳密に言えば、北ドイツの）鉄道制度に影響を及ぼしつつあったのは、ライヒ財政ではなくプロイセン財政であった。

また、1879年から1900年にライヒ財政の規模が3倍に増加しているにもかかわらず、鉄道項目はさほどの増加は見られない。これに対して、シュタートレベルでは、普通経費中の鉄道支出およびこれを弁済する経常収入中の鉄道収入が莫大で、しかも財政全体に占める比重が大幅に増大していることは注目に値する。収入面を見ると、鉄道収入の比率は21.3％から48.3％に、一方、支出で見ると、鉄道支出のそれは16.4％から34.3％に増大し、財政、とりわけ歳入面での鉄道収入への依存度が異常に高くなっている。これに対して、鉄道公債収入は同時期に、全収入の5.5％から2.1％に、また特別経費としての鉄道支出は全支出の6.3％から2.4％に低下を示している。

この二つの過程を詳しく検討するために、表6-3と表6-4を参考にしよう。表6-3は、国有鉄道収入の比率が国家財政において、年を追うごとに増大していることを示している。とりわけ第1次、第2次計画的国有化の直後に、こ

表6-3 シュタート財政に占める
有鉄道収入の国比率
(単位：％)

| 年度 | 比率 | 年度 | 比率 |
|---|---|---|---|
| 1879 | 21.3 | 1890 | 42.9 |
| 1880 | 20.8 | 1891 | 44.2 |
| 1881 | 34.1 | 1892 | 44.2 |
| 1882 | 35.5 | 1893 | 45.7 |
| 1883 | 43.2 | 1894 | 42.6 |
| 1884 | 43.1 | 1895 | 45.7 |
| 1885 | 45.0 | 1896 | 47.4 |
| 1886 | 46.3 | 1897 | 48.4 |
| 1887 | 45.2 | 1898 | 48.7 |
| 1888 | 45.3 | 1899 | 49.3 |
| 1889 | 44.0 | 1900 | 48.3 |

(注) 鉄道公債収入および鉄道税収入を除く。
(典拠) 同前

表6-4 シュタート財政における臨時収入 (単位：マルク)

| 年度 | 臨時収入 | うち鉄道収入 |
|---|---|---|
| 1879 | 98,337,380 | 50,228,610 |
| 1880 | 281,588,549 | 266,857,790 |
| 1881 | 70,980,223 | 38,795,032 |
| 1882 | 148,861,259 | 121,173,503 |
| 1883 | 77,474,197 | 73,825,540 |
| 1884 | 123,447,699 | 121,137,854 |
| 1885 | 132,744,966 | 127,634,774 |
| 1886 | 104,575,095 | 63,108,534 |
| 1887 | 128,143,911 | 114,399,882 |
| 1888 | 119,041,292 | 89,523,616 |
| 1889 | 157,043,577 | 136,791,328 |
| 1890 | 197,812,906 | 146,737,870 |
| 1891 | 171,534,964 | 137,302,776 |
| 1892 | 151,806,771 | 106,600,744 |
| 1893 | 127,072,803 | 85,056,533 |
| 1894 | 175,125,535 | 72,105,414 |
| 1895 | 114,535,107 | 70,386,604 |
| 1896 | 114,535,107 | 70,386,604 |
| 1897 | 110,071,250 | 83,163,352 |
| 1898 | 121,557,754 | 59,135,392 |
| 1899 | 108,915,473 | 54,323,109 |
| 1890 | 104,031,578 | 60,487,670 |

(典拠) 同前

の比率が著しく増大していることが分かる。そして20世紀初頭には財政収入の半分近くを鉄道に頼ることになった。

表6-4は、公債収入の大半が鉄道債収入であることを示している。鉄道債は国有化のための買収資金に用いられた。したがって、1893年以降、鉄道債収入が低下しているのは、国有化政策が一段落したことを示す。

## 4　「ビスマルク的国有」をめぐって

　1879年末からプロイセンにおいて行われた私有鉄道の大規模な買収は、「ビスマルク的」（Bismarckshe）国有という規定が与えられ、わが国における鉄道国有化の問題に対する一視角をも含め、論争がかつて行われた。この議論の論点は、もっぱらプロイセン政府による鉄道の国有化が、エンゲルスの「指摘する」ように、「経済的必然性」が与えられないままに実現されたか否か、にあ

った。ここでは、エンゲルスの規定自体の検討を行い、また研究史上におけるその扱いを批判的に検証しつつ、ビスマルクのもとで進行した鉄道政策の性格づけを行う。その際、「ビスマルク的国有」が、「ドイツ」の鉄道の国有化ではなく、「プロイセン」のそれであった点に十分な配慮は払われねばならない。

## 4．1　エンゲルスの規定

「ビスマルク的」国有に関するエンゲルスの規定は『反デューリンク論』（Anti-Duehring）にみられる「何らの経済的必然性もなしに」（ohne jede oekonomische Notwendigkeit）プロイセンの鉄道幹線をビスマルクが国有化した、という指摘に論拠が求められている。

エンゲルスの規定を理論的根拠とする以上、①エンゲルスは、いかなる文脈の中でこのような規定を行っているか、②エンゲルスは、ビスマルクが「何らの経済的必然性もなしに」鉄道を国有化した、と考えていたのか、以上2点の整理から始めよう。

『反デューリンク論』の第3章は「社会主義」（Sozialismus）を標題としていることを念頭に考えてゆく。

エンゲルスはここで、「国有化」（Verstaatlichung）を、2類型に分け考察している。

「おそろしく増大しつつある生産諸力が自己の資本的性質にたいしてなすこの反逆、自分の社会的性質の承認をますますせまるこの強要は、資本家階級そのものをして、いやしくもそれが資本関係の内部で可能なかぎり、ますますこれらの生産力を社会的諸力として取り扱うことを余儀なくさせる。際限のない信用膨張をともなう産業的好況時代にしろ、または大きな資本主義的諸事業の崩壊による恐慌そのものにしろ、それは、いま諸種の株式会社において現われつつあるような、いっそう多くの生産手段を社会化するところの型態をもたらす。これらの生産手段および交通機関の多くは、たとえば鉄道のごとく、これ以外の他のいかなる資本主義的搾取型態をも許さないほど始めから厖大なものである。ところが、ある一定の発展段階に達すると、も

はや、この型態でも追いつかなくなる。資本主義社会の公けの代表者たる国家が、それの管理を引きうけざるをえなくなった*。かような国有化の必要は、郵便、電信、鉄道のごとき大規模な交通機関において、まずあらわれる」[37]。

以上の引用の示すところは、資本主義社会のもとで生産諸力が高度に発展をとげた結果としての、生産手段の社会化→国家による生産手段、交通機関の管理をとりあげている。さらに、この章の標題が「社会主義」であることを念頭に*に付く〔注〕を読み進むと、エンゲルスの意図が明確となろう。

「生産手段または交通機関が、事実上、株式会社による管理の手におえなくなって、国営が経済上いとなみがたいものとなった場合のみ、ただ、この場合のみ、国営は、たとえ今日の国家がこれを行なっても、一つの経済的進歩を、社会そのものによる生産諸力の掌握への一つの新たな前段階の達成を、意味するからである」[38]。

エンゲルスがここで想定している「国有化」は、「社会主義」を展望した上での——エンゲルス自信の言に従えば「一つの経済的進歩」「社会そのものによるあらゆる生産諸力の掌握への一つの新たな前段階の達成」——を意味していることは、明白であろう。

さて、この〔注〕は、さらに次のような指摘をこのあとに従えている。

「近ごろビスマルクが国営化に力を入れて以来、一種のえせ社会主義が現れ、しかも、これは、ともすれば、おべっか根性にまで堕落して、すべての国営を——ビスマルクのそれをすらも——そのまま社会主義的だと宣言するにいたった。なるほど、たばこの国営でも社会主義的だとすれば、ナポレオンもメッテルニッヒも社会主義の建設者のうちに数えられよう。たとえ、ベルギー国が、まったく有りふれた政治的および財政的理由から、その主要諸鉄道をみずから建設したところで、あるいは、また、ビスマルクが何らの経済的必然性もなしに、ただ戦争のばあいだけを考えて一そうよく整頓し利用するために、鉄道官吏を政府の投票家畜に育てあげるために、かつ、主としては、議会の決議に拘束されない一新財源を作るために、プロシャの主要

鉄道路線を国営にしたところで——それらは、しょせん、直接的にも間接的にも、意識的にも無意識的にも、けっして社会主義的進歩ではなかった。でないとすれば、王室海運会社や、王室陶器製造や、また、陸軍の隊づき裁縫師さえも、社会主義制度だということになろう」[39]。

以上の指摘を手掛かりに、エンゲルスの「ビスマルク的」国有の性格づけを考えて行く。

まず、プロイセンの鉄道の国有化に関する言及が〔注〕の中の所論として語られていることに注目したい。エンゲルスは、「ビスマルク的」国有を、積極的に定義しているとは言いがたい。「一つの経済的進歩」としての国有化＝社会主義を展望した上での国有化を説明する必要上、それとの対比でビスマルクによる国有化に言及していると考えて、まず誤りはなかろう。どうやら、わが国では「ビスマルク的」国有という概念が一人歩きし、それも大手を振って一人歩きしてしまったようである。しかもエンゲルスの意図とは、かけ離れたところで[40]。

---

**資料 6-1　エンゲルスによる記述**

＊ Ich sage muss. Denn nur in diesem Falle, dass bei Produtions- oder Verkehrsmittel der Leitung durch Aktiengesellschaften wirklich entwachsen sind, dass also die Verstaatlichung oekonomisch unabweisbar geworden, nur in diesem Falle bedeutet sie, auch wenn der heutige Staat sie vollzieht, einen oekonomischen Fortschritt, die Erreichung einer neuen Vorstufe zur Besitzergreifung aller Produktionskraefte durch die Gesellschaft selbst. Es ist aber neuerdings, seit Bismarck sich aufs Verstaatlichen geworden, ein gewisser falscher Sozialismus aufgetreten und hier und da sogar in einige Wohldienerei ausgeartet, der jede Verstaatlichung, selbst die Bismarksche, ohne weiteres fuer sozialistisch erklaert. Allerdings, waere die Vertatlichung des Tabaks sozialistisch, so zaehlten Napoleon und Metternich mit unter den Gruendern des Sozialismus. Wenn der belgische Staat aus ganz alltaeglichen politischen und finanziellen Gruenden seine Haupteisenbahn selbst baute, wenn Bismarck ohne jede oekonomische Notwendigkeit die Hauptbahnlinien Preussens verstaatlichte, einfach um sie fuer den Kiegsfall besser einrichten und ausnuetzen zu koennen, um

## 第6章 ビスマルクと鉄道 185

> die Eisenbahnbeamten zum Regierungsstimmvieh zu erziehen und haupusaechlich, um sich eine neue, von Parlamentsbeschluessen unabhaengige Einkommenquelle zu verschaffen ――― so waren das keineswegs sozialistische Schritte, direkt oder indirekt, bewusst oder unbewusst. Sonst waeren auch die koenigliche Seehandlung, die koenigriche Porzellanmanufakutur und sogar der Kompanieschneider beim Militaer sozialistische Einrichtung.
>
> Engels, F., Anti-Duehring in: Werke, S. 259.

この〔注〕の脈絡からすると、ビスマルクによる国有は、「社会主義的進歩ではなかった」事例の一つとして、とりあげられているにすぎない。資料6-1に従って検討すると、Wenn Bismarck ohne jede oekonomische Notwendigkeit die Hauptlinien Preussens verstaatlichte, ……so ware das keineswegs sozialistische Schritt（たとえ、ビスマルクがいかなる経済的必然性もなしに、プロイセンの幹線を国有化したとしても、……そんなことは決して社会主義的な進歩ではなかった）というのが主旨であり、「ビスマルク的」国有という概念規定をエンゲルスが行っているとは考えられない。

ところで、エンゲルスがこの部分で想定しているプロイセン国有化の理由は

① 「戦時のために鉄道幹線をいっそう整備し利用できるため」（um sie fuer den Kriegsfall besser einrichten und ausnuetzen zu koennen）

② 「鉄道官吏を政府に有利な投票をする家畜に育ててしまうため」（um die Eisenbahnbeamten zum Regierungsstimmvieh zu erziehen)、および

③ 「議会の議決に拘束されない新財源を作りだすため」（um sich eine neue, von Parlamentsbeschluessen unabhaengige Einkommenquelle zu vershaffen）

である。しかし、だからといって、エンゲルスがビスマルクによる鉄道国有に「経済的必然性」を認めていなかったと断言することはできないであろう。

### 4.2 ビスマルク的国有と日本の鉄道国有化

エンゲルスの規定を論拠とし、これを日本の鉄道の国有化およびそれに関連した日本資本主義の性格規定を行おうとする研究は数多く見られた。

さしあたって、わが国の鉄道国有化を「ビスマルク的国有」と規定する考え

方の典型を戸田慎太郎の主張に見ることができる。

戸田は「国鉄資本貸借対照表」を検討し、その資本総額の大きさに注目して、次のように指摘する。

「天皇制的な日本資本主義の諸企業に対して占める国鉄の、この巨大な資本家的比重こそ、凡てが軍事的国家を中心として発展した日本資本主義の顛倒的軍事的姿であると共に、注意すべきは、この巨大な資本蓄積の上に立つ企業が人民により何等制約されざる軍事的官僚の下に所有され、それによって、天皇制的官僚支配が他の条件と共に又、一つの特殊な経済的基礎を与えられている事である。従ってその本質は、資本主義社会に於いてその生産力の増大の結果、その国営を国鉄が『引受けざるを得なくなった』種類の国有ではなくて、むしろ『ビスマルク的な国有』であり、プロイセン的な官僚支配の為の鉄道国営である」(41)。

つまるところ、日本の鉄道の国有化は、エンゲルスの言うところの「一つの経済的進歩」「社会そのものによるあらゆる生産諸力の掌握への一つの新たな前段階の達成」ではなく、「経済的必然性」をともなわない、ビスマルク的な、官僚支配のための国有化ということになろう。

このように日本の鉄道の国有化を、一義的に「ビスマルク的国有」の範疇に収める主張を、井汲卓一、広岡治哉にも見ることができる。井汲の主張はこうである。

「日本の国有鉄道も代表的なビスマルク型である。それは絶対主義国家の家父長的保護政策として発足し、軍閥の戦争計画によって飛躍的に発展し、国家官僚によって護持され、各地方におけるブルジョア地方的利害との取引手段となり、また諸財閥資本との結びつきの物質的基盤ともなった」(42)。

また広岡は、国家資本発展のコースに基づく二つの形態、イギリスのグラッドストーンによる鉄道政策とビスマルクによる鉄道政策を区別する。

「財政専売制度の成立は、対外進出によってさらに次の進出が必要となり、増大する軍事支出を賄うためにおこなわれた『ビスマルク的国有』であったが、八幡製鉄所創設、鉄道国有化についても軍事的性格は貫徹していた。

……鉄道国有化については、たんに軍事的理由ではなく、より発展した資本主義的矛盾が問題の基礎に存在していた」(43)。

井汲、広岡同様、日本の鉄道の国有化を「ビスマルク的」とする考えは、大島藤太郎にも見られる。大島は、封建制が残存する後進国における資本の育成者としての国家の必然的な政策を重視し、日本およびドイツにおける鉄道の国有化を「ビスマルク的」と規定している(44)。

鉄道国有化を独自の観点から類型化しているのが、島恭彦である。島は、資本主義諸国における国有化にはさまざまな型態——本源的蓄積の意味を持つ国有化、資本蓄積の不十分な後進国における国有化、ビスマルク的国有化、経済的に必然とされた国有化等々——があるとして、わが国の鉄道国有化を直ちに「ビスマルク的」と規定できない、と言う。すなわち、

「明治初期から20年までの国有鉄道創設時代は、国鉄を中心とする鉄道哺育政策の時代であり、本源的蓄積の意味を持つ国有化の問題の領域に入る」(45)。

また、

「鉄道企業においては、明治20年前後よりめざましい私有鉄道拡大の時期が始まり、30年代末期には既にこの国内鉄道網の整備と国内市場統一とを足場として、更に大陸市場に進出せんとするわが独占資本の利害が、軍事的要求に裏付けられて、在来の特権的鉄道資本を圧して一気に鉄道国有を実現するほどの力を有するに至ったのである。こういう点ではわが国の鉄道国有もある意味では、『経済的必然性』をもっていると云えるのである」(46)。

要するに、島は、独占資本の利害に基づく海外進出という「経済的必然性」を根拠に、わが国の鉄道国有化を、「ビスマルク的」と規定するのを回避している。

以上諸説の論じるのは、いずれの場合も「経済的必然性」をメルクマールに、「ビスマルク的」国有であるか否かであった。ところが、「ビスマルク的」国有自体の理解に、なお「経済的必然性」の余地を見いだそうとする議論もある。

鈴木武雄は、日清戦争前より日露戦争後に至る時期における国家資本は「ビ

スマルク的」な国有の性格が濃厚であるとし[47]、「鉄道国有はビスマルク的国有としての超経済的特質をもったものであるにもかかわらず、同時にその性格の中に資本主義的特質をもすでに相当有している」[48]と指摘した。

中西健一も同様に、明治39～40年のわが国における鉄道の国有化の本質をビスマルク的なものとしつつ、経済的理由をもあわせて認めている。ところが、中西の場合、「多分に経済的理由をもっていたビスマルク的国有と基本的に同一の性格」[49]を日本の場合にも、認めている点が特徴的である。

### 4.3 プロイセンの鉄道国有化をめぐって

プロイセンの鉄道国有化を、史実に即して検討を加え、「ビスマルク的」国有の議論に参加したのは、石井彰次郎、中西健一である。

石井は、「ビスマルク的」国有を「経済的必然性に基づく国有」の対立概念としてとらえ、「プロイセンの鉄道国有を一義的に『ビスマルク的』国有とすることに、多大の疑問が生ずる」[50]という。すなわち、

「その成立当初より独占的性格をもつ鉄道と、そうでない煙草専売とは、国有化にあたって、共通の側面をもちうると同時に、又根本的に異る面をも持つのではあるまいか。即ち煙草の場合には、『ビスマルク的』国有の諸特徴が妥当しうるも、鉄道の場合には、『経済的必然性』の要素もみられるのではないだろうか。此の事が是とすれば、鉄道国有に関しては、『ビスマルク的』という型態規定は妥当せず、放棄されねばならないであろう」[51]。

石井は、鉄道国有化に至る経済過程を詳細に検討し、プロイセンの鉄道国有化に「経済的必然性」をみる。とりわけ「鉄道賃率の統一」をめぐる議論のうちに、それを実証しようとする。

これに対して、エンゲルスの規定自体を再検討することによって、プロイセンの鉄道の国有化に「経済的必然性」を認めつつも、「ビスマルク的」国有概念の再考を促したのが、中西である。

「『なんの経済的必然性もなしに』というのは、誇張された修辞であって、文字どおりにうけとってはならないということである」[52]。

「ビスマルクの鉄道国有の分析から導かれる結論は、これが多分にプロイセン＝ドイツに特殊的な軍事的・封建的・官僚制国家の権力目的の必要性から生まれ、それに主導されたものでありながら、金融資本制への移行期にあったドイツ資本主義の経済的必要を充たし、ブルジョア的要求を反映したものであって、けっして超経済的特質のみをもつものではないということである」(53)。

中西は、鉄道国有化における対立的な二つの型態――イギリス型（グラッドストーン的）とプロイセン型（ビスマルク的）――を指摘し、次のように述べる。

　「もっぱら経済的必然性に基づいたイギリス型と、経済的必然性を有しながらも国家権力の政治的必要が全面に表れる過程をリードしたプロイセン型、ビスマルク的国有化の対立として」(54)

把握する。以上の議論において、①ビスマルクの国有に関するエンゲルスの規定には誇張があること、②ビスマルクの鉄道国有は、非経済的側面を中心としつつも、ブルジョワ利害の反映という面も存在したこと、が確認される。

以上2点に関して、筆者も同意するが、では、「ビスマルク的」国有という概念が存在するのであろうか。少なくとも、『反デューリング論』に依拠する限り、エンゲルスの主張には、「ビスマルク的国有」という積極的発想は見られない。

確かにエンゲルスは、国有化の2類型を指摘してはいるが、これはあくまで、社会主義を展望した上での国有化を論証する際に、「ビスマルクによる国有化」を〔注〕の形で提示したにすぎない。

## 4.4　ビスマルクによる鉄道国有化とは

われわれはここで、「ビスマルク的」国有という概念をひとまず捨て、「ビスマルクによる国有化」を性格規定しておこう。ドイツ資本主義の発展との連関において、プロイセンの鉄道政策を位置づけると、次のようないくつかの特徴が浮かび上がる。

①プロイセン政府は、必ずしも首尾一貫して鉄道国有化を推進したのではなく、国家の鉄道に対する規制はかなりの振幅を経験し、民間企業が相当程度力を持ちえた時期があったこと[55]。
②民間企業の中には、19世紀末に至るまで、経営上プロイセン政府による官僚支配を受け入れつつも、株主＝資本家の利害が保証されていた事例がみいだされること[56]。このことは、「国営化」と「国有化」を明確に区別しなければならないことになる。
③ドイツの鉄道政策は、帝国レベルの政策は事実上皆無であり、プロイセンの鉄道政策は必ずしも帝国権力の強化とは直結しないこと[57]。
④ビスマルクによるプロイセンの鉄道国有化の背景には、帝国鉄道構想の挫折があること[58]。領邦による帝国鉄道構想への反対は、連邦主義原理が帝国内で維持されていたことの象徴である。
⑤ビスマルクによる鉄道国有化には、プロイセン内秩序の形成を目的とする1879年の立法と隣接する領邦への影響力を持った1882年の立法があること[59]。
⑥またそれが、ドイツ帝国財政ではなく、プロイセン邦財政を通じて行われたこと[60]。
⑦鉄道国有化は、プロイセン財政に大きな収入をもたらしたこと[61]。
⑧国有化を促した直接的な動機には、私鉄株の投機にともなう混乱や賃率の不統一に対するブルジョワジーの不満があったこと[62]。

以上の点から明らかとなるのは、次のことであろう。ビスマルクによる国有化が全ドイツに適用されなかったのは、帝国憲法の一側面である連邦主義が健在であることを示している。このことは、ドイツ帝国が一つの統一的な市場に収斂していないことと密接な関係がある。だからといって、「ビスマルクによる国有化」がドイツ国民経済の未成熟と結びついていた、と簡単に結論することはできないし、もっぱらプロイセン経済の後進性に求めることもできないであろう。

むしろ大切なのは、分立的な経済のあり方なのである。

第6章　ビスマルクと鉄道　191

## 5　小　　括

　以上の分析を通じて、われわれはもはや「ビスマルク的国有」という概念にこだわることなく、「ビスマルクによる国有化」にアプローチすることによって、その多面的な性格を確認することができた。「帝国鉄道」構想との関連で立体的に考察することにより、ドイツ内の分立的傾向にプロイセン的な秩序を意図したビスマルクの計画が浮かび上がるが、これはまさに「ドイツ」資本主義の内包する地帯構造を反映したものといえる。非プロイセンに対する影響力の行使を意図すること自体、帝国が連邦国家たる性格を失っていない証左であるといえるであろう。

注
（1）　Kech, a. a. O., S. 120-1.
（2）　Alberty, a. a. O., S. 32.
（3）　Vegesach, M. von., Zur Verstaatlichung der preussischen Eisenbahnen, Berlin, 1905, S. 17-8.
（4）　Alberty, a. a. O., S. 33.
（5）　Kech, a. a. O., S. 124.
（6）　Vegesach, a. a. O., S. 17.
（7）　derselbe, a. a. O., S. 18; Jagtiani, H. N., The Role of the State in the Provision of Railways, 1924, p. 67; Alberty, a. a. O., S. 36; Kech, a. a. O., S. 125.
（8）　Kech, a. a. O., S. 126-7.
（9）　Alberty, a. a. O., S. 54-5.
（10）　derselbe, a. a. O., S. 55; Vegesach, a. a. O., S. 19. この法案の全文は Alberty, a. a. O., S. 56-8.
（11）　Jagtiani, op. cit., pp. 71-5; Alberty, a. a. O., S. 62f; Kech, a. a. O., S. 128.
（12）　Alberty, a. a. O., S. 58.
（13）　Kech, a. a. O., S. 128.
（14）　Alberty, a. a. O., S. 191.
（15）　Kech, a. a. O., S. 128-9; Vegesach, a. a. O., S. 20-1.
（16）　Vegesach, a. a. O., S. 22; Kech, a. a. O., S. 129.
（17）　Vegesach, a. a. O., S. 44.

(18) derselbe, S. 49-50; Alberty, a. a. O., S. 125 u. 224f; Kech, a. a. O., S. 129-130.
(19) Vegesach, a. a. O., S. 50-51; Alberty, a. a. O., S. 126.
(20) Alberty, a. a. O., S. 128-9. 法案の全文は derselbe, S. 126-8.
(21) Vegesach, a. a. O., S. 52-3; Kech, a. a. O., S. 131.
(22) Kech, a. a. O., S. 131-2; Vegesach, a. a. O., S. 53-4.
(23) Vegesach, a. a. O., S. 45-8. 1882年の立法の全文は Alberty, a. a. O., S. 132-6.
(24) Kech, a. a. O., S. 134.
(25) derselbe, S. 135; Vegesach, a. a. O., S. 27-8.
(26) Kech, a. a. O., S. 134-5; Vegesach, a. a. O., S. 27.
(27) 拙稿「プロイセンにおける鉄道と国家」前掲。
(28) Vegesach, a. a. O., S. 29-30.
(29) derselbe.
(30) derselbe, S. 31.
(31) Clapham, J. H., Economic Development of France and Germany, Cambridge U. P., 1914, p. 347.
(32) Jagtiani, op. cit., pp. 71-2.
(33) ibid., pp. 73-5.
(34) 中西健一『日本私有鉄道史研究』日本評論社、1963年、152ページ。
(35) Jagtiani, op. cit., pp. 75-6.
(36) 鉄道財政に関する先駆的業績として松井坦「プロイセン国有鉄道とドイツ帝国主義財政」同『ドイツ帝国主義史論』松井坦遺稿、追悼集刊行会、1981年、がある。
(37) Engels, F., Herrn Eugen Duehrings Umwalzung der Wissenscahft エンゲルス『反デューリンク論』林要訳、大月書店、1948年、240-1ページ。
(38) 同、241ページ。
(39) 同、241-2ページ。
(40) この点について中西健一は、エンゲルスのいう「経済的必然性」は誇張された修辞であって、エンゲルス自身、ビスマルクに鉄道国有について経済的必然性を認めていたことを、エンゲルス「ビスマルクの社会主義」(『マルクス・エンゲルス全集』大月書店、第19巻、175-8ページ)を典拠に論じている。とりわけエンゲルスが恐慌を国有化実施に際してのモメントと考えていると中西は指摘する(同、前掲書)。
(41) 戸田慎太郎『天皇制国家の経済的基礎分析』三一書房、1949年、177ページ。
なお、この指摘において国営化と国有化を同一視もしくは混同しているのは、プロイセン鉄道史の史実に即して考える時、明確な誤りであると言わざるをえない。この混乱は Verstaatlichung を「国営化」と訳したことに起因しているので

あろう（『反デューリンク論』林要訳、参照）。
(42) 井汲卓一『日本資本主義論』くれは書店、1948年、72ページ。
(43) 広岡治哉「日本における国家資本の発展と特質」今井則義他著『日本の国家独占資本主義』、1950年、201ページ。
(44) 大島藤太郎『国家独占資本としての国有鉄道の史的発展』伊藤書店、1949年、19-20、42ページ。
(45) 島恭彦『日本資本主義と国有鉄道』日本評論社、1950年、82ページ。
(46) 同、83-4ページ。
(47) 鈴木武雄『帝国主義段階における国家資本の役割と推移（上）』白日書房、1949年、38ページ以降。
(48) 同、79ページ。
(49) 中西健一、前掲書、123-5ページ。
(50) 石井彰次郎「ビスマルク的国有について――プロシャの鉄道国有――」『経済理論』41号、24ページ。
(51) 同、28ページ。
(52) 中西、前掲書、144ページ。
(53) 同、172ページ。
(54) 同、173ページ。
(55) 拙稿「ドイツ産業革命期におけるプロイセン鉄道政策の展開」前掲。
(56) 拙稿「プロイセンにおける鉄道と国家」前掲。
(57) 拙稿「帝制ドイツにおける経済政策の二元性」前掲。
(58) 拙稿「ドイツにおける鉄道の国有化」前掲。
(59) 同。
(60) 同。
(61) 同。
(62) Jagtiani, op. cit., p. 60. 石井彰次郎「ビスマルク的国有について(2)」『経済理論』42号、68-70ページ。

# 第7章

# 総括と展望

## 1 商品流通構造

　本書でとり上げた商品流通構造の一つの事例（ライン・ヴェストファーレン）をモデル化したのが、図7-1である。両地域の流通構造を端的に示しているのは、鉄道網の空間的形成である。ライン・ヴェストファーレンは地域内に稠密な鉄道網が存在するとともに、中小規模の都市が分子的状態で林立する。その内部には特定の市場の中心が存在しないために、個々の分子（都市）の持つベクトルのその時々の大きさと方向により、地域全体の持つベクトルが振幅しうる。70年代以降、地域の対外的ベクトルのうちベルリンに向かうベクトルが強化されたにせよ、それはこの地域の複数ある均衡の一つにすぎない。

　BMEの経営分析に際して、ライン・ブルジョワジーのベルリンとの結びつきの根拠にオランダを経由しない輸送路の実現を指摘したが、このことは、19世紀初頭には、ライン川によるオランダ経由の商品流通が大きな意味を有していたことを逆に示すことになり、ラインを下るベクトルの大きさを確認することにもなる。

　フランケン地方は、ニュールンベルクをハブとし近隣地域とスポーク状に結ばれるハブ・アンド・スポーク型地域（Hub- and spoke districts）の空間構造を持つ[1]。同地域は、ハブの安定的存在ゆえに、対外的ベクトルは安定を示すと考えられる[2]。ドイツ圏には、このような安定的「都市経済圏」が多数存在することによってマクロ的均衡に作用する（図7-2参照）。

図7-1　ライン・ヴェストファーレン地域の構造モデル

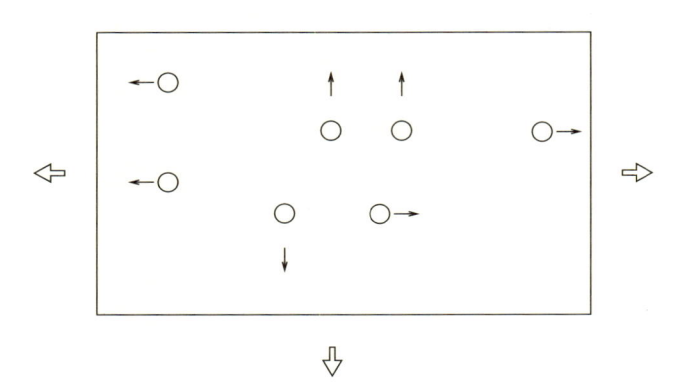

図7-2　フランケン地方の地域構造モデル

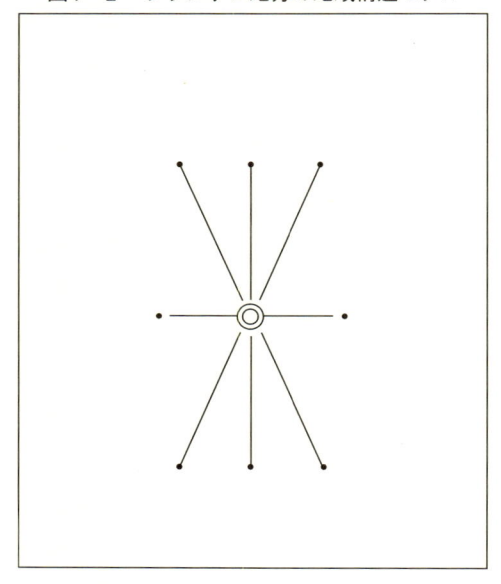

表7-1　プロイセンと3領邦の面積、人口、鉄道延長(1889年)

|  | 面積 (qkm) | 人口 (千人) | 鉄道延長 (km) |
|---|---|---|---|
| プロイセン | 348,347 | 28,762 | 24,359 |
| ザクセン<br>バイエルン<br>ヴュルテンベルク | 110,357 | 10,745 | 9,156 |

（注）　上記の数値には、ザクセン諸侯国は含めていない。
（典拠）　Meyer, A., a. a. O.

鉄道網の空間的形成は、上記の流通構造を反映した形をとったと考えられる。

## 2　政治過程

　ドイツの領邦の鉄道政策の決定因は、その地域の市場構造にあることを指摘した。それは特に、ビスマルクの帝国鉄道構想に対する反応において、連邦分立主義を貫いたザクセン、バイエルン、ヴュルテンベルクが少なくともプロイセンに依存する経済構造ではなかったことから確認できる。

　ここで、プロイセンの「統一主義」[3]とザクセン、バイエルン、ヴュルテンベルクの「分立主義」が帝国内で均衡する条件を、領邦の戦略的視点から考える。プロイセンと3領邦との経済力を生産要素である土地（面積で代替）と労働力（人口で代替）および鉄道延長で対峙させると表7-1のようになる。

　3領邦を合計すると、プロイセンのおよそ1/3の規模となり、プロイセンの「統一主義」に対する十分な抑止力になると考えられる。人口1千万人規模の国家は、現に西ヨーロッパに存在していた。ザクセン、バイエルン、ヴュルテンベルクの政策においてとりうる戦略は、「分立主義」か「統一主義」かの二者択一である。この3プレイヤーは、他のプレイヤーが「分立主義」を維持すると予想しうる限り「分立主義」を維持すると考えられる。

　第二帝制期の鉄道政策にはこのような「ゲーム的状況」が一つの均衡状態を生み出していた可能性を見ることができる。

## 3　資本市場

　ドイツの資本市場の全体像についての総括と展望を記すに足る分析は、本書では実現できていない。ここでは、西部地域の鉄道企業という限られた範囲を前提にこの問題に言及すれば、およそ次の見取り図を描くことができる。

　鉄道企業の資金調達は、主として優先社債でまた一部は優先株で行われ、資本市場での資金の供給側は普通株のようなよりリスクをともなう資産に対して消極的であり、1990年代のドイツの投資家と共通したビヘイビアを示していた。また、限られたデータに基づくとはいえ、ライン・ヴェストファーレンからみた「第二帝制建設期」（Reichsgruendungszeit）の資本市場は「地域的」であり、このことは第2次大戦以降1990年代に至る（西）ドイツの資本市場モデルとも相似であった。

　しかし一方ではこの時期は、証券市場としてのベルリンの優位が確立されていく過程として認識されている[4]。また、ドイツの金融市場が利子率の均衡化を通じて統一的市場を形成していったとの認識もある[5]。

　一般に、物流と比較すれば、資本の流通は市場の集中化が短期的に進みやすいと考えられる[6]。逆に、ドイツ内で利子率の均衡化が進んでいる限り、限界「資本市場」が淘汰されることはない。コンドラチェフの「第二波動」が、1870年から75年頃までにピークアウトしたとするなら[7]、それ以降の時期に（コンドラチェフの波動の下降局面の初期に）証券市場のベルリンへの集中化が進展したと考えられる。事実 BME における株主構成および株主の性格の変化は、1870年代中葉以降に見られた。

　「第二帝制建設期」と1990年代のドイツ資本市場に相似が見られることも、これと同じ論理で説明が可能である。コンドラチェフの「第四波動」のピークアウトを1990年代以降と仮定すれば[8]、次の図式が成り立つ。

　　　　コンドラチェフの波動の上昇局面　→　資本市場の分散化
　　　　コンドラチェフの波動の下降局面　→　資本市場の集中化

注
（1） ハブ・アンド・ポーク型の空間構造を持つ地域については Markusen, A., Sticky Places in Slippery Space—A Typology of Industrial Districts, in: Economic Geography, 72-3, 1996, p. 296f.
（2） アラン・プレッドは、アメリカの上位都市の人口規模が長期的に安定していることを指摘し、商品と人の流れに結びついた情報の結節点としての大都市の機能を重視した（Pred, A., City-systems in Advanced Economies, London, 1977. また矢田俊文・梅原宏編著『現代経済地理学』ミネルヴァ書房、2000年、104-124ページ）。
（3） プロイセンの戦略をとりあえず「統一主義」ととらえるが、実際には分立主義の膨張と考えるべきかもしれない。
（4） 居城弘『ドイツ金融史研究』ミネルヴァ書房、2001年、における次の指摘はこの過程を明確にしている。「19世紀30年代以降、鉄道建設にともなう鉄道株・社債の発行はベルリンの発展の重要な契機となった」（218ページ）「50年代から60年代にかけての段階で、鉄道証券や産業証券など、産業革命の進展にかかわる課題を、証券発行の形態で遂行する、中心的な役割を果たしつつあった」（219ページ）、「70年代に入って、帝国の創設と中央発券銀行としてのライヒスバンクの創業によって、ベルリン金融市場はドイツ金融市場の中心としての地位を最終的に確立する」（同）。
（5） 鳩澤歩、前掲論文。
（6） 70年代以降、国際的な資本市場としてのベルリン市場の重要性が増大した要因の一つとして、ロンドン、パリと比して市場利子率が低位にあったことが確認されている（居城弘、前掲書、221ページ）。利子率の格差は短期的に資本移動を引き起こす。
（7） 安宅川佳之『コンドラチエフ波動のメカニズム』ミネルヴァ書房、2000年。コンドラチエフ『コンドラチエフ景気波動論』中村丈夫訳・解説、亜紀書房、1978年。シュンペーター『景気循環論』吉田昇三監訳、有斐閣、1965年。田原昭四『日本と世界の景気循環』東洋経済新報社、1998年
（8） コンドラチエフの波動の第二局面のピークアウトを1973年とする見解が多いが、この年は株価のピークアウトと一致する（石見徹、前掲書、29ページ）。DAXを基準に第四局面のピークアウトを類推すれば、2000年2月の株価の大天井を指標とすることができるであろう（http://deutsche-boerse.com）。

## 補　論

## ルール地方における景気動向と商品流通（1865〜79年）

　普仏戦争後に実現された統一ドイツのもとで、70年代初頭はとりわけルール地方を中心として急速に株式会社が設立されたが、1873年以降ドイツ経済が長期にわたる不況を経験することとなった。ドイツ経済はこの過程を通じて独占体の形成、経済政策の保護主義化にみられるように、質的に新たな局面を迎えることとなる[1]。補論においては、ルール地方における鉄道輸送統計を分析対象とし、各種産業部門の流通量がいかなる変化を遂げたかを、実証的に論ずる[2]。その際、産業部門間にみられるタイムラグのみならず、商品流通のあり方を当該地域内のもの（域内輸送）、他地域への移出、他地域からの移入に分類し、景気の地域的タイムラグにも考慮がはらわれる。

### I

　ルール地方の鉱山業・鉄加工業は1870〜73年に創業ブームを迎えたのち、長期的な不況に陥る。景気の先行指標である株価の動きはこのことを如実に物語っている。

　図補-1はルール地方の鉱山株が72年に高値を付けた後、すでに73年には下降局面に入ったことを示し、しかも再び株価が上昇に転じるには5年以上を要したことを示している。とはいえ図補-2によれば、なるほど不況期にはルール炭のドイツ国内における比重は停滞したものの、それ以降はむしろ国内シェアを拡大させている。石炭生生産地としての地域集中が進展する契機が不況にあったことが想起されるのである。

図補-1　鉱山業における株価指数

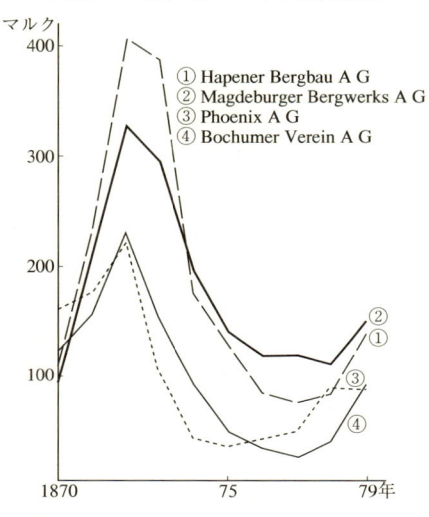

① Hapener Bergbau A G
② Magdeburger Bergwerks A G
③ Phoenix A G
④ Bochumer Verein A G

(典拠)　Wiel, Wirtschaftsgeschichte des Ruhrgebiets, Essen, 1970, S. 392.

図補-2　ルール地方石炭生産の対ドイツ比

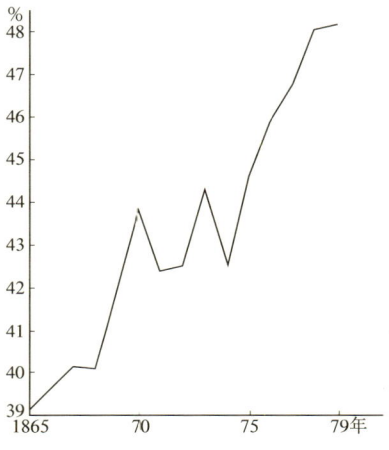

(注)　1871年までは関税同盟内を「ドイツ」とし、また、1872年以降はルクセンブルク、エルザス・ロートリンゲンをも含めたものを「ドイツ」とした。
(典拠)　Wiel, S. 126.

図補-3　総貨物輸送量

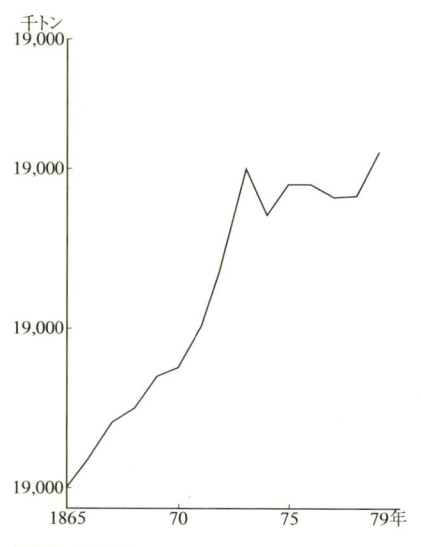

(典拠)　Jb. 75-79.

図補-4　種類別総貨物輸送量

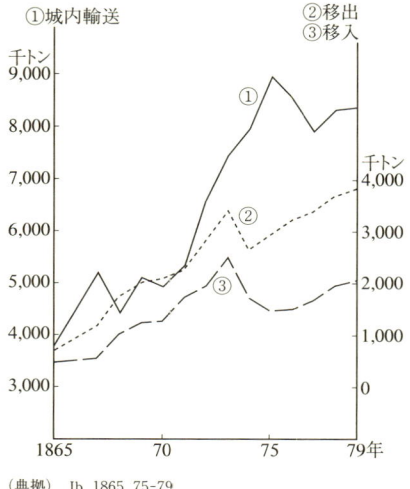

①城内輸送　②移出　③移入

(典拠)　Jb. 1865, 75-79.

補論　ルール地方における景気動向と商品流通（1865～79年）　203

図補-5　石炭およびコークス輸送

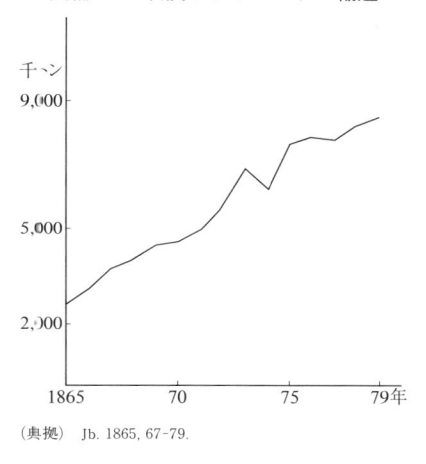

図補-6　石炭およびコークスの月別輸送量

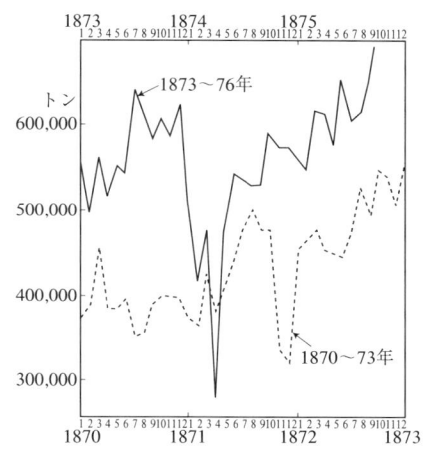

（典拠）Jb. 1865, 67-79.

（典拠）Jb. 1865, 77-79.

商品全体の輸送の趨勢は図補-3および図補-4から概観できる。当該地域の商品流通は、ピークを迎える1873年までは一貫して右肩上がりの成長を示してきたものの、それ以降停滞傾向を示し、ようやく1879年に上向きになる。けれども、詳細に検討す

| 1866年 | 1.01 | 1872年 | 1.11 |
| 1867年 | 0.99 | 1873年 | 0.88 |
| 1868年 | 1.02 | 1874年 | 0.89 |
| 1869年 | 1.00 | 1875年 | 1.00 |
| 1870年 | 1.03 | 1876年 | 1.40 |
| 1871年 | 0.96 | 1877年 | 1.03 |

ると、域内流通は1875年まで増えつづけている反面、移出と移入は73年にピークを向えた後、激減していることが分かる。これによって不況の影響は、ルール地域以外の地域の方が大きかったと類推される。

　石炭および石炭を原料とするコークスは、当時の工業生産において基軸的な役割を果たすわけであるが、図補-5より1874年に不況の影響が顕在化しているものの回復も比較的早いことが分かる。この景気後退がいかに急激なものであったかを示すのが図補-6である。1874年の1～4月のグラフがこのことを示している。石炭とコークスの持つ意味を考慮するために総流通量に対する弾性値（1865年ベース）を求めると上表のようになる[3]。

## II

　次に図補-7～図補-13に依拠しつつ産業部門別の景気動向を考察する。

　石炭とコークスの流通量については、すでに検討したが、73年に極大点をむかえ、翌74年には急激な低下を示した後、再び増加傾向に転じている。とりわけ景気回復過程におけるコークスの成長率が著しい。

　繊維工業の循環はこれより1年のタイムラグが看取される。原綿と綿糸の流通は74年までほぼパラレルに増加し、75年に初めて下降局面に入る。

　農業の循環は、以上の趨勢とは大幅に異なり、71年に早くもピークに達し、以後長期的な停滞を示している。

　工業原料に属す鉄鉱石、黄鉄鉱の動向は、比較的振幅が小さいが、石炭やコークスとパラレルな動きを示し、74年にはっきりと低落傾向となる。

　鉄製品の動きは興味深い内容を示している。比較的加工度の低い鋳鉄製品は72年にピークを迎えるが、より加工度の高いレールの場合は1年のタイムラグが、また鉄鋼製品になると2年のラグが認められる。

　また機械類の循環が74年にピークに達することも考えあわせると、景気の波が原料供給部門から製造業部門へ、製造業部門のうちでは迂回生産のプロセスに沿って技術的に単純な工程からより複雑な工程へ、消費財部門から生産財部門へと波及していることが分かる。

　建設循環を表わすと考えられる木材、石材をみると、前者は74年、後者は75年がピークとなり、景気の波及が相対的に遅れる。

## III

　図補-14～図補-27は、各商品について流通形態別——域内輸送（B），移出（A）、移入（E）——に整理したものである[4]。これと前記の流通傾向を考えあわせて分析を加える。

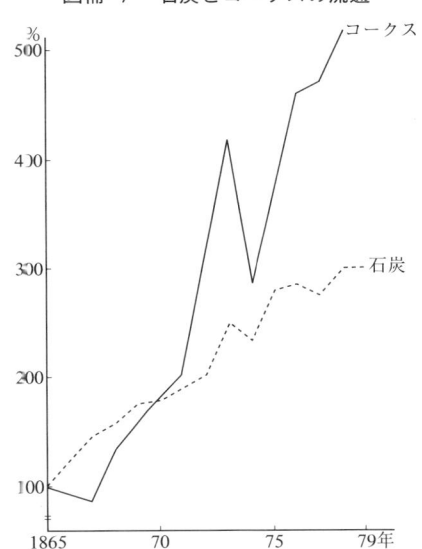

補論　ルール地方における景気動向と商品流通（1865〜79年）　205

図補-7　石炭とコークスの流通

図補-8　原綿・綿糸の流通

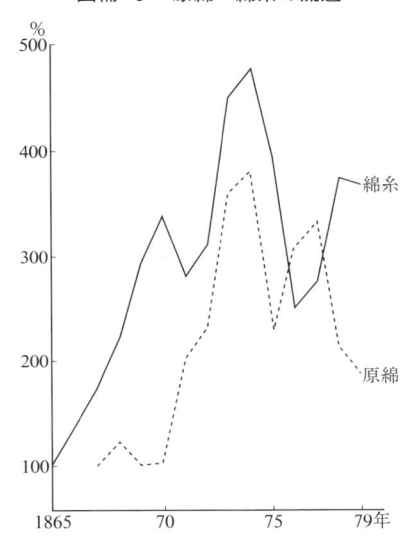

図補-9　穀物・じゃがいもの流通

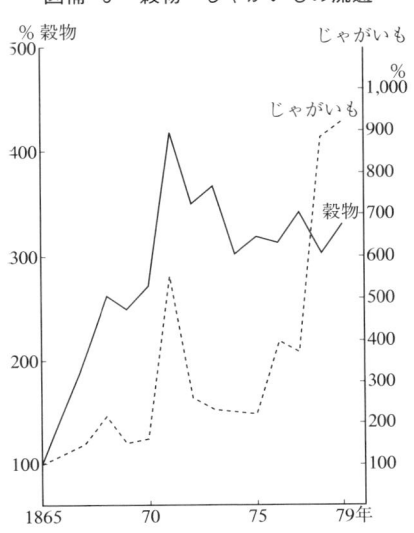

図補-10　鉄鉱石・黄鉄鉱の流通

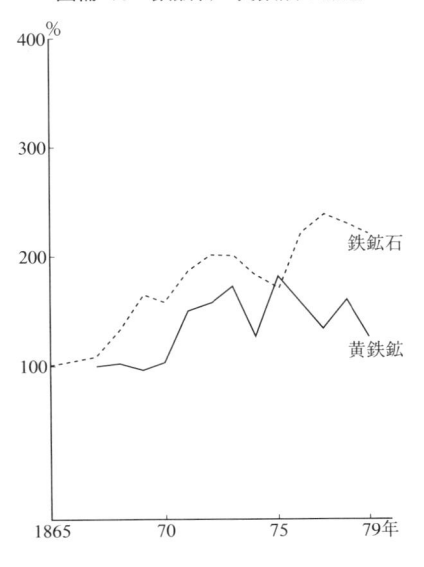

図補-11　各種鉄製品の流通

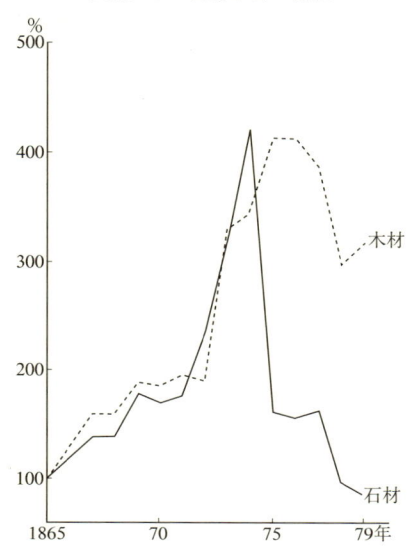

図補-12　機械類の流通

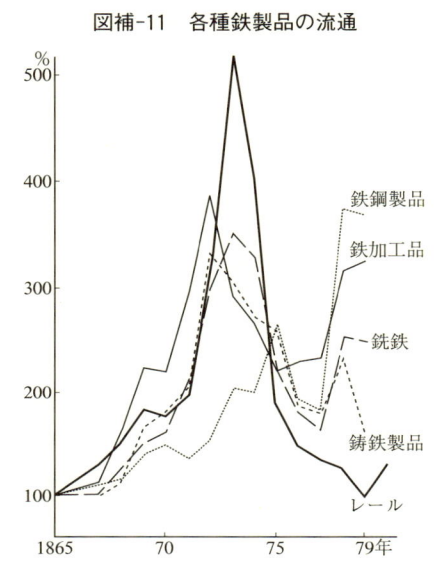

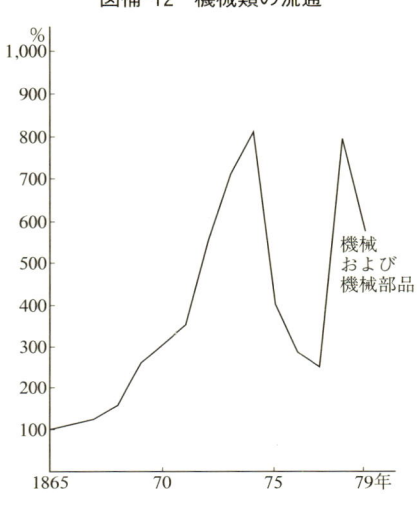

図補-13　石材木材の流通

　石炭は73年まで増加を示し、74年以降低落したことを指摘したが、図補-14によって74年までの動きは、移出の変動によって引き起こされたのであり、それ以降はむしろ（例えば76年の減少のように）域内輸送の動向を反映していることが分かる。これに対して、コークスは全期を通じて、移出の動向が流通全体の動きを決定していることが図補-15から読み取れる。

　原綿は移入と域内流通が補完的な動きを示しているが、デュッセルドルフ港まで船舶輸送されたものは後者、BME以外の鉄道によって当該路線内に輸送されたものが前者に計上されていることから、両流通ルートの補完的機

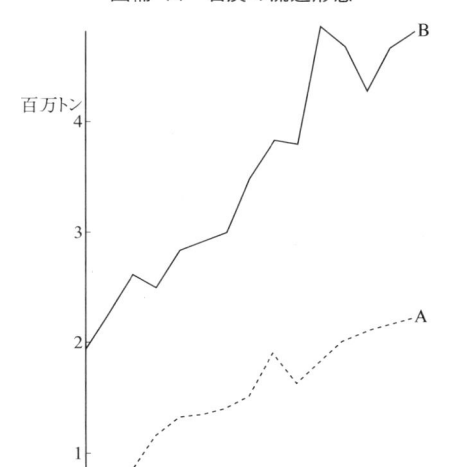

補論　ルール地方における景気動向と商品流通（1865〜79年）　207

図補-14　石炭の流通形態

図補-15　コークスの流通形態

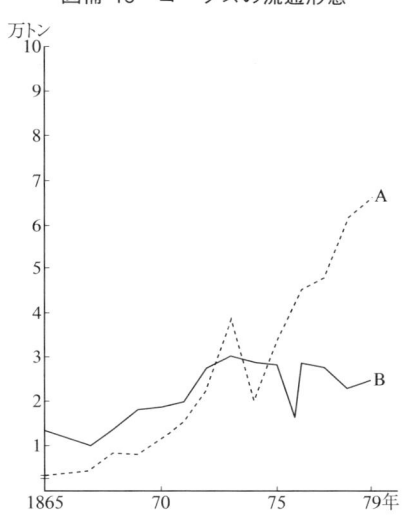

図補-16　原綿の流通形態

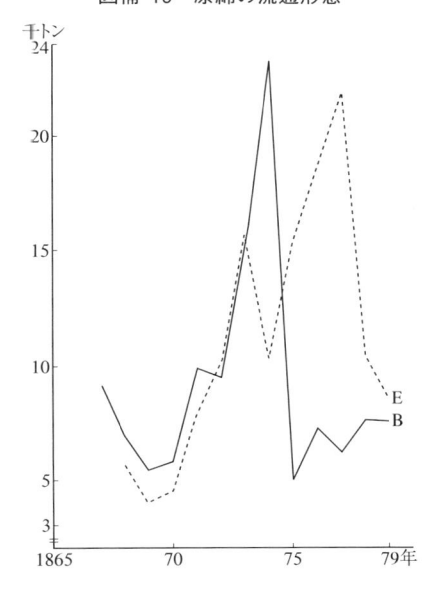

図補-17　綿糸の流通形態

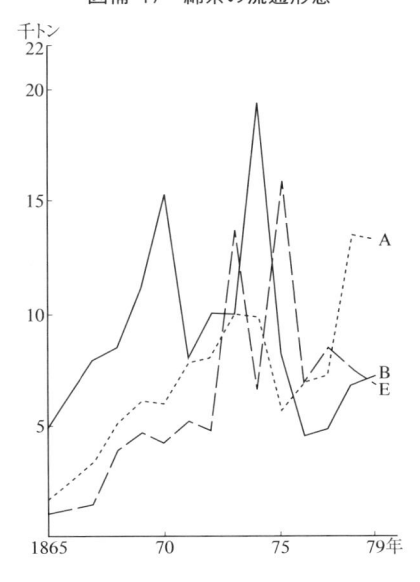

図補-18 穀物の流通形態

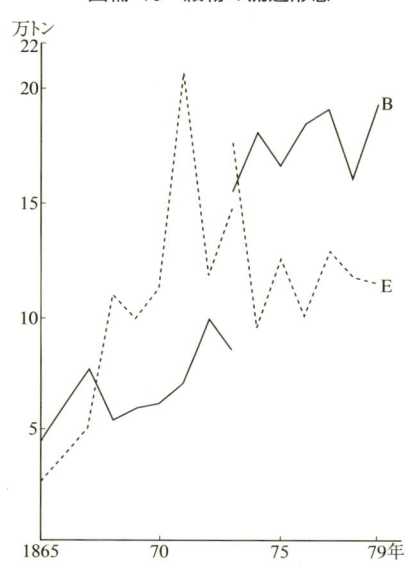

図補-19 じゃがいもの流通形態

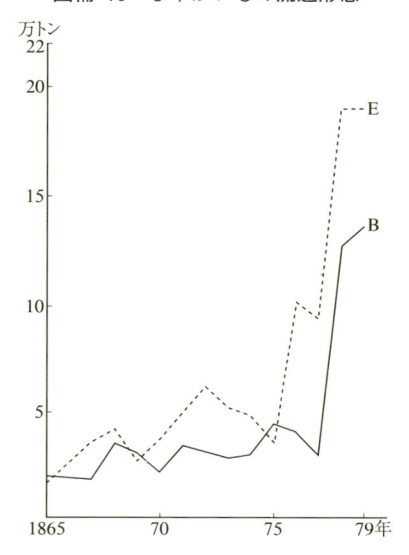

図補-20 鉄鉱石の流通形態

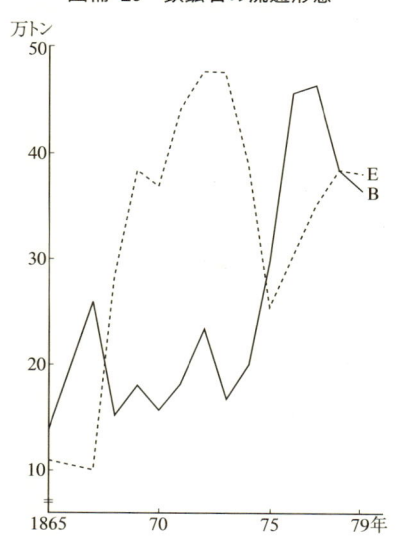

図補-21 黄鉄鉱の流通形態

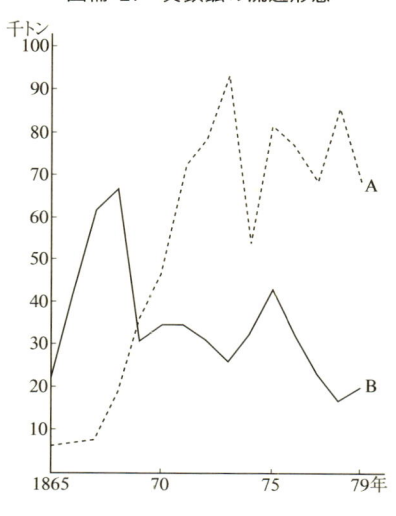

補論 ルール地方における景気動向と商品流通 (1865〜79年) 209

図補-22 銑鉄の流通形態

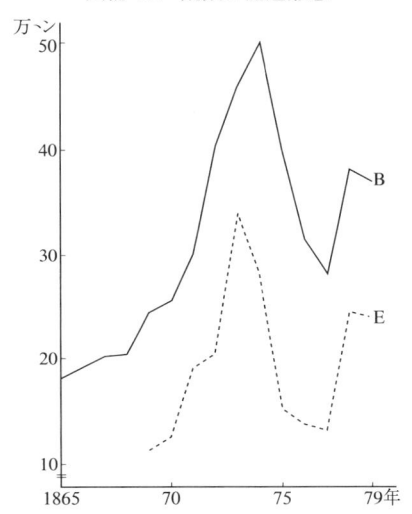

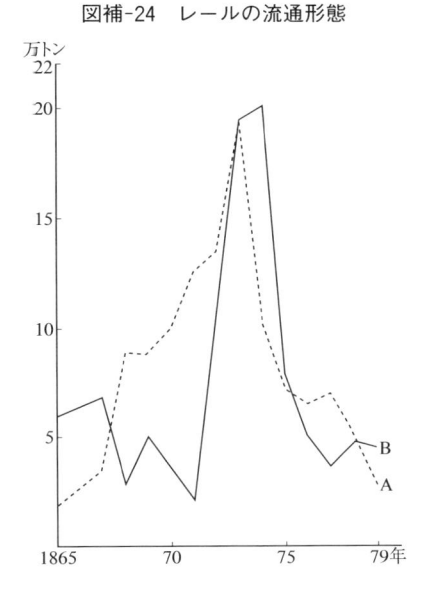

図補-23 鉄加工品の流通形態

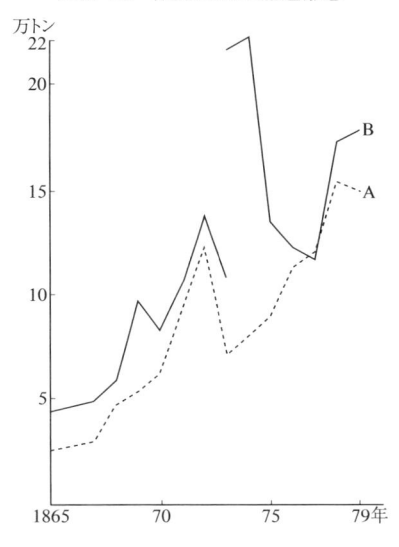

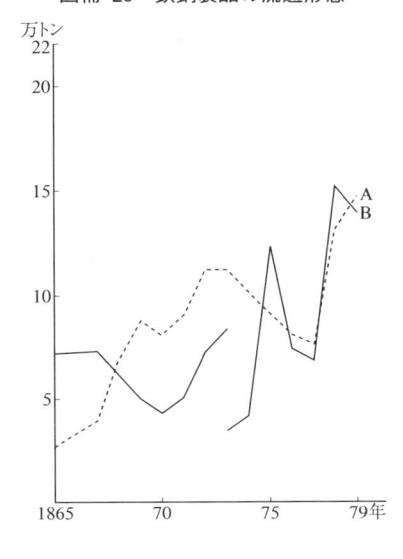

図補-24 レールの流通形態

図補-25 鉄鋼製品の流通形態

図補-26 鋳鉄製品の流通形態

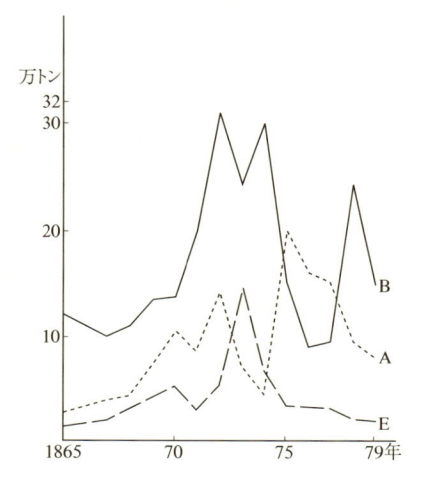

図補-27 機械類の流通形態

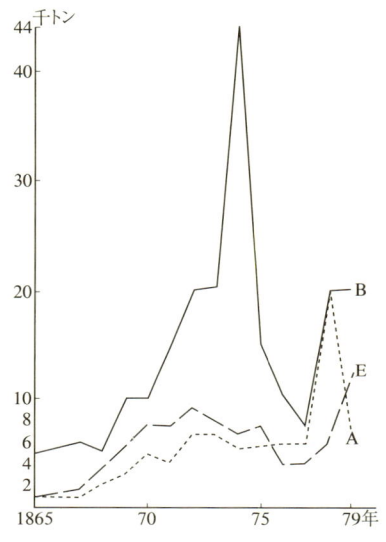

能が確認できるにとどまる。けれども、73年段階で大きな役割を果たしていた内国水運が、76年の需要増大には対応できず、鉄道がその流通を担うに至ったことが、はっきりと分かる。他方、綿糸においては73～75年に域内流通と移入がまったく逆サイクルを描いていることから、地域内の綿糸に対する需要を充たすために、地域内産品と移入が補完しあっていることが分かる。また78～80年になると、地域内で需要が生じていることも明らかである。

　穀物は71年にピークをむかえたことをすでに確認したが、これはもっぱら移入の増大による。ところがそれ以降の時期には域内流通が大幅に増大してくるが、その原因はオーストリー産穀物の移入の減少と、ライン左岸地域産穀物の充当によるものと考えられる(5)。じゃがいもの流通は域内産と移入の合計がこの地域の消費を充たしていると推察され、両者はほぼ同一の軌跡を描いている。けれども1878～79年の流通量の異常な拡大は説明がつかない。

　鉄鉱石と黄鉄鉱とは対象的である。前者は域内流通と移入が逆サイクルであることから地域内需要がほぼ一定で、地域内生産と地域外生産とで補完関係が成立しているのに対し、後者は域内流通と移出が逆サイクルであることから、

補論　ルール地方における景気動向と商品流通（1865～79年）　211

地域内供給がほぼ一定で、地域内需要と地域外需要とで補完関係が成立していることになる。

　銑鉄は、移入に1年のタイムラグをもって域内流通がピークを迎えるが、描くカーブは同形であり、両者によって地域内の需要が充たされている。鉄加工品は地域内需要と移出がほぼ相半ばする状態が続いてみられる。変動が著しいのはレールで、73年に移出が頂点に達した後も、域内流通は翌年まで旺盛であったが、75年以降は両者とも著しい低下を示すことになった。鉄鋼製品のピークは75年まで持ち越されているとすでに指摘したが、現実には移出が72～3年にピークを迎えた後、域内流通が75年にピークを迎えたのであり、むしろ同製品に対する需要の波にルール地方ではタイムラグがあったとみるべきであろう。鋳鉄製品は流通形態によって波動が異なり、結論はむずかしい。

　機械・機械部品は他の商品と大幅なラグがみられたが、74年の域内輸送にみうれる異常な増加こそ、この地域の同産業の活発な動きを示すものであろう。しかしながら、こうした生産財生産に、ひとたび不況の影響があらわれると、著しい落差をもたらすことを図補-27は示している。

　以上の分析を通じて、73年恐慌が原料供給部門に始まり、まもなく消費財生産部門をとらえ、遅くとも74～75年までには生産財生産部門に波及していった様子が、流通動態に分析により明らかになった。石炭を中心とする原料供給部門の景気回復は、75年に始まり、再び流通量が拡大していったのに対し、その他の産業部門においては78～79年になってようやく回復のきざしがみえた。

注
（1）　例えば戸原四郎『ドイツ金融資本の成立過程』前掲、145ページ以降。
（2）　ここで扱う資料はJahres-Bericht ueber die Verwaltung der Bergisch-Maerkischen Eisenbahn fuer das Geschaeftsjahr 1865, S. 67-81による。
（3）　Ebenda, 1865, S. 67-79より算出。
（4）　いくつかの商品に関して、1873年段階で折れ線グラフが切れるのはJb 1873にみられる同年度の統計数値とJb 1874に表記されている前年度の数値との間に差異がみられるためである。
（5）　オーストリー産穀物の輸送実績は1871年に55、419tであったものが翌年には

21,086t に減少した（Jb 1871-72）。また BME は、1870年にデュッセルドルフ＝ノイス間にライン橋を完成させライン左岸との流通を実現させた（AVN, Bl. 35; Jb 1870, S. 58）。

# 参考文献

## 1  欧文一次文献・資料

Akten im Verkerhsmuseum in Nuernberg (Abk. AVN)
    IRb 20: Protokoll-Auszug zur General-Versammlung der Actionaire der Bergisch-Maekischen Eisenbahn-Gesellschaft
    IR 79 (1): Deutsche Bundesbahn, Geschichte ueber Entwicklung der Eisenbahnen, Teil I, Bl.30f, 52
    IE 37A: Statut nebst Nachtraegen fuer die Bergisch-Maerkische Eisenbahn-gesellschaft
Staatarchiv Detmold
    M11D, Nr. 48: Verwaltungsratssitzung vom 14./15. Dezember, 1838
Jahres-Bericht ueber die Verwaltung der Bergisch-Maerkischen Eisenbahn fuer das Geschaeftsjahr 1865, 1867-81
Mitteilungen des Statistischen Amtes der Stadt Nuernberg, Heft 5, Nuernberg, 1914
Das Bergisch-Maerkische Eisebahn-Unternehmen in seiner Entwicklung waerend der ersten 25 Jahre des Betriebes, Elberfeld, 1874 (Abk. BME EtW)
Hundert Jahre Eisenbahndirektion Wuppertal 1850-1950, 1950 (Abk. HJ EW)
Handbuch der deutschen Eisenbahnstrecken (Nachdruck 1953), 1984
Deutsche Reichsbahn (hrsg.), Hundert Jahre deutsche Eisenbahnen, Berlin, 1935
Gesetzsammlung fuer die Koeniglichen Preussischen Staaten, Nr. 35
Encyclopaedie des gesamten Eisenbahnwesen, Wien, 1874
Posehinger (hrsg.), Aktenstuecke zur Wirtschaftspolitik Fuersten Bismarck, Berlin, 1890

## 2  同時代文献

Camphausen, L., Zur Eisenbahn von Koeln nach Antwerpen, Koeln, 1833
Brief L. Camphausen an Otto Camphausen von 12. 11. 1831, Stadtarchiv Koeln, Abt. 1023, L. 21, Bl. 161
Fleck, G., Studium zur Geschichte des preussischen Eisenbahnwesens, in: AfE, 1895, 1896, 1897, 1898, u. 1901
Gleim, Zum dritten November 1838, in: AfE, 1880
Hansemann, D., Die Eisenbahnen und deren Aktionaere in ihrem Verhaeltniss zum Staat,

Leipzig und Halle, 1837

ders., Denkschrift ueber das Verhaeltniss des Staates zur Rheinischen Eisenbahngesellschaft, Berlin, 1843 (Handschrift)

ders., Preussens wichtigste Eisenbahnfrage, Leipzig und Halle, 1833

ders., Bericht ueber die Vorarbeiten und Verhandlungen wegen Weiterfuerung der Rheinischen Eisenbahn von Koeln bis zur Landesgrenze bei Minden, Achen, 1842/43

ders., Ueber die Anlage der Eisenbahn von Hannover nach Preussen und nach Minden, in: Hannoversche Zeitung, 9. 2. 1842

Harkort, F., Die Eisenbahn von Minden nach Koeln, Hagen, 1853

Leyen, A., Die Entstehung der Magdeburg-Leipziger Eisenbahn, in: AfE, 1880

List, F., Mitteilung aus Nordamerkika, 1829, in: Werke

ders., Ueber ein saechsisches Eisenbahnsystems als Grundlage eines allgemeinen deutschen Eisenbahmsystems und insbesondere ueber die Anlage einer Eisenbahn von Leipzig nach Dresden, in: Werke

Sax, E., Die Verkehrsmittel im Volks- und Staatswissenschaft, Wien, 1878-9

## 3　欧文研究文献

Adolf, E., Ruhrkohlenbergbau, Transportwesen und Eisenbahntarifpolitik, in: AfE, 1927

Albert, M., capitalisme contra capitalisme, Paris（小池はるひ訳『資本主義対資本主義』竹内書店新社、1992年）

Alberty, Der Uebergang zum Staatsbahnsystem in Preussen, Jene, o. J.

Alsfasser, H., Der Betriebsmaschinendinst der Eisenbahn Direction Wuppertal, in HS EW

Beyer, P., Leipzig und die Anfaenge des Deustchen Eisenbahnbaus, Weimar, 1978

Blaich, F., Eisenbahnpolitik und Struktur der Arbeitsmaerkte, in: Kellenbenz (hrsg.), Wirtschaftspolitik und Arbeitsmarkt, Muenchen, 1974

Bloemers, K., Der Eisenbahntarifkampf, in: Born, K. E. (hrsg.), Moderne Wirtschaftsgeschichte, Koeln und Berlin, 1966

Boehme, H., Preussische Bankpolitik 1848-53, in: Probleme der Reichsgruendungszeit, Koeln und Berlin, 1872

Borchardt, K., Zur Frage des Kapitalmangels in der ersten Haelfte des 19. Jahrhundert in Deutschland, in: Jahrbuch fuer Nationaloekonomie und Statistik, Bd. 173, 1961

ders., Regionale Wachstumsdifferenzierung im 19. Jh. unter besonderer Beruecksichitigung des West-Ost-Gefalles, in: Abel usw. (hrsg.), Wirtschaft, Geschichte und Wirtschaftsgeschichte, Festschrift zum 65. Geburtstag von Friedlich Luetge, Stuttgart, 1966（高橋秀行訳「19世紀ドイツにおける地域間成長格差——とくに東西間格差を

中心に——」大分大学『経済論集』20-3、1968年)
Buchner, F., Hundert Jahre Geschichte der MAN, Augusburg, 1940
Clapham, J. H., Economic Development of France and Germany, Cambridge, 1914
Chandler, Jr., Scale and Scope: The Dynamics of Capitalism, Harvard UP, 1990 (安部悦生他訳『スケープ・アンド・スコープ——経済発展の国際比較』有斐閣、1993年)
Daebritz, W., Gruendung und Anfaenge der Disconto-Gesellschaft, Berlin, 1931
Dore, R., Stock Market Capitalisum: Welfare Capitalisum, Oxford, 2000
Ebert, G., Unternehmenspolitik Nuernberger Maschinenbauer 1835-1914, Nuernberg, 1970
Engels, F., Hernn Eugen Duehrings Umwalzung der Wissenschaft (林要訳『反デューリング論』大月書店、1948年)
Fischer, W., Das Verhaelnis von Staat und Wirtschaft in Deutschland am Beginn der Industrialisierung, in: Kyklos, XIV, 1961
ders., Der Staat und die Anfaenge der Industrialisierung in Baden, 1962
ders., Wirtschaft und Gesellschaft im Zeitalter der Industriasierung, Goettingen, 1972
Foelsing, F., Entwicklung des Eisenbahnnetzes der Eisenbahndirektion Wuppertal waehrend der 100 jahre ihres Bestehens., in: HJ WD
Fremdling, R., Eisenbahnen und deutsches Wirtschaftswachstum 1840-79, Dortmund,1975
Fremdling, R. und Hohorst, G., Marktintegration der preussischen Wirtschaft im 19. Jahrhundert, in: Fremdling und Tilly (hrsg.), Industrialisierung und Raum, Stuttgart, 1979
Fremdling, R., und Tilly, R., (hrsg.) Industrialisierung und Raum, Stuttgart, 1979
Goemmel, R., Wachstum und Konjunktur der Nuernberger Wirtschaft 1815-1914, Nuernberg, 1978
Hahn, H. und Zorn, W. (hrsg.), Historische Wirtschaftskarte der Rheinlande um 1820, Bonn, 1973
Henderson, W. O., The State and Industrial Revolution in Prussia, Liverpool, 1958
Hesse, R., Die Entwicklung der regionale Einkommensdifferenzen im Wachstumsprozess der deutschen Wirtschaft vor 1913, in: Fischer, W. (hrsg.), Beitraege zu Wirtschaftswachstum und Wirtschaftsstruktur in 16. und 19. Jh., Berlin, 1971
Hohorst, G., Wirtschaftswachstum und Bevoelkerungsentwicklung in Preussen 1816 bis 1914, New York, 1977
Holtfrerich, C-L., Quantative Wirtschaftsgeschichte des Ruhrkohrenbergbaus im 19. Jahrhundert, Dortmund, 1973
ders., Frankfurt as a Financial Centre, Muenchen, 1999
Jagtiani, H. M., The Roll of the State in the Provision of Railways, 1924
Jegel, A., Die wirtschaftliche Entwicklung von Nuernberg-Fuerth, Stein und des Nurn-

berger Raums seit 1806, Nuernberg, 1951

Kech, E., Geschichte der deutschen Eisenbahnpolitik, Leipzig, 1911

Kellenbenz, H., Die Wirtschaft Mittelfrankens im 19. Jahrhundert,in: Fuether Heimatblaetter, 5/IV, 1959

Kerwat, M., Die wechselseitige wirtschaftliche Abhaengigkeit der Staaten des nachmalige Deutschen Reiches im Jahrzent vor der Reichsgruendung, Maschinen Schrift, Seminar fuer Sozialgeschichte der Uni. Muenche, 1976

Kiesewetter, H., Regionale Industrialisierung zur Zeit der Reichsgruengung, in: VSWG, 73, 1986

Klein, E., Zur Frage der Industrialiserung im Fruehen 19. Jahrhundert, in: Kellenbenz (hrsg.), Oeffentliche Finanzen und privates Kapital im spaeten Mittelalter und in der ersten Haelfte des 19. Jahrhunderts, Stuttgart, 1971

Kobschaetzky, H., Streckenatlas der deutschen Eisenbahnen 1835-92, Duesseldorf, 1971

Kocks, W., Verhaltensweise und geistige Einstellung niederbergischer Unternehmer der fruehindustriellen Zeit, Koeln, 1956

Kocka, J., Eisenbahnverwaltung in der industriellen Revolution: Deutsch-Amerikanische Vergleich, in: VSWG, Beiheft, 84, 1987

Kondratieff, N. D., Die langen Wellen der Konjunktur, in: Archiv fuer Sozialwissenschaft und Sozialpolitik, Bd. 56, 1926

Kumpmann, K., Die Entstehung der Rheinischen-Eisenbahngesellschaft 1830-44, Essen, 1910

Leonhardy, H., Die Anfaenge des Eisenbhnwesens in Bayern, Nuernberg, 1911

Loewenstein, T., Die bayerische Eisenbahnpolitik bis zum Eintritt Deutschlands in die Weltwirtschaft, in: AfE, 1927

Markusen, A., Sticky Places in Slippery Space — A Typology of Industrial Districts, in: Economic Geography, 72-3, 1996

Marx-Engels Werke, Berlin, 1966

Mayer, A. v., Geschichte und Geographie der deutschen Eisenbahnen von ihrer Entstehung bis auf die Gegenwart, Berlin, 1891

Mieck, I., Preussische Gewerbepolitik in Berlin 1806-1844

Neumann, J., von, & Morgenstern, D., Theory of Games and Behavior, Princeton, 1943

Nordmann, H., Die aeltere preussische Eisenbahngeschichte, Abhandlung der deutschen Akademie der Wissenschaften zu Berlin, Mathemathisch-naturwissenschaftliche Klasse, Jg., 1848, Nr. 4, Berlin, 1950

Nuernberg. Geschichte einer europaeischen Stadt, Muenchen, 1971

Orsagh, T. J., The Probable Geographical Distribution of German Income 1882-1963, in:

Zeitschrift fuer die gesammte Staatswissenschaft, 124, 1968

Pollard, S., Industrialization and the European Economy, in: EHR, 2nd Series, 26-4, 1973

Popp, W., Gruendung und Verwaltung der ersten deutschen Eisenbahn, Erlangen, 1943

Pred, A., City-systems in Advanced Economies, London, 1977

Ritter, P., Zur Frage der deutschen Eisenbahngemeinschaft, 1913

Ritter, U. P., Die Rolle des Staates in den Fruehstadien der Industrialisierung, Berlin, 1961

Mittelalterische Weltwirtschaft, Jena, 1933 (瀬原義生訳『中世の世界経済』未来社、1969年)

Rosenberg, H., Der Wirtschaftsgeschichte und Konjunkturwandel von 1848-1857, in: Boehme, H. (hrsg.), Probleme der Reichsgruendungszeit, Koeln, 1972

Sax, E., Die Eisenbahnen, Wien, 1879

Scheu, E., Die Stellung Nordbayerns in wirtschaftsgeographischer Sicht, in: Die Nuernberger Hochschule im fraenkischen Raum, Nuernberg, 1955

Schultheiss, F., Der Ludwig-Kanal. Seine Entstehung als Handels-Strasse, Nuernberg, 1847

Schultheiss, W., Die politische, wirtschaftliche und kulturelle Situation Mittelfrankens um 1843, in: 125 Jahre Industrie und Handelskammer Nuernberg 1843-1968, Nuernberg, 1968

Schumpeter, J., Business Cycles, New York and London, 1939 (吉田昇三監訳『景気循環論』有斐閣、1965年)

Stroessenreuther, H., Nuernbergs Eisenbahnverkehr seit 1835, in: Verkehrsentwicklung Nuernbergs im 19. und 20. Jahrhundert, Nuernberg, 1972

Tilly, R., Fiscal Policy and Prussian Economic Development 1815-1866, in: Troisieme conference internationale d'histoire economique, Paris, 1968

Tilly, R., Zur Entwicklung des Kapitalmarktes und Industrialisierung im 19. Jahrhundert unter besonderer Beruecksichtigung Deutschlands, in: VSWG, 60-2, 1973

Tipton, F., Regional Variations in the Economic Development of Germany in the 19th Century, Middletown/conn., 1976

Uecker, B., Die Bayerische Eisenbahn 1835-1920, Muenchen, 1985

Vegesach, M. v., Zur Verataatlichung der preussischen Eisenbahnen, Berlin, 1905

Voigt, F., Verkehr, Berlin, 1955

ders., Die volkswirtschaftliche Bedeutung des Verkehrssystems, Berlin, 1966 (岡田清・池田浩太郎訳『交通体系論』千倉書房、1972年)

ders., Die Einwirkungen des Verkehrsmittel auf die wirtschaftliche Struktur eines Raums, dargestellt am Beispiel Nordbayerns, in: Die Nuernberger Hochschule im fraenkischen Raum

Vorwerk, K., Zum ersten Jahrhundert der Eisenbahndirektion Wuppertal, in: HJ EW

Waldeck, R., Die Entwicklung der Bergisch-Maerkischen Eisenbahn, in: AfE, 1910

Weiher, S. v. und Goetzeler, H., Weg ung Wirken der Siemens-Werke im Fortschritt der Elektrotechnik 1847-1972, Muenchen, 1972

Wiedenfeld, K., Deutsche Eisenbahngestalter aus Staatsverwaltung und Wirtschftsleben im 19. Jahrhundert, in: AfE, 1940

Wiel, Wirtschaftsgeschichte des Ruhrgebiets, Essen, 1970

Zorn, W., Probleme der Industrialisierung Oberfrankens im 19. Jh., in: Jahrbuch fuer fraenkische Landesforschung, 29, 1979

ders., Wirtschafts- und sozialgeschichtliche Zusammenhaengen der deutschen Reichsguendungszeit, in: Historische Zeitschrift 197, 1963 und auch in: Wehler (hrsg.), Moderne Deutsche Sozialgeschichte Koeln, 1975

ders., Die wirtschaftliche Integration Kleindeutschlands in den 1860er Jahre und Reichsgruendung, in: Historische Zeitschrift, 216, 1973

ders., Zwischenstaatliche wirtschaftliche Integration im Deutschen Zollverein 1867-1870, in: VSWG, 65-1, 1978

## 4　邦語文献

安宅川佳之『コンドラチエフ波動のメカニズム』ミネルヴァ書房、2000年

井汲卓一『日本資本主義論』くれは書店、1948年

生川栄治「ベルリン大銀行と利益共同体」近畿大学『商経論叢』39-1、1992年

───「ベルリン大銀行とライン・ウェストファーレン」同誌39-2、1992年

石垣信浩『ドイツ鉱業政策史の研究』御茶の水書房、1988年

石坂昭雄「工業地域と国境──ドイツ・ベネルックス・フランス・スイス国境工業地域の形成の事例研究──」北海道大学『経済学研究』43-4、1994年

───「オランダ＝ドイツ国境地域における綿工業の形成と発展（1830-1914）──トュエンテ・アハテルフック＝西ミュンスターラント・ベントハイム伯領──」同誌47-2、1997年

───「西ヨーロッパの国境地域における工業地帯の形成と展開──トュエンテ／西ミュンスター綿業地帯とザール＝ロレーヌ＝ルクセンブルク＝南ベルギー鉄鋼・炭鉱地帯を例に──」『社会経済史学』64-1、1998年

居城　弘「ライン・ウェストファーレンの地方銀行の展開」静岡大学『法経研究』44-1、1995年

───「ドイツにおける株式信用銀行の展開」同誌、42-3/4、1994年

───『ドイツ金融史研究』ミネルヴァ書房、2001年

石見　徹『ドイツ恐慌史論』有斐閣、1985年

大島藤太郎『国家独占資本としての国有鉄道の史的発展』伊藤書店、1949年
大野英二『ドイツ金融資本成立史論』有斐閣、1956年
――『ドイツ資本主義論』未来社、1965年
大野英二・住谷一彦「ドイツ資本主義分析と『資本類型』」（下）、『思想』 1965年2月号
加藤栄一・林健久編『ドイツ財政統計［1872-1913］』東京大学出版会、1983年
金戸　武『イギリス鉄道会計史』森山書店、1991年
川端保至「19世紀ドイツの製造株式会社の利益計算」『同志社商学』51-2、1998年
川本和良『ドイツ産業資本成立史論』未来社、1971年
――「三月前期ライン地方における金融問題」大野英二他編『ドイツ資本主義の史的構造』有斐閣、1972年
北村次一『ドイツ企業者史研究』法律文化社、1976年
工藤　彰『20世紀ドイツ資本主義――国際定位と大企業体制――』東京大学出版会、1999年
黒沢隆文「高ライン地域の国境間経済関係――産業革命期の綿工業を中心に――」『社会経済史学』62-4、1996年
斎藤　修「地域と市場と比較工業化論」『社会経済史学』64-1、1998年
桜井健吾『ドイツ産業革命と国家』南山大学経済経営学会、1979年
篠原三代平『長期不況の謎をさぐる』勁草書房、1999年
島　恭彦『日本資本主義と国有鉄道』日本評論社、1950年
鈴木武雄『帝国主義段階における国家資本の役割と推移(上)』白日書房、1949年
高橋秀行『近代ドイツ工業政策史――19世紀プロイセン工業育成振興策とP.C.W.ボイト機関――』有斐閣、1986年
――「ベルリーン経済圏における地域工業化の始動（18世紀末－19世紀中葉）――首都圏工業化のケース――」『社会経済史学』64-1、1998年
田原昭四『日本と世界の景気循環』東洋経済新報社、1998年
手塚　真「ドイツ国民経済の型について――リストをめぐる小林・住谷論争を中心にして――」住谷一彦他編『ドイツ国民経済の史的研究――フリードリッヒ・リストからマックス・ウェーバーへ――』御茶の水書房、1985年
鉄道省運輸局『独逸鉄道概観』、1928年
東京証券取引所『東証要覧』、1997年
戸田慎太郎『天皇制の経済的基礎分析』三一書房、1947年
戸原四郎『ドイツ金融資本の成立過程』東京大学出版会、1960年
原　輝史『フランス資本主義――成立と展開』日本経済評論社、1986年
鳩澤　歩「地域性から見た19世紀ドイツの金融市場」『社会経済史学』58-5、1992/93年

────「鉄道による市場統合の検証」大阪大学『経済学』41-1、1991年
────「19世紀ドイツ語圏における社会集団としての鉄道技術労働者」滋賀大学『研究年報』1、1994年
────「ドイツ語圏にみる鉄道技術者集団の形成」『大学史研究』15、2000年
────「ドイツ『鉄道技師』のアーキタイプとしてのプロイセン鉄道技術官吏」大阪大学『経済学』50-2/3、2000年
────「1950年代初頭プロイセン鉄道業における『民主主義的』職員」『鉄道史学』19号、2001年
福応　健「ドイツ産業化と官僚」『経営史学』6-1、1971年
堀　雅通「スウェーデンの鉄道政策と交通政策」『交通と統計』23、1998年
中木康夫「第二帝制＝ボナパルティズムとフランス資本主義」『国民経済の諸類型』岩波書店、1968年
中村尚史『日本鉄道業の形成　1869〜1894』日本経済評論社、1998年
中村萬次『英米鉄道会計史研究』同文舘、1991年
広岡治哉「日本における国家資本の発展と特質」今井則義他著『日本の国家独占資本主義』1950年
春見濤子「ドイツ産業資本確立期における貿易構造」『土地制度史学』43、1969年
肥前栄一「ドイツの産業革命と銀行政策」『社会経済史学』38-2、1972年
────『ドイツ経済政策史序説』未来社、1973年
松田智雄『近代の史的構造論』近代思想社、1948年
────「関税同盟成立史序説」『史学雑誌』55-11、12、1944年
────『ドイツ資本主義の基礎研究』岩波書店、1967年
────「ドイツ資本主義構造論によせて」川島・松田編『国民経済の諸類型』岩波書店、1968年
松本　彰「ドイツ近代における『民族』と『国家』」『歴史学研究』別冊特集、1978年
三ツ石郁夫『ドイツ地域経済の史的研究──ヴュルテンベルク王国の農工結合──』勁草書房、1997年
森川　洋『ドイツ──転機に立つ多極分散型国家──』大明堂、1995年
諸田　實「『工業家の類型』論にかんする一考察」大野他編『ドイツ資本主義に史的構造』
────『ドイツ関税同盟の成立』有斐閣、1974年
矢田俊平・梅原宏編著『現代経済地理学』ミネルヴァ書房、2000年
柳澤　治「産業革命開始期ドイツの貿易構造」都立大『経済と経済学』38、1977年
────「第二帝制期におけるドイツ経済の地域的編成」同誌、47、1981年
────「ドイツ資本主義の展開と市場構造──19世紀末からワイマール期へ──」諸田實他編『ドイツ経済の歴史的空間──関税同盟・ライヒ・ブント──』1994年

山口博教「中央資本市場としてのベルリン証券取引所——生成から崩壊への過程——」『北星論集』32、33、34、1995〜97年
山田徹雄「1980年代におけるドイツの株式市場」『跡見学園女子大学紀要』30
山本健兒「西ドイツ経済の空間的構成——株式会社本社立地の特性——」『経済志林』52-2、1984年
─── 『現代ドイツの地域経済——企業の立地行動との関連——』法政大学出版局、1993年
湯沢　威「鉄道史研究」社会経済史学会編『社会経済史学の課題と展望』有斐閣、1992年
渡辺　尚「『M. Gladbach 商業会議所年次報告』分析（1838-1861）」『土地制度史学』47、1970
─── 「産業革命期ライン・ヴェストファーレンにおける社会的分業の展開」同誌、51、1971年
─── 「『ドイツ』資本主義と地帯構造」大野他編『ドイツ資本主義の史的構造』
─── 『ラインの産業革命——原経済圏の形成過程——』東洋経済新報社、1987年
─── 「ライヒとブント——西ドイツ政治・経済空間の形成過程——」諸田實他編『ドイツ経済の歴史的空間』
─── 「『東西格差』と『南北格差』——ドイツ経済空間の史的構造——」田中豊治他編『近代世界の変容——ヴェーバー・ドイツ・日本——』リブロポート、1991年
─── 「現代ヨーロッパの企業行動と地域経済の精神——」渡辺尚・作道潤編『現代ヨーロッパ経営史』有斐閣、1996年

## 5　オン・ライン情報

http://deutsche-boerse.com（2001年5月5日ダウンロード）

# 索　　引

## ［人名索引］

### 【ア行】

アーベル, v.　148
アイヒホルツ, D.　5, 13
アイル, v.　6
青木真美　15, 18
井汲卓一　186, 193
生川栄治　72
居城弘　199
石井彰次郎　17, 188, 193
池田博行　15, 17, 51, 161, 162
石垣信浩　5, 12, 13, 16, 17, 50
石坂昭雄　3, 23
今城光英　18
石見徹　72, 199
ヴァーゲンブラス, H.　6, 13
ヴェーファー　32, 61
ヴォルトマン, W.　6
エゲン, v.　29
エンゲルス, F.　14, 181f
大島藤太郎　187
大野英二　20, 21, 51, 71, 72
オーベルマン, K.　6
大谷津晴夫　12, 16
小笠原茂　12, 16

### 【カ行】

カスパリ, E. M.　5
カムプハウゼン, L.　4, 6, 75
川本和良　21, 51, 52
カルナップ, v.　29, 30
川端保至　14, 17, 25, 50, 71
ギセヴィウス, H·F.　14
キーゼヴェッター　22
北村次一　52
工藤章　23
蔵本忍　15, 18, 50
クルーグマン　26

クレー, W.　6
黒沢隆文　3, 15, 18, 23
クンプマン　56
小林純　21

### 【サ行】

桜井健吾　50
桜井徹　15, 17
斎藤修　23
佐々木洋子　15, 18
島恭彦　187, 193
シュタイツ, W.　6
シュターダー　37
シュライヤー, v.　148
杉山雅洋　17
鈴木武雄　188, 193
住谷一彦　20, 21
ズッパー　6

### 【タ行】

ダイヒマン　57
高橋秀行　2, 16, 22f, 53
田村信一　21
ダンコ　40
ツォルン, W.　21
ティプトン, F.　22
手塚真　21
戸田慎太郎　186, 192
戸原四郎　51, 211

### 【ナ行】

中西健一　17, 188f, 192
中村尚史　51
ノルドマン　5

### 【ハ行】

ハーコルト　5, 6
ハイト, A. v. d.　28f, 35, 42, 146

| | |
|---|---|
| ハイト, D. v. d. | 30, 35, 41, 42, 76 |
| ハイト, D. v. d. jr. | 35, 41 |
| ハイト, H. v. d. | 30, 35, 42 |
| バイヤー, P. | 6 |
| 原輝史 | 153 |
| 春見濤子 | 21 |
| 鳩澤歩 | 13, 15, 16, 18, 26, 164, 199 |
| ハンゼマン, D. | 31, 37, 48 |
| ビスマルク | 3, 4, 6, 145, 154f, 165f, 182f |
| 肥前栄一 | 50, 51, 70, 133 |
| 広岡治哉 | 186 |
| フィンケ, v. | 78 |
| フォークト, F. | 5, 134 |
| 福應健 | 50 |
| 藤田幸一郎 | 13, 17 |
| フルター | 32, 61 |
| フレムトリンク, R. | 6, 13, 22, 54 |
| ホーエンローエ, C. | 150 |
| 北條功 | 5, 12, 13, 16, 54 |
| 堀雅通 | 15, 17, 25 |
| ホルトフレーリヒ | 72 |

【マ行】

| | |
|---|---|
| マイバッハ | 154, 155, 166 |
| マイヤー, A. v. | 6 |
| 松井坦 | 17, 192 |
| 松田智雄 | 20, 26, 133 |
| 松永和生 | 15, 18 |
| ミールバッハ | 29 |
| 三ッ石郁夫 | 21 |
| モテック, H. | 5, 12, 25 |
| 森川洋 | 23 |
| 諸田實 | 24, 50, 53 |

【ヤ行】

| | |
|---|---|
| 柳澤治 | 2, 21, 25 |
| 山口博教 | 70 |
| 山崎彰 | 14, 17, 55, 70, 71 |
| 山本健兒 | 23 |
| 山田徹雄 | 13, 14, 16, 17 |
| 湯沢威 | 25 |
| リスト, F. | 12, 24, 109 |
| リヒテンシュタイン | 7 |

【ワ行】

| | |
|---|---|
| 渡辺尚 | 1, 21, 23f, 97, 100, 130, 133 |

[事項索引（地名を含む）]

【ア行】

| | |
|---|---|
| アーヘン・デュッセルドルフ鉄道 | 45, 61, 65 |
| アルトナ・キール鉄道 | 176 |
| 域内輸送 | 73, 80f |
| ヴェストファーレン鉄道 | 74 |
| ヴッパータール | 28, 30f, 43, 47, 48, 66, 98 |
| ヴュルテンベルク国鉄 | 137, 158, 159 |
| エルザス・ロートリンゲン鉄道 | 135, 153 |
| エルバーフェルト | 29f, 76f, 84, 100 |
| オーバーシュレージエン鉄道 | 176, 177 |
| 王立鉄道委員会 | 34, 39 |

【カ行】

| | |
|---|---|
| 株式会社法 | 27 |
| 株主代表会 | 35, 37, 38, 40, 42, 66, 67 |
| カッセル | 46, 53 |
| 居住地制限 | 37 |
| 軽便鉄道に関する法律 | 179 |
| ケルン | 56, 57 |
| ケルン・ミンデン鉄道 | 6, 31, 33, 47, 58f, 75f, 98, 168 |
| 原経済圏 | 1f, 19, 130 |
| 国営化 | 37, 146, 166, 192 |
| 国有化 | 14, 52, 135, 145, 166f, 182f, 192 |
| 国有鉄道 | 28, 135f, 155, 166f |
| コットブス・グローセンハイン鉄道 | 173, 174 |
| 混合鉄道制度 | 146 |

【サ行】

| | |
|---|---|
| ザクセン | 4, 136, 139, 140, 146, 156 |
| ザクセン国鉄 | 137 |
| ザックス＝エンゲル仮説 | 22 |
| ジーガーラント | 35, 63, 83, 89f, 95 |

索　引

シャーフハウゼン……………………………56,57
ゼーハンドルンク……………………………32,33

【タ行】

地域分化…………………………………………2
デュッセルドルフ・エルバーフェルト鉄道
　……………………………33,45,51,61,65,78
テューリンゲン鉄道……………………173,174
帝国憲法……………………………………150f
帝国鉄道……………………………3,137,191
帝国鉄道庁…………………………………153f
帝国鉄道法案………………………………155f
ディスコント・ゼゼルシャフト………43,53,68
鉄道管理局……………………………………39
鉄道企業法……………………………27,28,51
鉄道戦争…………………………………14,146
鉄道主権………………………………136f,161
ドイツ関税議会………………………………150
ドイツ鉄道管理同盟…………………………150
ドイツ商業会議………………………………153
同盟賃率輸送…………………………………74
ドイツ産業革命………………………………12
統合………………………………………2,129
ドナウ=マイン運河…………………………109
トランジット輸送………………………159,172

【ハ行】

ハイト家…………………………………30,42,66
ハイト=ケルステン…………………31,43,59,60
バイエルン国鉄………………………………137
バイエルン政府………………………………109
バイエルン東部鉄道…………………………148
バーデン…………………………4,137,138,147,156
バーデン国鉄…………………………………136
ハノーファー……………………………4,147
ハノーファー・アルテンベケン鉄道…168,170
ビスマルク的国有…………………………14,181f
プロイセン国家………………………………179
プロイセン東部鉄道…………………………80

ブランシュヴァイク……………………4,137
フランクフルト………………………55,56,69,70
プリンツ・ヴィルヘルム鉄道………45,61,65,98
ブルジョワジーの貴族化…………………40,49
ブレスラウ・シュヴァイドニツ
　・フライブルク鉄道………………176,178
ベーメン……………106,107,110,123,124,132
ヘッセン………………………………………158f
ヘッセン北部鉄道………45,53,61,65,80,81,157f
ベルギー……………………24,45,47,49,53,75,154
ベルク・マルク鉄道…………27,33,34,44f,61f,
　73f,173f
ヘルシュタット………………………………56,57
ベルリン・アンハルト鉄道…………………173
ベルリン・ゲルリッツ鉄道……………173,174
ベルリン・シュテッティン鉄道………168,169
ベルリン・ハンブルク鉄道…………………177
ヘンシェル……………………………………46,53
ボルジッヒ……………………………45,46,53
ニュルンベルク…………20,103f,144,164,195
ニュルンベルク商人…………………………104

【マ行】

マグデブルク・ハルバーシュタット鉄道…168,
　170
マルク・ポーゼン鉄道……………………173,175

【ラ行】

ライン・ヴェーザー鉄道………………58f,75
ライン鉄道………………………24,47,56f,74f
ライン・ナーエ鉄道…………………173,175,176
ライツィッヒ…………………………………59
領邦間条約…………………………………140,161
ルードヴィッヒ鉄道…………………………130
ルールオルト・クレフェルト
　・クライス・グラードバッハ鉄道………61,65
ルール・ジーク鉄道……………50,63,65,87,99
レヒテ・オーダーウファー鉄道……………176

【著者略歴】

山田　徹雄（やまだ・てつお）

1947年　神奈川県茅ヶ崎市に生まれる
1979年　早稲田大学大学院商学研究科博士過程単位取得退学
　　　　跡見学園女子大学専任講師就任
1982年　跡見学園女子大学助教授を経て
1988年　跡見学園女子大学教授就任、現在に至る
主要著作　『経済学のエッセンス』（共著、八千代出版、1992年）
　　　　　『経済史・経営史研究の現状』（分担執筆、三嶺書房、1996年）
　　　　　『EU経営史』（分担執筆、税務経理協会、2001年）

---

### ドイツ資本主義と鉄道

| 2001年9月14日　第1刷発行 | 定価（本体4,200円＋税） |

著　者　山　田　徹　雄
発行者　栗　原　哲　也

発行所　株式会社　日本経済評論社
電話 03-3230-1661　FAX 03-3265-2993
E-mail: nikkeihyo@ma4.justnet.ne.jp
URL: http://www.nikkeihyo.co.jp/
印刷＊文昇堂　製本＊山本製本所
装丁＊渡辺美知子

---

乱丁落丁はお取替えいたします。　　　　Printed in Japan
ⓒ YAMADA Tetsuo 2001　　　　　　ISBN4-8188-1375-3

Ⓡ　本書の全部または一部を無断で複写複製（コピー）することは，著作権法上での例外を除き，禁じられています．本書からの複写を希望される場合は，小社にご連絡ください．

老川慶喜・大豆生田稔編著
## 商品流通と東京市場
——幕末〜戦間期——

A5判 五七〇〇円

東京周辺の市場圏や各地域の実態に即しつつ、織物、肥料、塩、陶磁器等多様な商品市場が重層的に存在する東京市場の構造を具体的かつ実証的に解明する。

平沢照雄著
## 大恐慌期日本の経済統制

A5判 五五〇〇円

一九三〇年代の日本経済における二重構造、対外経済関係、本国と植民地との関係の三つの側面に着目し、経済統制の展開とその全体的構造を歴史実証的に解明する。

原輝史著
## フランス戦間期経済史研究

A5判 四二〇〇円

独占企業の台頭から経済恐慌、戦争へと至る激動期におけるフランスの個別企業の生産性向上や合理化、産業全体の組織化や合理化の問題を実証的に分析。

柿崎一郎著
## タイ経済と鉄道

A5判 五五〇〇円

タイにおける鉄道建設はタイの経済的統合にいかなる役割を果たしたか。鉄道建設前と建設後の経済圏および商品流通の変化を詳細に分析し、国民国家形成の議論に新視点を与える。

廣田功・森建資編著
## 戦後再建期のヨーロッパ経済
——復興から統合へ——

A5判 六五〇〇円

第二次大戦末から五〇年代後半にかけての各国の構想と政策はどのようであったか。戦後の経済発展の基礎はいかに築かれたのか。欧米の共存と対立の両面の構図も明らかにする。

（価格は税抜）　　日本経済評論社